復刻版

韓国併合史研究資料 ⑱

社会状態及階級制度

平壌経済一班

朝鮮部落の一形態 副業の盛なる道也味里

（全州）産業之栞

龍溪書舍

本復刻版製作に際しては、東京経済大学図書館のご好意により、同図書館所蔵本を影印台本とした。ここに深甚の謝意を表する次第である。

社會狀態及階級制度

朝鮮半島ノ社會組織ハ頗ル不完全ナルニ反シ階級制度ノ縱横嚴重ナルコト驚ク可キモノアリ仔細ニ之レヲ研究スル時ハ單ニ歴史的趣味ヲ感ズルニ止ラズシテ治世牧民上參考トナスニ足ルノ点頗ル多キヲ信ズ此所ニ不滿足乍ラ社會上ノ舊慣ヲ調査シタル資料ヲ一綴ト爲シ他日完成ヲ期スルノ緒ト爲サムト欲ス

明治四十三年八月

山道襄一

目次

三、奴婢

(イ) 中人

(ロ) 僧尼

(ハ) 宦官

(ニ) 妓女

沿革

種類

教養

退籍

遊興

(ホ) 商人（負褓商）

(ト) 巫卜

(チ) 白丁

社會狀態

東洋ノ文明ハ社會ナル觀念ト頗ル縁遠クシテ個人的発達ヲ遂ゲ居レルコトハ今更云フヲ要セザルガ故ニ朝鮮半島ノ文物制度ガ全ク此流儀ニヨリ組立テラレ居レルコトモ亦敢テ怪シムヲ要セザル所ナリ去レバ稀ニ郷約法ノ如キ社會的事業トモ称ス可キモノト雖トモ一部階級間ニ限ラレ全社會ニ亘レルガ如キ組織アルモノ頗ル尠シ而モ墓地ノ如キハ最モ個人趣味ヲ発揮シテ共同墓地ナルモノアリト雖トモソハ單ニ最モ貧困ナル一部民人ノ為メニ設ケラレタルモノニ過ギズ公園ナク公會堂ナク倶楽部ナク劇場ナク公共的學校ナク社會的慈善事業救濟事業等ニ至ツテハ全

ク之レガ設備ヲ有セズ（今ヨリ千三百年前新羅真興王ノ時倶楽部ヲ設置シ数百ノ官民一堂ニ會シタルコトアリト雖ドモ之レ王ガ君臣互ニ其人ヲ知ラントシテ設ケタルニ過ギザリシモ一体ニ法興王以来新羅ノ社交発達シタルコトハ疑フ可ラザル所ナリ乍併弊害百出シ又閉固ノ事情トシテハ外冠上ノ為メ争ニヨリ高麗朝以来其社會的ナルモノヲ見ズ）消防機関ノ如キモ亦之レヲ見ルコトナク寧ロ一種ノ迷信ニ依テ之ヲ必要トセザルモノ、如シ唯地方ニ至レバ洞共有財産ヲ所有セルノ地方アリテ行路病死者等ニ對シ而長洞長ノ指揮ノ下ニ之ヲ處分スルノ方法備ハレルノミ而シテ之ヲ産業方面ヨリ觀察スルニ運輸方法交通機関ノ不備ニ伴ヒ大製造家ナルモノナク大商賈ナルモノ少ク殆ンド負商ノ市場ヲ轉々セル而已ニシテ從テ經濟的金融機関等ノ便ナクシテ葉銭ノ如キ不便ナルモノヲ以テ賣買ノ仲介ヲナサシメ居レルガ如キハ自然ニ社會的発達ヲ妨ゲ一般ノ思想感情ヲシテ地方的タラシムルモノニシテ料理店旅亭等ノ如キモノニ至ッテハ雑種小商人ノ兼業ニ過ギズ故ニ此等ニ出入宿泊スルモノハ総テ下等社會ノ人士ニ限リ若シ美酒佳肴ヲ得ムト欲スレバ個人ノ富有ナル家庭ニ就テ求メザル可ラザルナリ唯契會ノ如キハ稍社會的彩色ヲ帯ブルト雖モ其中最モ範囲ノ大ナルモノハ纂簡契ノ如キ富籤的賭博類似ノモノニ過ギズシテ其社會ニ及ボス弊害ノ遥カニ講ニ過グルモノノミナリ然レ𪜈此ノ如ク社會的趣味ヲ闕如セルニ関ハラズ一族間ニ在リテハ或ハ宗族契ナル祖先祭又ハ共同娯楽ノ組織ヲ有シ或ハ系譜ヲ訂正シ又ハ同族間兄弟、従兄弟再従兄弟等姓名中ニ同一字ヲ用ユル行列字制定ノ大集會ヲ催シ又民事上ニ於テ負債ヲナシ之レガ支弁ヲナシ能ハザルモノアルニ至レル時ハ同族者連帯シテ之レヲ償還セザル可ラズ而シテ同族者中貧困者アルモ富有ナル一族之ヲ顧ミザルガ如キコトアル時ハ他ノ一族ヨリ批難ヲ受ケ遂ニ一般ノ指彈ヲ蒙クルニ至ル若シ又一族中ニ大罪ヲ犯スモノアレバ一族亦罪ニ座シ高位高官ニ登ルモノアラバ又一族官職ヲ授ケラル丶モノナルガ故ニ一宗族間ノ一擧一動ハ多ク同族者ノ干渉ヲ受クルモノトス而シテ兩班ノ家庭ニ在ッテハ家族間ノ嚴重ナル制裁ヲ有シ社會的制裁法ノ不完全ナルト正反對ノ現象ヲ示シ居レリ即ケ知ル半島ノ國家ハ宗族干係ニ於テ發達シ未ダ全ク社會的ナル能ハザル狀態ニアルモノナルコトヲ去レバ半島ノ社會ヲ評シ得可クンバ家族制度宗族制度ノ時代ニ屬シ二十世紀ノ新文明制度ヲ移植スルコト不可能ナル幼稚ノ狀態ニ在ルモノト云ハザル可ラズ之レニ一大根本的大改革ヲ施スニ非ラズンバ十年五十年ノ短日月ヲ以テ到底改善補修ノ能ヲ二千万民衆ヲ向上發展セシムル能ハザルノ

狀態ニアルモノト云フテ然ル可キナリ
以上ノ如ク社會組織トシテハ見ルベキモノナシト雖ドモ階級制度ナルモノハ甚ダ嚴正複雜ニシテ貴族、平民、奴婢ノ區別ハ縱斷階級ニシテ長幼ノ序、男女ノ別、嫡庶関係等ノ社會序次ハ之ヲ横斷階級トモ称ス可キカ此階級序次ハ相經緯シテ簡單ヲ以テ特長トセル半島文化中社會上ノ一偉觀ト称ス可キカ而シテ貴族ハ文武兩班及ビ士班士豪ニシテ平民ハ中人、僧侶、宦官、妓女、商人、農民、巫卜、白丁等ニ分類ス可ク奴婢ハ官私ノ二種ニ區別ス可キカ

一、貴族

半島ノ社會ニ於テ最モ大ナル勢力ヲ有スルモノハ貴族ニシテ之レヲ俗易ナル言葉ニ依テ示サバ廣義ニ解釋サレタル所謂両班ニシテ國家否社會生産上ヨリ觀察スル時ハ全ク不生産者ノ地位ニアルモノナルガ此階級ニ属スルモノハ王室ヲ中心トシテ政治上ノ權利ヲ占有シ義務ヲ他階級ノ人民ニ轉稼セル治者ノ地位ニ立テル一種特別ナル階級ニ位置スル者ナリ而モ文學美術道徳等ノ維持発達ハ此種ノ階級ニ属スルモノヽ占有ニシテ寧ロ此等各種ノ文物制度ノ源泉ナリト云ハザル可ラズ去レハ此貴族ナルモノハ経済的研究ヲ離レ政治上社會上ヨリスル時ハ半島民族中最モ重要ナル分子ニ属スルモノト云ハザル可ラズ

廣義ニ解釋セラレタル両班即チ貴族ナルモノハ嚴密ニ區

合スル時ハ之レヲ四種トナサザル可ラス

(イ)文班　(ロ)武班

(ハ)土班　(ニ)土豪

文班ト武班トハ即チ嚴正ナル意味ニ於ケル両班ニシテ之レガ起源ハ明確ニ知ル能ハズト雖モ三國史記ヲ案ズルニ新羅元聖王四年春(今ヨリ千百二十二年前)始定讀書三品以出身讀春秋左氏傳若礼記若文選而能通其義兼明論語孝经者為上讀曲礼論語孝經者為中讀曲礼孝經者為下若博通五經三史諸子百家書者超擢用之前祇以弓箭選人至是改之ト云ヘルニ胚胎シテ漸次文武ノ官ニ任ゼラレタルモノト一般人トノ區別ヲ立ツニ至リシモノト信セラルヽ而シテ高麗朝ノ前半迄ハ此區別ヲ有セザリシガ(高麗ノ肅宗(八百四年前即位)尹瓘ニ命ジテ東女眞ヲ討タシメタリ然レモ高麗ノ歩兵ハ到底女眞ノ騎兵ニ敵ス可クモアラザリシヲ實験シタリシガ尹帰国スルニ及ビテ政府ニ建議シ別ニ武班ヲ建テ、文武散官吏胥ヨリ商賈僕隷州府郡縣ノ民ニ至ルマデ凡ソ馬ヲ有スルモノハ皆神騎トナシ馬ナキモノハ神歩トナシ年二十以上ノ男子ニシテ擧子ニアラザルモノハ皆神歩ニ屬セシメ両班ト諸鎮軍人ト四時訓練セシメタリ）高麗睿宗ハ全國常民皆兵ノ制ヲ建テ擧子ニアラザル男子二十歳ニ至レバ皆兵役ニ服セシムルコト、ナスヤ之レガ指揮統帥ノ任務ニ當ル可キ士官ヲ必要トスルニ至リ此所ニ武班ノ制ヲ設ケタルニ胚胎ス之レ實ニ今ヨリ約八百年前ノ事ニ屬ス（十二世紀ノ初葉）朝儀ノ際文班ハ東ニ武班ハ西ニ列スルモノナルガ素ト両班タルモノハ概言スレバ一、文學ニ秀デタルモノ二、忠孝ノ道ニ敦キモノ三、文武ノ官ニ任ゼラレタル者ノ子孫ニシテ彼等ノ中ニハ新羅時代ノ名族ニシテ高麗朝以来社會上政治上幾多ノ變遷ニ遭遇スルモ依然トシテ敗者ノ地位ヨリ免レタルモノモアル可ク高麗朝ノ遺臣又ハ李朝直系ノ臣下ニシテ現朝建国ニ功勲ヲ建テタルモノモアル可シ然レドモ高麗末朝武班ノ跋扈甚シク且李朝太祖創業ノ大要素ハ尊明主義ニヨリテ儒者輩ノ歡心ヲ得タルコトニモアルガ故ニ一ハ索制上一ハ政略上宰相判書監司等主ナル官途ハ皆文班ヲシテ任ジ統御使各營廳大將及兵使等而已ヲ武班ヲシテ任ゼシムルノ制トナシタリ即チ貴族中政治ノ中樞權力ヲ掌握スルモノハ京城ニ在住セル士太夫ナル文班ノ占有ニ歸シタルガ彼等ハ又老論少論南人北人ノ學派否政治上ノ分党ヲ生ジ今ニ至ル迄四色ト称シ居レルガ詳細ノ説明ハ此ニ必要ナキヲ以テ別ニ記述スル所アラム而シテ武勲ニヨリ両班階級ニ入リクルモノ、中ニハ文祿ノ役(壬辰ノ亂)ノ際功勲アリタルニ依レルモノモアリ彼慶尚南道大邱郡ニアリテ日本人ノ子孫ナリト云ヘル慕夏堂金忠善ノ一族、ノ如キ今ハ自ラ両班ト称シ一般モ亦之レヲ承認シ居レルモノ、如ク區別甚ダ困難ナリ両班又ハ両班ノ支流ニシテ就官ノ目的ナキモノ及政治上其他同族ノ犯罪(政治上社會上)等ニヨリテ一時社會ノ波瀾ト分離セザル可ラザルノ地位ニ陥リ郷間ニ私有セル田畑ヲ耕耘シテ生活ヲ營ムモノアリ此等ハ一般常民ト異ル所ナシト雖モ依然トシテ郷間ノ首長ヲ以テ推サル此レ即チ嚮土班ト称スルモノニシテ其地方ニ於ケル勢力ハ厳然タル上流階級ニ屬シ居レリ而シテ土班ノ一種トモ称ス可キカ京城ノ士太夫ト通婚シ又ハ近親者中権勢有ル地位ヲ占ムルモノアル時ハ其威勢ヲ藉リテ常民ヲ威嚇スルコト甚シク一般人民ヲシテ猛虎ヨリモ恐ロシク感ゼシメタルモノアリ此即チ土豪ナルモノトス

抑モ両班ニハ四種ノ特權(?)アリ(イ)登科(ロ)代刑(ハ)免役(ニ)科刑之レナリ即チ両班ハ官吏トナルノ資格ヲ占有シ科挙ニ

應ジテ進士(文班)先達(武班)トナルハ両班ノ子孫ニ非ラザレバ能ハザルコトニシテ常民中才氣卓絶ナルモノ仕官セルノ例ナキニ非ラザレドモ這ハ例外トモ云フ可キモノニシテ而モ彼等ハ両班ノ家譜ヲ買收シテ表面上両班タルノ資格ヲ作リ居レリ(詳細後出)而シテ両班ナルモノハ常民ト訴訟事件発生シタル際ト雖モ判官ハ殊更ラニ両班ヲ以テ直トナス而已ナラズ笞刑ノ如キハ家僕ヲシテ代受セシムルヲ得地租以外ノ課税ハ一切之レヲ免カル、コトヲ得タルガ故ニ今日ニ至ルモ所謂両班多数シ占ムル村落及有力ナル両班ノ在住セル地方ニ在リテハ彼等ハ面長洞長ノ報酬ノ如キ又夫役ノ如キ之レニ應ゼザルモノ多シ而シテ猶彼等ハ地方民ニ對シ裁判處決ヲナスノ權力ヲ有シ慶北禮安郡ナル李退溪ノ子孫等ガ此等ノ權勢ヲ振シ郡守ト雖モ唯傍觀放任シ亦如何トモスル能ハザリシハ最近迄ノ事實ニシテ一昨年李中夏拘引ノ際ノ如キ朝鮮人巡査ハ李ノ邸内ニ足ヲ踏込ムコト能ハズ如何ニ邦人巡査ガ督勵スルモ躊躇逡巡シテ決行スル能ハザリシト聞ケルガ又以テ其勢力ノ偉大ナルヲ知ルニ足ラム而シテ半島ニ於テハ長幼ノ序極メテ嚴格ニシテ現王族中ニハ幼少ノ際ハ有力ナル両班長老ノ為メニ呼ビ捨テニセラレタル人アリト聞ケドモ両班ト平民トノ関係ハ正反對ニシテ両班ノ幼者ハ平民ノ長老ヲ驅使シ恰モ主従ノ如クセルハ王室ト両班、両班ト平民等ノ階級間ニ於ケル制度ノ一班ヲ窺フコトヲ得ルナリ

以上ノ如ク階級干係ノ嚴正ナルガ故ニ両班ト常民トノ間ニハ別種ノ人類タルガ如ク信ゼラレ従テ両者ノ間ニ結婚成立スルガ如キコトアル可キ筈ノモノニ非ラザリシガ時

勢ノ推移ト人心ノ機微ナル作用トハ又恐ル可キモノニシテ今ヤ班婚、勒婚、落婚、仰婚等各種ノ結婚行ハレ両班ノ子弟ト常民ノ女兒トガ容貌財産等ノ関係上通婚スルモノアルニ至レリ然レモ若シ両班ノ女兒ト常民ノ子弟トノ間ニ子女ヲ設ケタル場合ハ普通人間タルノ待遇ヲ受クル能ハザルノ制裁ハ今尚存シ為メニ捨兒ノ風習廃レザル所以ナリ

既ニ述ベタル如ク仕官ハ両班階級ノ特権ニシテ且常民ハ甚シキ卑賤ノ階級ニ在ル者ナルガ故ニ両班ノ列ニ加ハリテ其身分ヲ高メムトシ才氣又ハ財産有ル常民ハ争フテ其工風ニ意ヲ凝ラシタル結果貧困ナル両班ノ系譜ヲ買收スルノ方法案出セラレ近時盛ンニ行ハル、ト聞ケリ其方法ハ数百金ヲ投ジテ其常民ガ同姓ナル其両班ト何等カ関係ヲ結ブノ方法ニシテ實例ヲ以テ示サバ慶尚北道聞慶ノ常

民ヨリ身ヲ起シテ漢城府尹平壌聯隊長鉄道院総裁等文武官ニ歴任シ親露黨ノ旗頭トシテ有名ナリシ吉泳洙ハ八隠ノ一人吉治隠ノ子孫タル吉民益ヲ買收シテ既ニ故人トナリ居リシ泳洙ノ父ヲ民益ノ養子トナリシガ如ク吉民益一家ノ族譜ヲ改訂シ民益ヲバ善山郡守トナシ與ヘタルモノニシテ一般ニ死シテ既ニ在ラザル高祖ヲ以テ同一姓両班ノ養子トナシ以テ自ラ其子孫即チ両班ノ子孫ナリトスルニアルモノヽ如シ而シテ又彼壬辰ノ役ニ際シ朝鮮軍ニ捕虜トナリ(自ラハ歸化シタリト称ス)遂ニ朝鮮軍ノ為メニ盡忠シテ日本軍ヲ脳マシタリト云フ慕夏堂金忠善(大邱郡友鹿洞)ノ如キモ後世子孫ノ運動ニ依リテ所謂両班ニ列セラレタルモノヽ如クニシテ近時両班ト称スル者ノ種類ト勢力トハ一様ニ非ラザルヲ知ル殊ニ甲午改革ニヨリテ多少ノ打撃ヲ

受ケ居リタルニ加ヘテ統監政治ノ布カル、アリテ以来一般人民ニ權利及自由ノ觀念盛トナリ今日ニ於テハ彼等ノ所謂特權ノ如キハ殆ンド消滅シ唯僅カニ隨勢ニヨレル社會的地位ト歴史的虚榮トヲ有スルニ過ギザルニ至リタリト雖モ其消極的感化力煽動力ニ至ツテハ今猶決シテ輕視ス可キモノニ非ラザルヲ思ハシム此點ニ就テハ一種ノ變體タル儒生ニ就テ研究セザル可ラズ

附

一、儒生

儒生ナルモノハ社會上ニ於ケル半島人民ノ一階級ナリトノ説ニ對シテハ未ダ遽カニ同意スル能ハザルナリ抑モ儒學ナルモノハ曩キニ述ベタル如ク一種ノ政治的意味ヲ以テ半島ニ發達シタルモノニシテ京城ニ於ケル最高學府タ

ル成均館、各道首都ニアル樂育齋、及各郡ノ郷校ハ皆孔子廟ヲ附祀シテ文教一致ノ形式ヲ示スト同時ニ天下苟モ政治上ノ實務ニ干與シ又發言ノ權ヲ得ムト欲スル者ハ此関門ヲ通過セザル可ラズ否寧ロ之レニ屬スルモノナラザル可ラズ去レバ官吏タルノ特權ハ両班階級ノ占有ニ限リ而シテ又郷校関係者而已ガ官吏タルノ資格ヲ得ルモノナリト云ハバ論理上儒生ト両班トハ同一體ナリトノ結論ハ正當ナルガ如クニ思ハルレドモ這ハ又餘リニ皮想餘リニ浅見タルヲ免レザル可シ何トナレバ科擧ト郷校トハ離ル可ラザル関係ヲ有シ甲午更張ノ際科擧ノ法一度ビ廢止セラルルヤ郷校孔子廟ハ徒ラニ草茫々タルニ任カセ樓閣又風雨ニ曝サレ之ヲ顧ミル者ナキ状態ニ陥リタリト雖モ郷校関係者ハ總テ登科ノ資格アリタリトハ断ズル能ハズ從テ郷校関係者タル儒生ハ総テ両班ナリト断ズル能ハザルハ明カナリ然レドモ苟モ孔孟ノ教ニ對シ容喙スルモノハ両班ナラザル可ラザルニ御校関係者タル儒生ガ両班以外ノモノヲ含ムトハ之レ又甚ダ解シ難キガ如レト雖モソハ別ニ大ナル理由有ツテ存スルナリ

抑モ孔子廟ニハ都有司、有司、掌議、副掌議等ノ役員ヲ置キ之等ハ儒生ノ選擧セルモノニシテ庶子ト實子トヲ一名宛當ラシメ毎月一日(朔)十五日(望)ノ朝廟ニ香ヲ焚キテ(四人交代)祭ヲ営ミ儒生ハ仲春及仲秋ノ丁日三日前ヨリ集合齋戒シ當日黒ノ麻織帽即チ儒巾ヲ冠リ道袍ヲ纏フテ釋奠ノ禮ヲ為スモノナルガ儒生中ニハ東齋生西齋生ノ別アリテ東齋生トハ嚴正ナル意味ニ於ケル両班ニシテ西齋生トハ下等両班及常民ナリ而シテ此両齋生即常民儒生ノ任務ハ祭禮ニ際シテ萬端ノ世話事ヲナス而已ニ止リ他ニ何等為ス所ナシ然レ𪜈斯カル單純ナル任務ヲナスモノヲ呼ンデ儒生ト云フハ甚ダ無意味ナルガ如ク又之レヲ欲スルハ滑稽ニ類スルガ如シト雖𪜈決シテ然ラズ素ト孔子廟郷校ハ國費ヲ以テ維持セラレ多ク一定ノ財産ヲ有シタルガ故ニ任官ノ資格ナキ常民ノ如キハ之レニ出入スルコトヲ許サレザリシガ故ニ若シ何等カノ方法ニ依リ單ニ出入ノ權丈ケニテモ得タラムニハ貴族社會ト交際スルノ端緒ヲ得一門ノ名譽之レニ如クナキナリ然レバ李裕寅（慶尚南道金海常民ヨリ身ヲ起シテ大臣ノ地位迄占メタル）ノ如キ徒ガ慶尚北道觀察使トシテ赴任スルヤ更ニ他日政治上ノ地位ヲ得ルノ地盤ヲ作ラムト欲シテ先ヅ嶺南南人ノ領袖タラムトシ即チ儒生ノ統領タラム野心ヲ以テ郷約法ヲ強制シ自ラ觀察使タルノ地位ヲ利用シテ之

ガ総首領タラムト企テタレドモ先ヅ慶北三傑ト呼バレタル大邱ノ李玄樹、安東ノ李中夏、及現漆谷郡守朴海齡等ノ反對ニ會ヒ其他地位有リ勢力有ル両班儒生等ハ一齊ニ彼レヲ排斥スルニ勉メ郷約會員タラシムルコトヲ拒絶シタルガ故ニ彼ハ常民ニ向テ多ク加入ヲ勸誘シ會員トナレバ孔子廟ノ有司掌議等ニ選任セラル、而已ナラズ両班ト結婚スルコトヲ得ルノ特權ヲ附與スルトナシ多数ノ入會者ヲ出シタリ然レ圧此等ノ特權ヲ得テ儒生ノ仲間入リヲナシ得タリトテ同時ニ両班ノ列ニ加ハリタリトナスハ稍々早計ニ失スルモノナリト云フモ敢テ過言ニ非ザルヲ思フ唯若シ此種ノ儒生即チ西齋生ハ儒生ニ非ズト為スノ論者アラバソハ論議セザル可ラザル事ニ属スレ圧所謂儒生ナルモノハ以上ノ如キモノナリトス去レハ儒生ナル者ハ其性質ヨリ考フルモ從來ノ半島ニ於ケル政治上社會上其他一般ノ地位及感化力ガ如何ニ重量有ル地位ヲ占メツヽアルカハ敢テ啜々ノ言辭ヲ要セザル所ニシテ所謂両班階級トシテ有シタル特權ノ權能ハ政治上ノ變化社會民智ノ程度ノ進化ニ伴ヒ消滅ニ近ツカツヽアルニ反シテ儒生ナルモノヽ一種精神上ニ及ボセル儒學尊奉力タルノ勢力ト感化力トハ必ラズシモ科擧ノ法廢止ト共ニ一擲サルヽモノニ非ザル可ク從テ新政ノ地方的普及完全ト彼等ノ感化力トハ大ナル關係ヲ有スルモノナル可シト信ゼラルヽガ故ニ此勢力ニ就テハ最モ深キ注意ヲ以テ研究スルノ價値アルコト後段說カムト欲スル負褓商團體ト共ニ韓國社會上政治上ノ二大分子ナル可シト信ス

二、四　色

（イ）概　論

朝鮮ノ両班ハ南人北人老論少論ノ四派即チ四色ニ分レテ彼等ガ尊重スル家譜中ニ其党派系統ヲ記入セルモノアリテ此四色ノ党争ニ熱中シ政権争奪ヲ事トシ社交上ニモ其影響ヲ及ボシ異色通婚ヲ避ケ衣食住等ニ至ル迄多少其趣ヲ異ニシ豊太閤朝鮮征伐ノ報ヲ虚ナリトシタルハ東人ニシテ西人ハ之レニ反対シ天主教ノ初メテ半島ニ入ルヤ率先之レヲ信仰シタルハ南人ニシテ老論及北人ハ之レヲ排斥シタリト蓋シ四色ノ別ハ外交于係ニモ及ベルガ思フニ朝鮮三百年来ノ政治史ハ殆ンド此政争史ヲシテ全部ヲ占ムルト云フモ敢テ過言ニ非ラザルモノナルガ此四色分派ノ原因ヲ攻究スル時ハ何等政治上ノ主義主張ニ基ケルモ

ノニモ非ラズ根本的學理ノ異同ニ困ルモノトモ認ムル能ハス全ク朝鮮式流言蜚説ヨボ式嫉妬排擠ヨリ胚胎セル感情ニアルモノ、如ク宣祖ノ朝自仁傑上疏シテ曰ク

臣在草野、窃聞縉紳間、有沈義謙金孝元、分党之説、當時大臣與近臣、議作鎮定之計、啓爲補外之擧、然朝著不靖、浮議雲興、稍渉於義謙儕輩者、指謂之西、稍渉於孝元儕輩者、指謂之東、朝士皆入指目之中、駁論一人則、衆必譁然曰、某是某党故被薦也、薦用一人則、衆心譁然曰、某是某党故被薦也、無不指以爲私情也、而台諫詮書、亦不能措手足、爲士流者、雖欲慷慨論劾、恐上疑相攻擊也、下疑作己也、東西二字、是亡國之禍胎也、士之特立者、世不見多、而庸碌闒茸者、亦不可用、則今日可用之士、皆入東西之目矣、以東攻西不可、若欲盡作東西則、是空殿下之朝廷也、必須調和使之寅協、

依之當時如何ニ甚シキ朋黨比周ガ朝廷ニ充満シ弊甚ダシカリシカヲ知ルニ足ル而シテ栗谷李珥ノ如キ亦深ク党争ノ弊ヲ憂ヒ屡々上疏シテ調済ノ策ヲ献シ自ラ超然トシテ党派ノ外ニ立チ或ハ西ヲ制シ或ハ東ヲ抑エ事実上ノ調和ヲ計ラムトシタレ𪜈却テ東人ノ忌ム所ト為ツテ致仕帰臥スルノ止ムナキニ至レリ今少シク幣原博士ノ韓國政争誌等ニヨリ其沿革ヲ述べ此党四色ノ又分レテ小分派トナリシ事情ヲ叙セム

(2)　東人ト西人

党派分裂ノ淵源ニ就テハ遠ク燕山君及中宗時代ノ儒派及非儒派ノ禍乱ニアリトセル論者アレ𪜈明白ニ東人西人ノ別ヲ生ジテ政治上ノ争乱ヲ事トスルニ至リタルハ今ヨリ三百四十三年前即位セル李朝宣祖ノ時代ニ東西両派ニ分

爭ヒタルニ始マレリト為サヾル可ラズ即チ宣祖ノ朝領議政尹衡元ノ妾ニシテ後夫人トナリタル女アリ鄭允謙ナル者ノ庶女ニシテ又允謙ノ侄縣監兼季ノ女婿ニ金孝元ナルモノアリ年未ダ二十ニ滿タザレモ文才多少現ハレタル少年ナリシガ家貧ナルガ故至親衡元ノ家ニ寄寓シ婿李肇敏ト寢食ヲ共ニシ居タリ此所ニ又國舅沈鋼ガ子ニ沈義謙ナルモノアリ己ニ科擧ニ及第シテ舍人トナリ居リシガ一日衡元ノ私第ニ赴キ肇敏ト知レルガ侭書齋ニ入リ寢具多キヲ見テ其何人ノモノナルヤヲ問ヒシニ肇敏答フルニ孝元ノモノナルヲンスラセリ義謙乃チ悦バズシテ曰ク孝元ハ無識ノ輩ニシテ人士ニアラズ文士ノ同棲ス可キモノナラムヤト然ルニ其後孝元科擧ニ及第シテ仕官スルヲ得タルガ才名高ク直情經行敢テ回避スル所ナク累進シテ当時吏曹

正郎ノ榮職ト思惟セラレタル詮郎ニ至ラムトスルヤ義謙又之レヲ阻碍スルニ努ムルコト一再ナリシモ遂ニ孝元其職ヲ得ルニ至ルヤ後輩之レヲ推重スルモノ多ク彼モ義謙ニ含ム所尠カラザリシガ罵ルニ愚人ヲ以テスルニ至レリ而シテ此時既ニ義謙モ大司憲タリシガ素ト孝元ヲ侮蔑嫌悪スル事甚シク又彼ハ名門ニ生レ領議タラムトスルノ希望アリ夙ニ士輩ヲ扶掖シタルガ故ニ之レニ附スルノ儕輩モ尠カラザリシガ遂ニ孝元義謙ノ両人ノ悪感ハ流言トナリ蜚説トナリ延テ儕輩徒党ヲ結ンデ軋轢甚シク為メニ朝政ヲ紊ルヽノ恐レアリ右議盧守慎ノ如キハ甚ダ之レヲ憂ヒ両者ヲ地方官ニ遷サム事ヲ乞ヒ八年共ニ外官ニ補セラレタリ時ニ宣祖党争ノ由来ヲ問ヘバ守慎答エテ曰ク互ニ平生ノ過失ヲ云フ而已トシテ其党争ノ如何ニ感情的ニシ

テ如何ニ野卑ナリシカヲ知ルニ足ラム然レ圧此制裁クルヤ稍々孝元ニ重カリシガ故ニ義謙ノ党派ハ勢力ヲ逞フシタルモ時ニ鄭仁弘ナルモノ司憲府掌令トナリ義謙ヲ弾劾シ為メニ孝元ノ徒復タ勢力ヲ回復セリ此時孝元ノ家ハ乾川洞ニアリ京城ノ東ナリシガ故ニ彼ノ派ニ属スルモノヲ東人ト云ヒ義謙ノ家ハ貞陵洞ニアリシガ故ニ此派ノ人士ヲ西人ト称シタルモノナリト云フ

(3) 南人ト北人

宣祖二十二年東人鄭汝立反ヲ謀リ捕ヘラレ為メニ東人多ク獄ニ投ゼラレテ死セシガ謀主吉三峰ナルモノ所在ヲ晦マス時ニ流言アリ吉三峰ハ崔永慶(東人)ノ変名ナリト依テ永慶捕ヘラレ肺ヲ病ンデ獄中ニ死ス後永慶ハ無辜ノ罪ニ坐セラレタルモノナル事判明スルニ至リ裁判官ガ西人ノ

領袖鄭澈ナリシガ故ニ東人之レニ乗ジ大ニ其輕挙ヲ責メタルト同時ニ一方ニ於テハ宣祖王子ナク側室仁嬪ノ産メル信城君ヲ後嗣トセム意アリシニ鄭澈ハ王ノ忌メル側室恭嬪ノ生ミシ光海君ヲ立テムコトヲ建言シテ仁嬪一族ノ排斥ヲ受クルニ至リ時ノ領議政李山海等東人ナリシカバ彼是レ澈ニ不利ナルコトノミニテ遂ニ澈ハ陥ラレ致仕スルニ至レリ然ルニ東人中ニハ鄭澈ヲ攻撃スルニ急激派ト温和派トノ二派ヲ生ジ右議政柳成龍ハ温和説ヲ主張シタルガ禹性傳ハ妓女ヲ妻トシタルガ為メニ東人李潑ニ攻撃セラレタルノ遺恨ヨリ成龍ノ同説者トナリ而シテ鄭仁弘ハ鄭汝立反ヲ謀リタルノ際之レヲ庇護シタルノ故ヲ以テ爵ヲ削ラレタルガ之レ成龍ガ王ニ向ツテ悪言シタル為メナルヲ含ミ依テ李潑ト共ニ急激説ヲ持シタリ之レ東人ガ

南人北人ノ二派ニ分離シタルノ原因ニシテ時ニ性傳ガ家ハ南ニアリシガ故ニ温和派ハ南人ト称シ潑ガ家ハ北方ニアリシガ故ニ急激派ヲ北人ト称スルニ至レリト云フ即チ汝立ノ反乱ハ東人ヲシテ分離セシムルノ遠因ヲナシ西人攻撃ノ手段タル鄭澈問責ガ其近因ヲナシタルモノナルガ二十五年宣祖蒙塵スルニ當リ開城ニ至ツテ李山海ハ國ヲ誤ルモノトシテ罷セラレ南人ノ首領柳成龍領議政トナルニ及ビ鄭澈等モ亦召還セラレ西人漸ク勢ヲ得テ南人西人ノ握手成立シ一時小康ヲ得タリ

(4) 大北ト小北

宣祖三十一年日本軍半島ヲ引揚グルヤ再ビ党争開始セラレ北人李爾瞻ナルモノ重用サレテ南人成龍等ハ野ニ下リ西人モ亦悉ク貶黜セラレタルガ翌年北人中ニハ洪汝諄大

司憲タラムトスルニ當リ同派中之レヲ遮ラムトスルモノアルニ至リ汝諄ハ大北ト称シ北人中反對派タル南似恭ハ小北ト称シ北人遂ニ大北小北ノ二派ニ分離シ互ニ桐反目スルニ至レリ而シテ四十年王ノ正妃永昌大君ヲ産ムヤ小北ノ柳永慶嫡子誕生ヲ賀シ大北ノ鄭仁弘ハ光海君ハ庶子ナリト雖モ既ニ東宮ナリ小北ハ之ヲ危フクスルカト攻撃セムトシ却テ爾瞻ト共ニ竄セラレタレドモ翌年宣祖死スルヤ光海君位ヲ継ギタルガ故ニ途中ヨリ歸リ永慶等黜セラレテ自殺スルニ及ビ残忍ナル大北派ハ遂ニ彼ガ墓ヲ発イテ其罪ヲ数フルヲ敢テシ永昌大君ヲ殺シ大妃ヲ黜シ獨リ勢ヲ専ニセリ此間中北緩北又ハ骨北肉北清北濁北等起リタレドモ此等ハ皆云フニ足ラザル天氣見党而已思フニ大北鄭仁弘等ハ東人ノ未ダ南北ニ分離セザル時ニアツテハ信

擁君ヲ推シテ世子トナサムトシ西人ノ推セル光海君ニ反對シタルモノナルニ關ハラズ今ヤ又嫡子タル永昌大君ヲ殺害スル等残暴極リナキ行為ニ出ヅルヨリ察スレバ総テ此党争行為ガ感情ニヨリ支配セラレ何等根本的信念ニヨレルモノニアラザルヲ知ルニ足ル去レバ大北派ハ仁祖ノ朝全ク絶滅ニ歸セリ

(ぢ) 老論ト少論

仁祖ガ光海君ニ継テ位ニ上ルヤ西人權勢ヲ得テ大北遂ニ衰滅ノ悲運ニ際會シ小北僅カニ餘命ヲ維持シタルガ西人ト善カリシ南人バ又漸ク頭角ヲ現ハシ李元翼召サレテ相機ニ與リ再ビ西人南人ノ提携天下ヲ支配スルニ至リシガ西人ハ初メ宣祖ノ二十二年湖西漢西ニ分レ此時老西少西トナリテ間モナク消滅シタルモ宋時烈出ヅルニ及ビ西人

ハ又両派ニ分離シタリ西人中ニ宋時烈ナル大儒現ハレタリ孝宗王即位ノ年彼ハ宋俊吉ト共ニ山林ヨリ抜擢セラレ為メニ南人中ノ策士ニヨリ除カレムトセシモ未ダ熟セズ顕宗ノ時代ハ全ク西人全盛ヲ極メタリ然ルニ粛宗ノ朝ニ至ルヤ時烈貶セラレ南人許積領議政トナルニ至リ南人中ノ許穆等ノ急激派ハ許積等ノ温和派即チ濁南派ニ反対シテ時烈ヲ極刑ニ処セムコトヲ主張シ清南派トナレリ然ルニ濁南派首領許積ノ庶子監其他ノ凶暴者ヲ出シ西人ニ依テ告発セラレ多ク獄ニ死シ其勢力失墜シ為メニ南人ノ失敗ト為リ西人ノ天下トナレリ然ルニ西人中ニハ尹鑴ナル碩学アリ朱子ノ註ヲ必ラズシモ正シカラズトナシ先輩静菴、退溪、栗谷等ノ欠点ハ之レヲ欠点トシテ指摘シ盲従ヲ敢テセズ自ラ理氣説ヲ立ツ朱子盲従ノ宋時烈ハ痛ク之ヲ

誹難攻撃シ呼ンデ
乱賊トナシ激烈ナル學理上ノ爭論ヲナシ殊ニ粛宗死スル
ヤ父仁祖ノ継妃生存セルアリソノ服喪ニ就テ両者所見ヲ
異ニシ大ニ戦ヒシガ鎮ノ同志ニ尹宣挙ナルモノアリ其子
尹極ハ時烈ノ門弟ナレドモ意見ヲ異ニシ彼ガ五十六才ノ時
即チ粛宗十年師弟ノ義ヲ絶チ分離スルニ至リ老論ノ首領
ハ時烈少論ノ巨魁ハ極トシテ両人遂ニ老少ノ両論ニ分カ
レタリ而シテ時烈ハ粛宗十四年禧嬪張子王子ヲ産メルヲ
元子ト為スノ尚早ナル上疏ヲナシ死ヲ賜ハリ為メニ両人
ノ殺サルヽモノ尠カラザリシカバ少論南人ノ相提携シテ
權勢ヲ握リタルモ五年ノ後粛宗過チヲ悔ヒ南人等ヲ斥ケ
少論派南九万領議政トナリ南人ニ對スル處置稍緩ナルモ
ノアリ然ルニ間モナク九万ハ陰謀派ヲ寛容シタルノ罪ニ
問ハレ貶黜サレ老論再ビ勢力ヲ得粛宗四十二年少論ノ巨

斛尹極父子ハ官爵ヲ追奪サレ老論ノ金昌集首相トナリシガ少論衰ヘタリト雖ドモ亦之レニ對抗シタリ斯クテ景宗ニ至ッテ老少両論ノ争闘愈々甚シク王位継承問題起ルニ及ビ殺戮陥擠至ラザルナク時ニ一勝一敗アリ四年三月少論ノ一派南人ト力ヲ併セ李思晟ハ平安道ヨリ金重器等中央ヨリ兵ヲ擧ゲムトシ又少論ノ李椷南人ノ鄭某等ト謀ル所アリタル等一再ニ止マラズ此等ハ少論派内部ヨリ起リシ打撃ト云フ可シ然レドモ老少両論互ニ全權ヲ占有スルニハ至ラザリシモ英宗ノ朝ニモ少論中反ヲ謀ルモノアリ遂ニ朝ニ在ル少論党ハ老論党ト行動ヲ共ニセザル可ラザルニ至レリ

(6) 現在ノ四色

老論党ト少論党トガ互角ノ勢力ニヨリ天下ヲ支配シタル

ノ際此二派ノ驥尾ニ附シ中間ニ介在シテ漸ク壽命ヲ維持シタルハ幾多ノ小党分立ノ中ニアツテ南人及ビ小北ノ二派ニシテ今日ニ至ルマデ存在セルモノハ老論少論南人北人小北ノ四派ニシテ之レ即チ現今ノ四色ナリ而シテ正祖ノ如キハ努メテ之レガ調和ヲ企テタレ圧遂ニ成ラズ大院君ニ至ツテ全國ノ書院ヲ毀チテ其弊ヲ絶タムトシタレ圧之レ又失敗ニ終リ今日ニ至レリ前朝併合ノ際ニ於ケル内閣総理大臣李完用内部大臣朴齊純等ハ老論農商工部大臣趙重應ハ少論ニシテ其秉陰險猜猾残忍暴悪ナル陰謀疑獄ヲ事トシ為メニ國威ノ発展ヲ害シ國民ノ向上ヲ防碍シタルコト幾何ナルヤ計ル可ラズ朝鮮今日ノ状態アルヲ致セルハ之レニ基因セル所蓋シ尠カラズ以テ吾人ノ殷鑑トナスニ足ラム

二、平民

世界國民中政治上社會上義務而已ヲ負擔シテ權利ナル二字ヲ知ラズ否ナ先天的ニ享有スル能ハザルモノアリトスレバ朝鮮半島ノ平民ナル階級ニアルモノハ即チ其一ナル可シ然レドモ彼等ハ半島國家社會ノ中堅ニシテ生産及事務ノ原動力トモ称ス可キモノニシテ最モ樞要ナル階級ヲ形成セルモノト云ハザル可ラズ

半島四千年ノ歴史ヲ案ズレバ新羅王朝以前ニ在ッテハ征服者即チ貴族ト被征服者即チ奴隷階級ノ二種ニ分ッ事ヲ得タルモノ、如シ然ルニ新羅及高麗兩朝ニ於テ國家社會ノ組織上幾多ノ階級制度ヲ生シ殊ニ李朝ニ至ッテハ高麗朝ノ常民階級ニ在リタルモノモ身分上道德上職業上等ヨリシテ種々ナル分布ヲナシ所謂八賤ト称スルガ如キ賤民階級ノ擴張ヲ見ルニ至リ光武元年ノ改革ニ際シ貴賤ノ別ヲ廢止シタリト雖モ因襲ノ久シキ形式的法令ノ能ク矯正シ能フ所ニアラズ貴族等ハ極力旧慣ノ維持ニ努メ國民各個モ亦自己ノ權利ノ上ニ眠ツテ毫モ人權ノ覚得ニ盡ス所ナカリシガ近ク統監政治ノ施行ト共ニ各種ノ制度ヲ改廢シ根本ヨリ近世國家的組織ニ向テ改善スル所アリタルノ結果半島住民上下ヲ通ジテ國民的自覚心ヲ喚起シ来リ所謂平民社會ニ屬スル者モ自由ト權利トノ觀念ヲ増加シ社會上ノ勢力ヲ形成セントスルノ傾向歴然タルモノアルニ至レリ

抑モ現時ニ於ケル半島ノ平民ナルモノハ主ニ前朝時代ノ良民ニシテ左ノ四種ノ原因ニヨリテ此階級ニ加ハリタルモノト信ゼラルヽガ李朝ノ所謂八賤ナルモノヽ中ニハ余

ノ所謂平民階級ニ入レルモノアリトス

一、貴族ノ墮落シタルモノ

一、新羅朝ノ遺臣ナルモノ

一、奴婢ノ進化シタルモノ

一、外國ヨリ移入シタルモノ

然レドモ此所ニハ便宜上彼等ガ営ミツヽアル職業ニヨリテ之ヲ種別説明スル所アラムトス即チ

(イ)中人、(ロ)僧尼、(ハ)宦官、(ニ)妓女、(ホ)商人、(ヘ)農民

(ト)巫卜、(チ)白丁ノ八種ナリトス

(イ) 中人

高麗朝時代ニ於テ社會上相當ナル地位ヲ占メタル名門ノ遺族ニシテ李朝ニ至リ所謂両班階級ニ入ル能ハズト雖モ一般ニ事務及技術ノ才能ニハ卓絶セルコト半島住民中随一ナルガ故ニ醫學天文通譯等ノ業務ニ從事セルモノアリ之レ即チ中人ト称スルモノニシテ李朝創業ノ際外國語学ノ研究者トシテ現ハレタルモノハ此種ノ人士大部分ヲ占メタリ彼等ハ高位高官ノ地位ニ就ク能ハズト雖モ技術官事務官等トシテハ官吏タルノ資格ヲ有シ所謂常民ナルモノニ比スレハ此等ノ點ニ於テハ特種ノ權能ヲ有シタルモノナルガ他ノ半面ニ於テハ社會上ノ地位トシテノ遥カニ所謂常民ニ及バザル所大ナルモノアリ即チ半島ノ所謂両班ナルモノハ下ツテ常民トナルコトアリ常民ノ女子ハ両

班ノ家ニ入ツテ妻トナルコトアルニ関ハラズ昔ハ両班ノ下ツテ中人トナルコトアルコト能ハズ中人ノ子女両班ノ家ニ入ツテ妻トナルコトアルニ関ハラズ昔ハ両班ノ下ツテ中人トナルコト能ハズ中人ノ子女両班ノ家ニ稼スルコトハ絶對ニ禁止セラレタルモノニシテ真ニ中人ナル特殊ノ地位ヲ占メタルモノナリ然レドモ現今ニテハ高官ノ地位ヲ占ムルモノ尠カラズ現内閣大臣観察使中ニモ此階級ノ人々アリ

(四) 僧尼

高句麗小獸林王二年即チ我仁德天皇六十年初メテ佛教ノ半島ニ渡来シテヨリ高麗末朝ニ至ルマデ凡ソ一千餘年間其隆盛ヲ極メ殊ニ新羅ノ後半期ヨリ高麗朝ニ至ツテハ全半島ニ廣通シテ僧侶ノ勢力モ亦實ニ大ナルモノアリテ政治上社會上ニ及ボシタル所決シテ小ナラズ新羅炤智王(西歴五世紀ノ末葉)ノ時代ニハ僧ノ宮中風紀ヲ紊ルモノアリ今ニ至ル迄正月十四日糯米ヲ炊キテ喰フ半島人民間ノ迷信ハ之レニ基ク災除ケノ迷信ニシテ當時既ニ僧侶ノ勢力ノ及ビタル所上下普カリシヲ知ルニ足ル同時ニ又善智識高德ノ僧モ多数輩出シタルガ新羅末世現ハレタル僧道詵ナル僧侶ノ如キハ風水ノ術ヲ以テ全國ヲ遍歴シ天下人心渇仰ノ中心トナリ(道詵ハ出處ヲ知ラズト雖モ其感化ノ大ナルコト我弘法大師ニ比スベク渠ハ深ク風水ノ術ヲ究メ全國ヲ遍歴シテ山川風土ヲ相シ未来ヲ説キ道

洗讖記ハ半島人ガ神秘トシテ尊敬スル所ニシテ其神説奇訣雄大深ク人心ニ浸染シ動カス可ラザル格言ナリ開城、京城、平壌ノ建都皆此記ニ出ヅルト云フ鄭堪錄ト共ニ尊信セラル）高麗太祖ノ如キ深ク之レヲ迷信シ僧忠湛ヲ師トシテ事ヘ大小ト別ナク皆彼レニ諮詢シテ而シテ後ニ施行シ印度ノ僧渡来スレバ両街ノ威儀ヲ備ヘテ迎ヘタリ去レバ太祖ノ遺訓ノ如ギハ皆佛ノ迷信ニ基ケルモノナリシカバ定宗文明王ノ如キモ深ク圖讖ノ説ヲ信ジテ西京ニ遷都シ光宗大成王ハ民財ヲ收納シテ佛ノ為メニ盡シ成宗文懿王顯宗元文王等ノ時ニ至ツテハ家ヲ捨テヽ寺トナシ婦女尼トナルモノ頗ル多ク文宗仁孝王ハ二王子ヲ僧トナシ屢々三萬僧ヲ供養シ仁宗恭孝王ノ時代ニハ妖僧妙清ナルモノ現ハレ常安殿ニ詐術ヲ行フテ男女ヲ誘惑シ又王ニ上言シテ林原驛ニ新宮ヲ營ミ移御セシメ遂ニ王ノ十三年妙清ハ僧柳昰等ト西京ニ反ヲ謀ルニ至レリ又毅宗、明宗等ノ朝ニハ僧ニシテ恩寵ヲ怙恃ミ宦官ト附托シテ上下ヲ侵擾シ或ハ徒党ヲナシテ北門ヲ犯スアリ東門外ノ民家ヲ焼拂フアリ而シテ又日嚴ナル怪僧現ハレテ愚夫愚婦ヲ惑ハシ阿弥陀佛ノ聲数里ニ響動シ男女晝夜雑居シテ醜声天下ヲ靡乱シタリト云フ而モ末朝僧鄭湛等ノ如キ奇言怪説ヲ吐イテ政治的豫言ヲ逞フシ國家社會ノ公安秩序ヲ紊ルコト甚シキモノアルニ至リシカバ李朝太祖ハ深ク此レニ鑑ミル所アリ高麗ノ亡ビタルハ一ニ僧侶ノ罪業ナリトシテ婦女寺ニ上ルコトヲ禁ジ太宗ニ至ツテハ先ヅ全國ニ流布シタル圖讖ノ書ヲ焼キ盡クシ宗教改革ヲ企テ禪教ノ二宗以外ノ五宗ヲ嚴禁シ而モ悉ク都鄙ノ社寺ヲ廢シ三十八寺ニ限リタルガ文宗ハ元年少年子弟ノ剃髪スルモノハ國法ヲ犯スモノトナシ本年中還俗スルニ非ズンバ嚴罰ニ處ス若シ邊陬ノ僧徒期

ヲ知ラザルアラバ官吏不勤ノ致ス所ナルヲ以テ處罰ストノ令ヲ発シ成宗又喪事供佛嚴度僧之法ヲ出シテ法席食齋僧齋等ヲ嚴禁シテヨリ漸次佛教ノ勢力ヲ失墜スルニ至リ僧尼ノ還俗スルモノ多ク為メニ中外ノ寺刹空シキニ至リタリト云フ而シテ宣祖ノ朝日本征討軍ガ半島ヲ風靡スルヤ朝鮮兵退敗ニ際シテ僧侶ノ團體ヲ作リ干戈ヲ執ツテ國難ニ當リ功ヲ建テタルモノ多ク為メニ宣祖ハ僧靈圭等ヲ重ク用ヒタリシカバ一時社會上ノ地位ヲ高メムトシタレド仁祖再ビ僧尼城内ニ入リ市井騎馬スルコトヲ禁ジ顯宗モ亦即位ノ年良民ノ僧尼トナルヲ禁ジタルノミナラズ所在官ニ命ジテ一々還俗セシメ翌年僧尼ノ亂敎ヲ禁ズルト同時ニ慈壽仁壽兩尼院ヲ撤去シ十一年公事ニアラザレバ僧尼ノ都城内ニ留連スルコトヲ許サズ肅宗モ亦此等ノ禁

今ヲ以テ僧尼社會上ノ地位ヲ迫害スルニ努力シタルガ故ニ佛教ノ勢力ハ遂ニ全ク半島ヨリ駆除セラレムトシテ唯僅カニ僧尼等ガ僻陬ノ寺院ヲ管理シ佛像ヲ守護シ一般人士ト没交渉トナリ若シ寺領ノ佛享田アレハ之レニ依テ衣食シ然ラザレバ手工業的商賣ヲ営ミ甚シキハ僧尼ノ本義ヲ知ラズ徒ラニ食ヲ洞里ノ民ニ乞フテ糊口ヲ凌グモノアルニ至リ彼等ハ所謂八賤中ノ一トシテ社會ノ侮蔑軽視ヲ買フニ至レリ近ク光武元年ノ改革ト共ニ僧尼禁内ニ入ルノ禁制ヲ解キ四民平等ノ令ニ接シタリト雖モ自ラ卑賤ノ境遇ニ在ルコト数百年其自ラ堕落シタルノ因襲トハ未ダ容易ニ社會上ノ地位ヲ恢復シ能ハザルモノヽ如シ

既ニ述ベタル如ク新羅高麗両朝佛教ノ盛ナル時ニ在ツテハ王公貴族ハ素ヨリ一般庶民ニ至ルマデ僧尼トナレルモ

ノ甚ダカラザリシガ李朝歴代ノ王公等ノ佛教ニ對スル迫害甚シク而モ僧尼ノ還俗ヲ強ヒタルガ爲メニ之レニ入道スルモノ甚ダキニ至レリ乍併人間ノ信仰ナルモノハ未ダ決シテ法律制度等ノ根絶シ能フ所ノモノニアラズ去レハ斯カル間ニ於テモ僧尼トナルモノ其跡ヲ絶ツコトナカリキ即チ半島ノ上下一般人ハ若シ僧尼タラズレバ或ハ早世或ハ災厄或ハ鰥寡等人生ノ不幸遠カラズ来ル可シトノ巫卜者ノ言ニ惑ハサレテ入道セルモノアリ或ハ又政治上社會上ノ失意者孤兒、喪中出生兒、私生兒、貧困者、未亡人等ノ僧尼トナレルモノ多ク又中ニハ鰥寡ノ老者其子女又ハ財産ヲ携エテ僧尼トナルモノモアリ然ルニ近時婦人ノ墮落セルモノ尼トナリテ金銭ノ爲メニ情ヲ賣ルモノアルニ至レリ爲メニ佛教ノ本旨トシテ僧侶ガ常ニ湯浴シ食器ハ木製ヲ用腥羶葷臭ヲ喰ハズ酒類煙草ヲ喫セズ淨戒ヲ守リシ制ハ廢シテ今ヤ一例ヲ擧グレバ京城東門外ニ在ル寺院ノ如ク墮落セル政治家實業家等ガ官妓ヲ伴フテ此所ニ一日乃至數日ノ留連ヲナシ或ハ此所ニ政治上ノ陰謀ヲ企テ或ハ密計ヲ試ミ或ハ淫逸ナル遊蕩ヲナスニ至リ寺院ノ僧尼モ亦多少ノ報酬ヲ得テ一種ノ貸席業者ノ如キ状態ニ陷リ今ヤ客ノ需メニ應ジテ魚肉ノ調理ヲ整ヘ甚シキハ尼自ラ賣淫ヲ爲ス等汚醜ノ行爲甚シク慶南晉州ニ於テモ亦此實例ヲ見タルガ憺憺タル寺院ノ頽廢醜穢ナル僧尼ノ言行豈ニ慨ス可カラズヤ而シテ僧尼ハ途ニ貴大ニ會スレバ直ニ合掌シテ之レヲ拜ス而モリハ謙讓ノ美德ニ基クモノニアラズ多クハ其陋劣ナル心事ニ依レルモノナリシガ慣習今日ニ至ツテハ何等誠意ナキ一種ノ虚禮ニ過ギザルニ至レリ而シ

テ彼等ノ還俗スルニ就テハ素ヨリ何等ノ制裁ナカリシ故ニ現今往々尼ニシテ子女ヲ産シ僧ニシテ妻帯シ還俗スルモノ尠カラズ嘗テハ彼等ハ死スレバ野外ニ屍體ヲ火葬シ骨ハ粉細ニシテ飯ト混ジ鳥ニ食マシメ現世ニ其跡ヲ絶チタルモノナルガ佛教ノ根本義今ヤ全ク棄レ僅ニ虚式ト寺僧ノ名目ト而已存スト云フモ敢テ過言ニアラザル可シ

抑モ佛ニ八関ナルモノアリ八罪ヲ禁閉シテ犯サザルノ義ナルガ一ハ殺生セズ二ハ偷盗セズ三ハ淫佚セズ四ハ妄語セズ五ハ飲酒セズ六ハ高大床セズ七ハ香華ヲ著セズ八ハ自ラ観聴ヲ楽マズト云フニアリテ五慈七情ノ禁遏ヲ主意トスルモノニシテ衆生済度未来ノ安心立命ヲ説クハ僧ノ職責ナリシナリ然ルニ政治上社會上ノ大迫害ヲ蒙リタル半島ノ僧侶ガ世辰ノ変ニ於テ尠カラズ勲功ヲ建テヽヨリ

一種國防ノ機関タル任務ヲ有スルニ至リタルハ最モ奇異ナル現象ナリ之レ恰モ我國ニ於テ佛僧ガ乱世ニ際シ文学美術ノ保存者タリシトハ或意味ニ於テ一致スルヤモ知ラズト雖モ根本義ニ於テ同一ニ語ル可ラザルモノアリ即チ南漢北漢両山ニ総攝ヲ置キ全國ノ僧侶ヲ管セシメ総摂ハ兵曹ニ直隷シテ期ヲ定メテ僧徒ヲ集メ弓箭銃砲ノ操錬ヲナサシメ各道為メニ僧官ナルモノヲ置ケリ而シテ寺院ニハ役僧、教僧、寺僧奴婢ナルモノアリテ役僧ハ寺院ノ主人ニシテ財産ヲ管理シ一切経済ヲ司ル之レニ属スルモノヲ僧將ト称シ一品ヨリ二品ニ至ル次ヲ僧統ト称シ三品ヨリ九品ニ至ル而シテ寺僧奴婢ヲ養ヒ之レヲ生産的ニ使用シテ自ラ相續僧ヲ撰ンデ之ニ財産ヲ継續セシム教僧ハ唯經ヲ誦シ徒弟ヲ教習シ又祈祷ヲ司ルモノナルガ極メテ少数ニシテ之レニ屬スルモノヲ佛尊及大師ト称シ一品ヨリ二品ニ至リ次ヲ和尚ト称シ三品ヨリ九品ニ至ル寺僧奴婢ハ佛享田ヲ耕作スルモノアリ紙ヲ漉キ麹ヲ製シ又ハ餅飴其他器物ヲ製作シテ市中ニ販賣スルアリ機織紡績洗濯裁縫等ヲ業トスルモノアリテ而モ從来寺院ハ一切免税セラレタルガ故ニ彼等僧尼等ハ小ハ一人乃至数人ヨリ大ハ数百人一寺院ニ集團シテ一社會ヲナシ國家以外社會以外ノ一別天地ニアツテ最モ分業法ノ完全シタル平等分配法ノ行ハレツヽアル社會ヲ形成セルモノニシテ之レ又半島社會上ノ一奇觀トシテ研究スルノ價値有リト信ゼラル殊ニ社會研究ニ特殊ノ趣味ヲ有スルモノニ取リテハ其利弊ノ存スル所ヲ明カニセバ蓋シ佛教研究以外近世社會問題解決上ノ一資料タルコト決シテ疑ヒナキ所ナリ

（八）宦官

宦官ナルモノハ支那ニ於ケル特殊ノ産物ナルガ半島ニ入ツテヨリ高麗朝時代最モ盛ンニシテ為メニ数萬人ノ多キニ上リタリト云ヘリ而シテ李朝創業ノ際建国ノ基礎ヲ固フセムト欲シ北関人士ノ科挙ニ應ズルコトヲ禁ジタルガ為メニ該地方人士ハ宦官ト為ツテ政治上ノ慾望ヲ満足スルノ外其途ナキニ至リ幼少未ダ知覚ヲ感ゼザルノ時系ヲ以テ執ヲ断ツテ生長ノ后宦家ノ養子トナシ教育シテ之レヲ王君ニ薦メ宦官タラシムルノ方法ヲ執ルニ至リ朝鮮古来異姓者ノ養子タル制ナキモ宦官ニ限リ之レヲ許シタリト云フ然レドモ彼等ハ素ト先天的第三性ニアラザルガ故ニ情慾全ク消滅セザルモノアリ為メニ宦官ニシテ数人ノ妾ヲ蓄ヘタルモノアリト云ヘルガ依テ起リタル弊害又尠

カラザリキ去レド彼等ハ色情慾ヲ多ク減殺セル反動トシテ利慾ノ性情著シク發達シ蓄財ノ念最モ強シト去レバ彼等ハ位従一品ニ至リ宮中唯一ノ執務者トシテ君側ニ侍シ深宮ニ出入シテ政治上大ナル權勢ヲ有スルガ故ニ收賄ヲ是レ事トシ甚大ナル富ヲ有シタルモノアリシ従テ其弊害モ又大ナルモノアリシト聞ク所併今日ニ於テハ如斯モノ存在セズ従テ政治上社會上ヨリ見テ歴史的價値以外何物ヲモ有ゼザルガ故ニ茲ニハ以上ニ止メテ敢テ詳述スルノ繁ヲ避ケム

(二) 妓女

沿革

東西古今如何ナル國家ニモ賣春賤業ヲ事トスル婦女アラザルナク半島ニ於ケル妓女ノ起源亦容易ニ知ル可ラズト雖モ史ノ記スル所ニヨレバ娼妓ハ本ト柳器匠ノ家ニ出ヅト柳モ高麗ノ初葉ニ於ケル楊水尺ナル鞨韃種ニ屬スル蠻人タリ田獵ヲ事トシ柳器ヲ編ミ之ヲ販賣スルヲ業トシタリト云フ然ラバ即チ半島娼女ハ斯業人ニ出デシカ半島妓女ノ起源ハ楊水尺一族ニアルベキカ去レバ說ヲナスモノハ楊水尺半島ニ於テ糊口モ窮シ為メニ美貌ナル妻女權家ニ出入シテ淫ヲ賣リタルニ始マレリト云ヘリ官妓ノ起源モ亦或ハ此所ニアラムカ然ルニ又一說ニハ高麗ノ朝元ノ入寇セル際開城良民ノ婦女ニシテ元軍ノ為メニ姦淫セラレタルモノ

多ク乱後此等ノ婦女ハ凌辱ノ故ヲ以テ社會ノ指彈排斥ヲ受ケ再ビ良家ノ子女タルノ待遇ヲ受クル能ハザリシニヨリ遂ニ彼等ハ賤業ヲナスニ至リタルガ當時大陸ヨリ王都開城ニ来往スル使臣多ク為メニ此等賤業婦女ハ元使送迎ノ用ニ供セラレ應接ノ席ニ侍シ從テ旅労ヲ慰ムルノ必要ヨリシテ沿道各地ニ此等ノ業ヲ営ムモノ續出シ一階級ヲ形成スルニ至リ殊ニ平壌ニ在テハ使臣等掩留数日ニ及ビ数人ノ妓女ヲ侍セシメ從テ此地ニ官妓多カリシナリトノ説ヲナスモノアリ而シテ第三説ニハ昔時両班ニシテ國事ニ関スル罪ヲ犯シ一族中ノ男子悉ク死刑又ハ流刑ニ處セラレ婦女ハ没収セラレテ官婢トナリ中ニハ官人ノ妾トナルモノアルニ至リタルガ此等ノ風習漸次変化シテ妓生ヲ生ジ遂ニハ自ラ進ンデ官人ノ寵愛ヲ受ケム為メニ歌舞音

曲ヲ學ビ官人ノ宴席ニ侍スルモノアルニ至ルニ始マレリト云フ去レド確然タル記錄ノ徵スベキモノナキガ故ニ此等ノ說果シテ眞ナルヤ將又事實トスレバ其孰レガ當レルヤヲ斷定スルハ頗ル難シト雖モ要スルニ高麗ノ中世淫風最モ盛ナリシ時代ニ於テ妓女ノ發達シタルコトハ疑ヒヲ要セザルモノヽ如ク全半島大小郡邑ハ此時代ニ於テ脂粉ノ娼婦ヲ見ザルナキニ至リシナラム後李朝ニ入リ各種ノ方面ニ之ヲ利用スルノ風習ヲ生ジ政權爭奪ヲ以テ人生唯一ノ事業ト信ジタル半島兩班ノ徒ハ巧ミニ官妓ヲ操縱シテ人情ノ弱點ニ乗ジ私黨私利ヲ逞フズルノ用ニ供シタルモノヽ如ケレ𪜈李朝太宗ガ州邑ノ娼妓ヲ廢セムトシテ議ヲ下スヤ宰相許稠「男女ハ人ノ大慾ニシテ禁ズ可ラズ娼妓ハ公家ノ物ナリ之レヲ取ルヲ妨ゲズ若シ此禁ヲ嚴ニセバ

年少ノ朝士非議ヲ以テ私家ノ女ヲ取ルニ至リ英雄豪傑多ク罪辜ニ陥ラム華ム可ラズト群議ヲ排シタルハ娼女廃止ノ説ニ對シテハ両者ノ意志相反スルガ如クニシテ而モ共ニ当時社會人心ノ淫靡ヲ極メタルヲ反証シタルニ相一致シタルモノト云フ可ク又以テ當代半島ニ於ケル妓女ガ如何ニ各地ニ瀰漫シ居タルカヲ推想スルニ足ルト云フ可キナリ爾来幾多ノ変遷ヲ經ルニ從テ官妓ナル別種ノモノヲ生ズルニ至リ其盛ナル時ニ在ツテハ景福宮裡三百ノ粉黛嬋妍嫆娜ノ色ヲ競ヒタリト云フ

種類

妓女ニハ一牌二牌三牌ノ區別アリテ一牌ハ官妓ニシテ通常妓生《キーサン》ト称シ春坊ニ属シ一定ノ技藝ヲ有シ公會ノ宴席ニ

侍ミ宮廷ノ歌舞ニ参スルノ義務アルモノニシテ二牌ハ官妓ノ一度落籍セラレテ外妾トナリタルモノ又ハ官妓トナラズト雖モ之レニ準ズル藝能アルモノニシテ準官妓ト称スベキカ三牌ハ即チ蝎蜅《カルボ》ニシテ賣春専門ノ下等ナルモノナルガ或ハ又之レヲ隠君子トモ称ス

普通ニ妓生ト称スルモノハ官廳ニ招聘セラレ官吏及両班ノ酒宴遊興ノ席ニ侍シテ藝能ニ依テ興楽ヲ助クルモノナルガ故ニ京城タルト地方タルトヲ問ハズ此種ノ妓女ヲ総称シテ此名ヲ呼ベドモ厳格ナル意味ヨリ云フ時ハ官妓ナルモノハ京城ニノミアッテ地方ニ在ル妓女ハ官妓ノ候補者トモ称ス可キモノナリ即チ宮中ノ礼典ニ招聘セラレ功労アリト認メラレタルモノハ玉冠子又ハ金冠子ヲ賜ハリ（冠子トハ男子ノ頭髪ヲ結ブ網巾ノ両側ニ用ユル紐止メニシテ玉又ハ金ノ冠子

ヲ用ユルモノハ官位ヲ有スルモノニ限ル）妓生ハ之レヲ以テ釵ヲ作リ頭髪ニ挿シ玉冠子ハ正三品金冠子ハ従三品ノ位ヲ有スルモノトシテ郡守ト同等ト認メラルレドモ位記ヲ有スルモノニハアラザルナリ而シテ地方ニ在ル妓生モ一度宮中ノ祝典ニ招聘セラルヽニ非ラズンバ自ラ官妓トシテ威福ヲ逞フスル能ハザルモノナリト云ヘリ

同一地ニ於ケル妓女ノ團体ニ於テハ又一種ノ階級ヲ有シ行首（又ハ一行首）色長（又ハ二行首）行員有司ノ四ニ分カレ妓生タル可ク教養セラレタル後所謂髪上ゲ（後出）ナルモノヲ行ヒテ始メテ有司トナリテ一人前ノ妓生タルヲ得ルモノナルガ髪上ゲヲ終リタル時ハ其際得タル料金ヨリ七両ヲ割イテ温突燃料ノ名目ノ下ニ官奴房（京城ハ薬房）ニ納入シテ行員ヲ奠ヌルヲ通常トシ而シテ頭上ニ載スル大ナル髪ヲ購

求ミ又藝能上各種ノ修養ヲナシ漸次色長トナリ行首ト進ムモノナルガ之レガ為メニハ尠カラザル費用ヲ要スルモノナレバ行首ハ所謂年増姐御ニシテ妓生ノ取締ヲ勤メ仲間ヨリ最モ尊敬セラルヽモノナリ

教養

半島ニ於ケル妓生ノ出産地トシテ有名ナルハ平壌及ビ晋州ニシテ京城、海州、全州等ヨリモ多少産出シタルガ平壌ト晋州トニハ妓生ヲ教養スル學校アリシガ近年衰微ノ傾、アリシニ加フルニ昨年團束令ノ発布ト共ニ著シク衰退シ今ハ共ニ廃止セラレ平壌ニハ遊藝傳習所トシテ二ケ所ヲ存スル而已京城ニ在ツテハ妓生ハ元ト薬房ニ附属シ赤色周《ツル》衣《マギ》(戦服)黄色草笠(戦笠)ヲ衣冠シタル別監ト称スル宮官監督ノ下ニアツテ陛下ヨリ直接ノ命令ニヨリ始終スル者ニ依サ歌舞音曲挙措會話方法其他音楽等必要ナル技藝ヲ教育セラレタリ尚別監ハ宦官監督ノ下ニアツテ陛下ヨリ直接命令ニヨリ始終スルモノナリ地方ニアツテハ観察使郡守等ニ直属シテ毎日官奴房ニ集會シ教房ニ於テ老練ナル官妓ニヨリ必要ナル教育ヲ受ケ楽ノミハ楽工ノ笛琴ヲ吹彈スルニ和シ文字ハ仲間ニヨリテ修養スルモノナリ而シテ晋州地方ニテハ若キ官妓ハ毎夜両三人宛交代ニテ官奴房ニ宿泊スルノ慣習トナリ居タリキ

而シテ官妓ノ入籍教養落籍其他進退悉ク薬房及ビ官妓房ノ指揮處分ヲ仰ガザル可ラズ而シテ報酬ナクシテ官吏及官廳ノ宴席ニ侍シ杯盤ノ間ヲ斡旋シ歌舞音曲ヲ以テ興ヲ助ケ甚シキニ至ツテハ官吏ノ枕席ニ侍シ若シ中央官衙ヨ

リ諸官ノ地方ニ来ルモノアルヤ之レガ旅労ヲ慰メザル可ラズ然レドモ之レガ為メニ官吏両班等ト接近シ一種ノ權勢力ヲ有シタルガ故ニ官尊民卑階級制度ノ盛ナル半島社會ノ下層民ニアリテハ官妓トナルヲ却テ栄誉ト心得殊ニ一般腐敗セル官吏輩ハ自己ノ狎妓ノ父兄親戚等ニハ相當ノ公職ヲ與エ訴訟就職ニ関シテハ大ナル聲援ヲ與フル等ノコトアリシカバ常民ノ父兄ハ争フテ自己ノ子女ヲ此社會ニ入テシメ而モ小サキ栄華ノ夢ニ憧ル、婦女ハ官妓トナツテ權門高貴ニ出入シ霓裳羽衣ヲ纏フニ眩惑シテ好ンデ之レニ投ズルモノ尠カラザリシガ中ニハ誘惑ニ基ケルモノアリ貧困家ヲ支フル能ハズシテ身ヲ賣ルモノアリシト云フ去レバ最モ多ク官妓トナレルモノハ下等ナル常民官奴、妾、腹、等ノ女兒、孤兒及ビ寡婦ノ淫奔ナルモノ又ハ其私生児等ニシテ両班ノ女児ハ如何ナル理由アルモ妓女トナラズ白丁ノ娘ハ如何ニ美貌ナリト雖モ採用セラルルコトナカリシナリ而シテ此等多数ノ妓生中ニハ虚栄心ニ駆ラレテ自己ノ希望ニ基ケルモノト老妓退籍ノ際代妓トシテ自己ノ女児又ハ買収セル婦女ヲ以テ世襲的ニ相傳セルモノトアリ後者其大多数ヲ占メタリシハ勿論ナリ

退籍

官妓トシテ養成セラレ十二三才ヨリ十四才頃迄ニ有司行員トナリ一人前ノ妓生ト為ッテヨリ十八九才ニ至ル迄ヲ全盛ノ時代トシ自家又ハ抱主ノ家ニテ営業シ大抵十九才頃ヨリハ老妓ト称スルモノナルガ彼等ハ数人ノ情夫ヲ有スルモノアリ又抱主ニシテ正妻ヲ有シ乍ラ官妓ト通ジ稼

業セシメテ収利ヲ企テ居レルモノモアリ抱主ハ傭人ト称シ芸道家ニ使傭セラル、モノナルガ義男多シ然レドモ官妓ハ又相当ノ金銭ニテ落籍セラレテ人ノ妻妾トナルモノアリ此場合ニハ夫タルモノハ妓生前得ニヨリ衣食シタルモノ即チ妓生ノ父母等ハ之レヲ容レテ扶養スルカ又ハ相当ノ金銭ヲ給シ生活セシムルモノトス或ハ又老衰ノ結果自ラ退籍シテ情夫ト共ニ商業(酒幕等)ヲ営ムモノアリ又ハ自己ノ子女ト共ニ生活ヲナスモノアリ一定セザリシト雖モ総テ妓生ニシテ廃業セムトスル際ニハ官妓名簿ヨリ自己ノ姓名ヲ削除シ貰フモノニシテ十二三歳位ノ後継妓生即チ代妓ヲ推薦シ置カザル可ラズ之レガ為メニハ自己ノ子女ナラザレバ代妓ノ両親ニハ二十両位ノ金銭ヲ支払ヒ自己脱籍ノ代リニ代妓ノ姓名ヲ記入セシムルモノトス而シ

テ脱籍セルモノハ之レヲ退妓ト称ス
蝎蜅即チ娼女ナルモノハ一般人士ノ酒興ヲ助クルモノニシテ寧ロ賣淫ヲ專業トスル下等ノ婦女ナリ又隠君子中ニハ兵丁巡捕等及ビ商人ノ不在中等ニ彼等ノ妻女ガ夫ト相約シ又ハ隠密ニ賣淫スルモノアリ又農家ノ娘及酒幕ノ妻女等ノ賣淫ヲナスモノアリ去レバ娼女ニハ抱主アルモノアレ𪜈所謂密淫賣モアリ殆ンド終生此レニ從事ストモ称ス可キ墮落女ニシテ最後ハ自ラ廢業スルモノアリ落籍サル、モノモアリ又或ハ老衰ニテ抱主ヨリ放擲サル、モノモアリテ一定セズ敢テ之レガ為メニ手續等ナキハ云フヲ要セザル所ナリトス

遊興

妓生ヲ招聘シテ遊興ヲナシ得ルモノハ両班ニ限ラレ常民ナルモノハ決シテ官妓ヲ招聘スルコト能ハザルノ習慣アリ去レバ妓生ナルモノモ亦一種ノ自重心(?)ヲ有シ相當ノ格式ヲ備エタルガ故ニ招聘遊興ノ方法決シテ簡易ナル能ハズ故ニ狹斜ノ巷ニハ花柳界ノ事情ニ精通セル遊ビ仲間ノ一團アルガ故ニ最初遊興ニ赴カムトスルモノハ之レト交渉シテ妓生ノ家ニ同行シ浮世ノ談話ヲ交換シ或ハ歌舞ヲ演ジ一定ノ慣例ニ從ヒ擧作ヲ正シ数回ニ及ンデ始メテ遊ビ仲間ヲシテ妓ニ歡ヲ結ブノ意ヲ通ゼシメ約成ルニ及ンデ仲間ニハ相當ノ謝礼饗應ヲナシ妓ニハ新衣ヲ贈ル其費百金ニ上リ第二次以後ハ更ニ二三百金ヲ要スト云フ之レ京城ノ風習ナルガ地方妓生モ亦相應ノ格式ヲ有シ彼等ハ必ラズシモ金銭ノ力ノミヲ以テ應諾セシメ得ラル可キ

モノニアラズ所謂妓生氣質《カタギ》トモ称ス可キ一種ノ氣品ヲ有スルモノニシテ数日流連スルハ遊蕩子ノ通状ニシテ遊興費モ亦十数円ヲ超過セザリシト云フ

又彼ノ妓生トシテ養成セラレタル所謂半玉ガ一人前ノ妓生トシテ立ツニ至ルニハ「髮上ゲ」ナル恰モ我國ニ於ケル水揚ゲト称スベキ形式ヲ踏マザル可ラザルモノナルガ此所ニ「髮上ゲ」ヲ為スニ相當セル少妓アル時ハ大ナル宴席或ハ遊興ノ座上ニ於テ一座セル老妓又ハ事情ニ通ジタル遊興客ノ友人中ノ一人ガ相當ナル客ヲ見立テ、媒介ヲナセルアリ又ハ客自ラ云ヒ出ヅルアリ約整フヤ一坐セル官妓ハ一聲ニ叫ビゲ少妓ノ垂レタル辮髮ヲ解キテ耳ノ上部ヨリ頭上ニカケテ再ビ結ビ上ゲ爾後一夜或ハ十夜同居シ中ニハ月餘ニ及ブモノアリ又直ニ落籍スルニ至ルモノアリ髮上ゲ料金ハ晋州地方ニアリテハ五十両乃至百両ナリシガ此外客ハ金又ハ銀製ノ笄及衣類等種々ナルモノヲ新調シテ少妓ニ贈ルモノトス平壌古来俚諺アリ官吏ガ人民ヨリ誅求シテ得タル財貨ヲ奪還スルノ方法ハ唯妓生ノ力一アル而已ト又以テ官吏遊興ノ半面ヲ窺フニ足ラムカ而シテ二牌及地方稍高尚ナル酒幕ノ婦女等ハ必ラズシモ何人ニ對シテモ春ヲ鬻グモノト云フ可ラザレ𪜈三牌ニ至ッテハ最下等ノ賣淫婦ニシテ説明ノ限リニ非ラザルナリ然レ𪜈一般ニ朝鮮人ハ隠密ニ遊興スルノ風習ナルガ近時半島警察機関整備シ團束令発布シ一方ニ於テハ経済上ノ打撃ト官吏ノ誅求収斂等ノ弊漸次矯正セラレツヽアル等ヨリ遊蕩子モ漸次減退シ妓生ノ数モ亦減少スルニ至リ遊興ノ程度著シク降下シタルモノヽ如シ然レ𪜈許稠ノ云ヘル如ク

男女ハ人情ナリ濫リニ之レヲ制ス可ラズ必ラズ其反動ハ何レカノ点ニ発現セザレバ止マザル可ク花柳界遊蕩子ノ減少ハ又風俗警察上衛生警察上最モ注意ス可キ事ニ属スト信ゼラル

(ホ) 商人(負褓商)

朝鮮半島ノ貴族社會ニ於ケル儒生ナルモノト相對シテ平民社會ニ於テ最モ注意セザル可ラザルモノハ所謂負褓商ト称スルモノハ一團体ナリトス負商ハ平素木器、土器、銅器鉄器類海産品及各種ノ雜貨ヲ背負フテ轉々各地市場ニ行商スルモノニシテ褓商トハ一種ノ製造業者卸賣商人ナルガ故ニ資本モ稍多額ナルガ彼等ハ全國ヲ通ジテ一團体ヲ為ニ彼等同業者ハ国民以上ノ同胞ナリト称シテ組合組織ノ完備セルコト、團結力ノ堅固ナルコト、階級的制裁法ノ嚴格ナルコト、相互救援法ノ整頓セルコト等ハ朝鮮半島ニ於ケル他ノ事物ニ比シ一種特別ナル発達ヲ遂ゲ居レルモノト云フ可キナリ今之レガ内容ヲ説明セムト欲スレバ先ヅ其沿革ヨリ説カザル可カラズ

負褓商ナルモノハ起源ハ明カナラズト雖モ前朝以来ノ半
島商人ニシテ李朝太祖成桂ガ咸鏡道ヨリ起リテ半島統一
ノ戦闘ヲ試ムルニ當リ敵情偵察ノ任務ニ服シ或ハ又一隊
ヲナシテ兵戦ニ参加シタルコトハ明カニシテ負褓商ナル
モノガ李朝建國功勲者ノ一部ナル事モ亦疑フ可ラザルナ
リ去レバ半島征服後太祖ハ彼等ニ公許スルニ團体組織ヲ
以テシ甚切ニ酬ヒタリキ爾来五百年間世襲的ニ其業務ニ
従事シ一種ノ階級ヲ為スニ至リタルモノナルガ近ク佛国
艦隊ガ漢江ニ侵入シタルノ際彼等ノ團体ハ鍬ヲ握リテ起
タムコトヲ乞ヒ能ク傳令等ノ任務ヲ全フシタルガ故ニ時
ノ攝政大院君大ニ之レヲ賞シ宣恵廳ニ附属セシメ商兵組
織トナサシメ堂上官ヲ置イテ八道ノ負褓商ヲ統帥セシメ
タルガ勢力ノ強盛ニ伴フテ専賣権ノ壟断地ノ一般商賈ノ

壓迫、強制徴金團員遊惰等ノ弊害續出甚シカリシカバ光武元年即チ明治三十年ノ改革ニ際シテハ負褓商ノ結社ヲ禁ジ特權ヲ剝奪シタルガ故ニ一時彼等ハ其勢力ヲ失墜シ何等ノ活動ヲ見ザルニ至リシト雖モ之レ表面ノ事實ニ過ギズシテ五百年来涵養シ来リタル潛勢力ハ容易ニ消滅ス可キモノニアラズ裏面ニ於テハ依然其形体ヲ存シ勢力恢復ニ向テ運動怠リナカリシガ翌年今ノ李太王ガ韓皇ノ位ニ在リシ時民會打破ニ利用セムト欲シ皇國協會ナルモノヲシテ之レヲ政治上ニ利用セシメムトシ一夜負褓商ノ頭領ヲ招キ試ミニ問フテ曰ク汝明朝午前五時迄ニ負褓商一萬ヲ宮門前ニ整列セシメ得ルヤト時恰モ午前一時ナリシガ頭領ハ彼自ラ胸中成算アリタルモノヽ如ク快諾シテ退出シタリガ午前五時太皇帝出デヽ點検スレバ果シテ一萬五千人ノ負褓商整列セルヲ見タリト之レ果ニテ真正ナル負褓商而已ニシテ同業相誓ヒ水火敢テ辭セザル体ノ團員ノミナリシヤ否ヤハ稍疑問ニ屬ス可シト雖圧其訓練ト活動力トノ一班ヲ推知スルニ足ル斯クテ彼負褓商等ハ再ビ吉泳洙、洪鍾宇、李基東、ノ徒ニ統御セラレテ遂ニ市場征税ノ特權ヲ得ルニ至リ其後政府ハ之レガ回収ニ努力セシト雖圧隱然タル勢力又奈何トモスル能ハズ今ヤ地方費中市場税ナルモノヲ徴収スルニ當ツテモ事實ニ於テ負褓商等ノ勢力ト能力トヲ利用スルニアラズンバ徴税上ノ運用ヲ完全ニスル能ハザルノ状態ニアリ而モ彼等ハ巧ミニ各地方團体ヲ組織シテ昔日ノ勢力ヲ逞フシ種々ナル弊害ヲ醸シツツアルガ故ニ永ク之レヲ等閑ニ附シ去ルハ施政上甚シキ禍源ヲ遺スモノト云ハザル可ラズ今ヤ全國ニ散在セル負

原本欠落（38－1）

原本欠落（38—2）

褓商團体員ハ百萬人ヲ以テ稱スルニ至レリ員褓商團体ハ京城ニ本社ヲ置キ各道各地ニ支社ヲ置キテ連絡ヲ通ジ居レルガ其敏活ナル行動驚嘆ニ値スルモノアリ嘗テ公州ニ暴徒蜂起セル際三十餘里ヲ隔テタル京城トノ連絡ヲ得ルニ僅々數時間ニ過ギザリシト云フ往時ハ「サバリ通文《トンプン》」ナルモノアリ京城ヨリ地方ニ任務ヲ通ズルノ際疾驅次駅ニ至リ大声員褓ヲ呼ビ起シ『サバリ通文』ト叫ベバ何事ヲモ差措キ遮二無二次駅ニ傳達シ恰モ我國ニアリシト聞ク早駕籠ニ類シタルモノニシテ近時ニ至ツテハ郵便電信等ノ發達セルト彼等ガ昔日ノ如キ特種ノ權力ヲ有セザルトニヨリ如斯方法ヲ見ズト雖モ各地ニ管轄範囲ヲ定メ役員ハ班首ナルモノアリ接長ヲ指揮シ接長ノ下ニハ聽首アリ聽首ハ又明査長及公員執事等ヲ團束シ居レルガ又

従角《チヨニガー》負商ハ別ニ一團体ヲナシ大房チヨニガー卑房チヨニガー等ノ役員ヲ置キ上下ノ秩序整然タリ彼等役員ノ事務所トモ称ス可キモノハ商務所又ハ任所(班首次下)ト云ヒ商務所ハ左社右社ト分チテ左社ハ負商右社ハ褓商ノ組合トモ云フヲ得可シ唯玆ニ特種ノ一例ハ平安北道商務所ニハ接長ノ上ニ尚閑散接長ナルモノアリ全道唯一人ニシテ鉄山ニ居住セルガ黄海道出身ノ崔某ナルモノ之レニ當リ居レリ

尚彼等ハ斯カル組織下ニ堅固ナル團結ヲナシ之レニ服従セザル同業者ニ對スル制裁等嚴重ナルモノアルト同時ニ他地方ノ産ナリト雖モ苟モ負褓商人中ニ病氣災厄等ニ罹リタルモノアル時ハ之レヲ救助シ保護スルコト至レリ盡クセルモノアリ又彼等ハ竹皮製ノ笠ヲ冠リ一種ノ隠語ヲ

シテ同業相通ジ居レリ之レヲ要スルニ其弊害ノ存スル所ヲ研究スルト同時ニ又彼等ノ勢力ハ決シテ無視ス可キモノニアラザルガ如斯利益ヲ目的トスル商人タル生産階級ノ人士ニシテ時ニ不生産階級ノ軍人トナリ又驛遞タルガ如キ任務ニ服スル團体ノ生ジタルハ官吏ノ誅求甚シク草賊ノ掠奪旺ナル半島社會ノ一産物ト見ル可キカ

(ト) 巫卜

所謂巫卜ノ種類ヲ業トセルモノニ二種アリ一ハ巫女卜者等ニシテ他ハ地師風水師等ノ如キモノナリトス何レモ皆東洋流ノ迷信ヲ利用シテ巧ミニ人心ノ弱点ニ付ケ入リテ衣食スルモノニシテ其社會上及ボセル感化力ハ又偉大ナルモノアリ若シ朝鮮民ヲシテ生産力ヲ喪失セシメ迷信ニ之レ耽リ無為遊食ノ徒ヲシテ多カラシメタル原因ノ一ハ墓地ニ関スル旧慣ニ基ケル所アリトスレバ之レヲ改革セムニハ巫卜ヲ業トスルノ徒ヲ一掃スルニアラズンバ之レヲ恢復スルコト能ハザル可シ而シテ又巫卜ノ政治的ニ有シタル潜勢力悪弊等ハ實ニ大ナルモノアリ大小ノ政変大小ノ政的不幸悲惨事ガ彼等ノ欺術ヨリ起リ来レルモノ実ニ尠カラザリシナリ(墓地ニ関スル項及佛教ニ関スル項参照)

巫覡ヲ業トスルモノハ世襲的ノモノ多クシテ巫覡者ノ子弟ニシテ十五六才ニ達スレバ賽法ナルモノヲ設ケテ巫功ヲ傳習セシメ以テ父母ノ業ヲ継ガシムルモノトス巫女ハ恰モ我國ニ於ケル「イチコ」ノ如キモノニシテ覡トハ即チ巫ノ夫ニシテ巫ト同業ナルガ平安北道ニ於テハ絶對ニ覡ナルモノナシト云フテ然ル可シ従テ此地方ニ於ケル巫ノ夫ハ唯々トシテ妻ノ命維レ守リテ衣食ノ料ヲ與エラル、モノナルガ巫女中ニハ天質艶麗ナルモノハ化粧ヲナシテ賣笑婦ノ行為ヲナセルモノモ尠カラザルナリ一般ニ朝鮮半島ノ住民ハ巫卜者ヲ信ズルコト極メテ深ク一身上ノ吉凶禍福ヨリ子孫ノ榮枯盛衰ニ至ルノミナラズ國家社會ノ安危ハ一ニ皆巫覡者流ニヨリテ判定セラレ而モ一切ノ人事ハ之レガ祈禱呪咀ニヨリ運命ノ轉廻自在ナリト信ジ居レリ去レバ富者ハ一回十圓ニ至ルノ料金ヲ支拂ヒ貧者ト雖モ一二圓ヲ提供セルガ京城富豪中ニハ最高百五六十圓ノ謝礼ヲナシタルモノアリシガ一般人中ニハ衣類穀類等物品ヲ以テ報酬スルノ風習モアリタリト云フ又村内共同シテ年額ニテ穀物ヲ與フルノ習慣アリ巫覡ハ城隍、関帝其他ノ淫祠ヲ楯トシテ荒唐無稽ノ言辭ヲ弄シ用具ハ啼金、長鼓、鉦、笛、短簫、扇、花衣、氈笠、鈴、鐃等ニシテ祈禱呪咀ノ際ハ之レヲ着装使用シテ祭壇ニハ善神ヲ導キ雜神ヲ除クベク餅、野菜、菓物、肉類等ヲ供ヘ呪文ヲ誦ヘ舞堂《ムーダン》ト称シテ異様ノ舞踏叫號ヲナシ恰モ狂者ノ如ク徹宵スルコトアリ

巫覡者ハ李朝ノ所謂八賤ノ一ナレドモ迷信力强大ナル朝鮮人ハ貴賤ノ別ナク之レヲ尊信スルガ故ニ彼等ハ宮中ニマデ出入シテ貴族社會ニ勢力ヲ有シ中ニハ彼等ガ宮中府中

ニ出入スルヲ利用シテ政権ニ近ヅキタルモノモ尠カラズト云フ而シテ一体ニ朝鮮婦人ハ男子ト言語ヲ交エザルモ巫女ハ決シテ然ラズ何等男女ノ別ナル序次ニ従フコトナク男子ト應接シ自由ニ外出シ他家ニ出入ス其最モ全盛ヲ極メタル開国五百年頃ニハ京城ノ巫覡者数ハ百六十人ニ達シタリト云ヘリ今ヨリ約五十年前即チ同治甲子年間大院君執政ノ時ニ當リ勅命ヲ奏請シテ京城在住ノ巫女ヲ追フテ漢江以南ノ地ニ移転セシメタルニ彼等ハ鷺梁津ニアリテ巫ヲ事トシ隠然其勢力ヲ持續シ居タルガ甲午(開国五百三年)ノ変ニ際シ半島国家ノ上下動揺シ巫女取締モ自然廃弛セラレタリシカバ之レニ乗ジ再ビ多数ノ巫女京城ニ集込ミ祈祷呪咀ヲ事トシ中ニモ閔妃ノ崇信ヲ受ケタル神霊君ト称スル老巫女ハ近世稀レナル怪物ニシテ一種ノ魔力

ヲ発輝シ漢城政界ヲ腐爛シタルコト甚ダシク為メニ光武改革ニ際シ追放セラレ國法ヲ以テ巫卜ヲ禁ジ光武八年ニハ警務使申泰休之レガ嚴禁ヲ断行シタリト雖モ、上ハ宮廷ヨリ下人民ニ至ルマデ其信仰衰エズシテ又如何トモスル能ハザリシガ統監政治施カレテ以来宮中府中ニ出没シタル此等ノ雑輩ハ全ク駆逐セラレ其跡ヲ絶チシモ地方人民間ニ於テハ今猶之レヲ信ズルコト頗ル厚ク又如何トモス可ラザルノ状態ニアリ

卜者ハ周易其他ノ術書ヲ持ッテ亀簫声鼓等ノ占具ヲ用ヒ運勢、吉凶、禍福、盗難、待人等ヲ判断シ妄唐無稽ノ説ヲナシテ世人ヲ欺瞞シ報酬ヲ求ムルコト巫覡ト異ルナシト雖モ世傅ナラザルノ一点相異レリ去レバ此レニ従事セルモノハ両班儒生ノ零落者アリ平民中ノ文字アルモノガ為占学ヲ

學ビ之レニ従事セルモノモアリ或ハ又幼ヨリ盲目ナルモノガ七八才ノ頃ヨリ此等ヲ修メテ衣食ノ業トナセルモノモ尠カラズ従テ其社會上ノ感化力及地位等ハ遥カニ巫覡者ノ下位ニアリト云フ可キナリ

彼等巫女占者ノ司祭セル鬼神ナルモノハ数多アレ圧家宅ニ属スルモノハ(イ)上梁ニアリ家ヲ守ル城主(ロ)幸福ヲ司ルト称スル業位様(ハ)厨ニアル厨王(ニ)宅地ヲ主トル俗ニ「トチユ」ト称スル基主ノ諸神ニシテ山林ニ属スルモノハ(イ)山神(ロ)石ヲ好ム城隍ノ両神ナルガ人類ニ属スルモノハ(イ)俗ニ「ママ」ト称スル疫疾ニシテ痘瘡ノ神(ロ)間歇熱ノ神タル瘧疾(ハ)疫癘ノ神タル添疾(ニ)疾病ノ神タル虎鬼及ビ霊仙(ホ)末命ト称スル貪饕ナル浮行ノ鬼(ヘ)朝鮮各村落路邊ニ立テル天下將軍ニシテ俗ニ「チヤンス」(ト)「トツカビ」ト称スル魑魅

魍魎(チ)人ノ肩ヲ主ドル童子菩薩ナル神等ニシテ此等ノ鬼神ト関羽及古ノ帝王ヲ加味シテ巫女ノ祀レル祠堂ハ山上又ハ村落ノ外ニ設ケラレ占者ハ此等ノ鬼神ニ托シ方位星術等ニヨリ豫言ヲナス

地師風水師ニ関シテハ墓地ニ関スル研究ノ項ニ於テ述ベタル所ノ如クナルガ故ニ此所ニ重述セザル可シ唯術師ナルモノニ就テ一言セシニ彼ハ呪文、符讖、逐鬼符、逐鬼文、遁甲、幻身、呼風、喚雨等ノ法術ヲ行フモノニシテ此中正術ナルモノハ仙人ヲ氣取リ報酬ヲ度外視セルモ邪術ハ依頼者ノ貪富ニ應ジテ之レヲ請求セリ而シテ術客ノ多クハ善文善筆ニシテ深山ノ寺院嚢窟等ニ幽居シテ氣神ヲ鍛錬セルモノナレバ其荒唐無稽ナル行為ヲ為スニ於テ巫卜者流ト同一ナリト雖モ地師風水師、術客ノ如キハ文字ノ上ニ立ツテ修養ヲ積メルモノトシテ一般ノ尊信ヲ受クルコト極メテ厚ク恰モ鬼神ノ如ク畏敬セラレツヽアリ去レド近時世運ノ進歩ニ伴ヒ漸次斯カル迷想打破サレツヽアリ恰モ自然淘汰ニ際會セルノ狀況ナルガ故ニ其跡ヲ絶ツニ至ルコト必ラズシモ難キニアラザル可シ然ルニ強テ威力ヲ以テ之レガ絶滅ヲ企テムカ彼等ハ直接生活問題ニ影響スルガ故ニ迷信國民タル朝鮮人間ニ對シ施政上危險ニシテ而モ有力ナル流言蜚説ヲ逞フスルニ至ル可ク却ツテ害悪ノ傳播ヲ強エルニ等シカル可ク又之レヲ遽カニ撲滅セムトスルガ如キハ不可能ノ事ニ屬スルガ故漸次半島一般ノ民智向上ト共ニ彼等ノ存在ガ日一日ト困憊ニ陥ルニ從ヒ温和ナル手段ヲ試ムルヲ以テ良策ナリト信ズ

(チ) 白丁

白丁ナルモノハ我國ニ於ケル穢多ノ如キ地位ニ在リ穢多ト等シキ職業ヲ有スル特殊部落ノ賤民ニシテ半島各地ノ城邑又ハ村落ノ外ニ一部落ヲ爲シ宰牛軍《チヤイソルクン》ト称シ畜類ヲ屠リ其肉ヲ賣リ皮ヲ剥ギ之レヲ加工シ販賣シ其脂肪ニテ蝋燭ヲ作ルヲ業トシ屠牛ハ彼等ノ獨占ニ屬シ他階級ノ者ヲシテ之レヲ犯サシメザルガ一般民モ従来ハ敢テ之レヲ試ミムトスルモノナク若シ之レヲナシタル場合ハ同族ト絶交セラレタルガ近ク屠牛場ニ関スル△規則制定セラレテヨリ普通人民カ名儀上此業ノ免許ヲ受ケ従事スルモノアルニ至レリ又昔シ△死刑執行ノ際京城ニ於テハ亡乱ナルモノ刀ヲ執リシガ地方ニ在ツテハ導軍ト称スル被斬者ノ首級ヲ吊リ上グル役目ノ者白丁ノ同類ニ命シ屠漢ナルモノヲ出サシメテ斬首ノ任ニ當ラシメタリ屠漢ハ白丁中ニテ最モ貧困ナルモノカ又ハ狂人同様ノモ

ノニシテ亡郎（하팡이）ト称ス此他農業及商業モ彼等ノ普通職業ナルガ酒幕中ニハ白丁ノ営業セルモノ尠カラズ行李細工商人モ亦然リト云フ

而シテ白丁ハ一般ニ富有ナル者多ク両班或ハ常民中ニハ彼等ニ乞フテ密カニ金銭ノ融通ヲ求ムルモノアリシト云フ然シドモ一般民ニ對シテハ特別ナル尊敬語ヲ用ヒ老人ニ対シテハ「センオンニン」（生員生）青年ニ向ツテハ「サバンニン」（書房員）「キンハンリヤン」（金間良）「リチヨンカン」（李哨官）小供ニハ「トレンニン」（道令主）或ハ「エーギー」（　）等ノ語ヲ以テセルモノナリト云フ又彼等ハ特殊部落ナルガ故ニ同族間ニノミ結婚シ他ノ両班常民等ハ素ヨリ之レト婚嫁スルコトナキノミナラズ白丁ノ娘子ハ官妓トナルコトモ能ハザレドモ一般ニ容貌秀麗ナルモノ多シト

光武元年ノ更張ト共ニ四海平等ノ令布カレ近クハ統監政治ノ實施セラレテ以来國法上ニハ彼等ト他ノ人民トノ間ニ階級アルヲ認メザレドモ一般ノ習慣殊ニ生理的民族的信仰ヨリ来レル階級感念ハ容易ニ之レヲ革罷スルコト能ハズ今尚事実ニ於テハ依然タル特殊民族トシテ一般ヨリ此観念ヲ去ル能ハザルハ止ムヲ得ザルコトナル可キカ従来白丁ハ帽ヲ冠リ周衣ヲ着スルコトヲ禁ゼラレ居リシガ今ヤ此等ノ形式ハ脱去セラレ彼等ハ新政ニ随喜シ居ルモノノ如ク近時学校ヲ興シ教師ヲ聘シテ同族間ノ修学ヲ奨励シツヽアルガ故ニ種々ナル人物ノ輩出ヲ見階級的慣習的争闘ガ従来ノ常民両班等ト彼等トノ間ニ惹起サルヽコトハ又免ル能ハザル所ナル可シト察セラル

終リニ白丁ノ祖先民族ガ何者ナルヤハ種々ノ説アリ一定

セズト雖モ高麗朝ノ初葉時代ニ於テ韃靼ヨリ移入セラレタル屠家ノ子孫タルベシト云フノ説最モ有力ナルが如シ即チ高麗ノ初メ韃靼種ニ屬スル臺人ニ揚水尺ナルモノアリ貫籍賦役ナク水草ヲ逐フテ轉住シ田獵ヲ事トシ柳器ヲ編ミ之レが販賣ヲ業トシタルが高麗ノ中葉執權崔忠獻ノ處置ニ對シ不平ヲ抱キ契丹兵ノ入寇ニ際シ之レニ投ジテ反シ後歸順シテ又屠牛ヲ業トシ半島各處ニ散在シ高麗ノ末朝倭ト僞稱シテ劫掠ヲ事トシタリト想フニ社會上ノ地位ハ最劣等ナレモ生産階級殊ニ工業ナルモノヲ認ムル能ハザル半島ニ在リテハ手工業者ノ主ナルモノニシテ此點ヨリスレバ又輕視ス可ラザル種族ト云フ可キナリ

三、奴婢

沿革

半島ニ於ケル奴婢ノ由來ハ記錄ニヨレバ『箕子封于朝鮮都平壌爲民設禁八條相盜者男沒入爲其家奴女爲婢』ニ始マレルモノヽ如ク當時自贖セントスルモノ五十万人ナリシト云フ而シテ『新羅眞興王二十三年王命異斯夫及斯多含等討加耶國斯多含先登功最王賞所虜三百口』ナリシト之レニ依テ見レバ半島ニ於ケル奴婢ハ戰勝ノ捕獲物タルガ如シ元來野蠻未開ノ時代ニ在ツテハ如斯風習ハ通有ノ事ニ属シ必ラズシモ新羅ニ始マリタルモノト云フ可ラザルナリ然ルニ高勾麗ニアツテハ國制ヲ犯シ罪アルモノハ便チ之レヲ殺シ妻子ヲ没入シテ奴婢トナシタルモノヽ如ク記錄ヲ案ズレバ『国人公私債負聽許其子女爲奴婢以償之』トアリ

而シテ百済ノ俗ニハ婦人犯姦スレバ夫家ヲ没入シ婢ト為シタリト云ヘバ稍々其原因ノ異レルヲ知ル可シ斯クテ遂ニ高麗ノ朝ニ至ツテハ自ラ身ヲ賣ツテ奴婢トナルモノアリ父母其子弟ヲ賣ツテ奴婢トナセルアルニ至リ此所ニ始メテ明カニ捕獲奴ト賣買奴トノ別ヲ生ズルニ至リタルト云フ可シ又奴婢ハ之レヲ官奴婢、私奴婢ノ二種類ニ區分スルコトヲ得彼高麗朝時代ニ於テハ都官ナルモノヲ置イテ全国ノ奴婢ヲ管掌セシメ李朝ニ及ンデハ刑曹ヲシテ都官ニ代リ管掌セシメシモ世祖ハ十三年隷掌院ナル特別ノ官廳ヲ設ケタルガ幾何モナク再ビ刑曹ニ復歸シテ奴婢ノ逃亡犯罪等ノ取締ヲナサシメタリ降ツテ光武元年ノ改革ニ際シ公私一切ノ奴婢ヲ革罷シ國法上奴婢ナルモノヽ存在ヲ認メザルコトヽナセリ然レ𪜈今日ニ至ルモ奴婢ノ賣買ハ尚御聞ノ間隠然行ハレ多年ノ旧慣容易ニ廃ス可ラザルヲ思ハシムルモノアリ唯従前ト異ルノ点ハ奴婢ニシテ逃亡スルモノアルモ之レヲ官ニ訴ルノ途ナク他ニ取締方法ナキガ故ニ賣買奴婢ノ價格非常ニ下落シタルノ事ナリ去レバ近時奴婢ノ逃亡者續出スルニ至リ自然減退ノ状況ヲ来シタルコトハ明カナル事實ナリトス

官奴婢ト私奴婢

奴婢ハ之レヲ官奴婢私奴婢ノ二種ニ區別スルヲ得可シ或ハ之レヲ公賤私賤ト云フ公賤ハ公家ニ属スルモノ又ハ官衙ニ苦役ヲ命セラルモノ等ニシテ其原因ハ種々アレ𪜈大要左ノ三種ニ區別スルコトヲ得可シ

一、浮虜トナレル者

二、罪人又ハ其遺族

三、徴發サレタル者

何レノ時代何レノ國家タルヲ問ハズ文化ノ發達未ダ全カラザル人民中ニ在テハ戰勝者ガ戰敗者ヲ捕獲シテ奴隷ノ待遇ヲナシ一種ノ賤民トシテ取扱ヒタルコトハ敢テ疑ヲ要セザル所ニシテ我國ノ穢多ト称スル特殊民族ノ如キハ神功皇后三韓征伐ノ際ニ於ケル半島住民中ノ浮虜トナリタルモノ、遺族ナリト云フガ如キモノニシテ此ノ如ク俘虜ノ奴婢トナリタルモノハ即チ公奴婢ノ部ニ入ル可キモノナル可シ抑モ朝鮮半島ニ於テハ古代出雲族北移シ扶餘族南遷シテ半島ニ三王國鼎立ノ状態トナルニ及ビ馬韓卞韓辰韓穢貊靺鞨ノ諸族ハ奴隷トセラレタリトハ歴史ノ傳フル所ニシテ彼ノ山陰道ヨリ駆逐セラレタル出雲族ハ朝鮮半島ノ東南ニ殖民シテ新羅王國ヲ建設シ九百九十二年ノ社稷ヲ保持シタルモノナルガ彼等ハ穢貊前馬韓靺鞨等ノ抵抗セルモノヲ駆逐シ又ハ奴婢トナシタリト云フ而シテ新羅眞興王ガ斯多含ノ加耶國討伐ノ功ヲ賞スルニ捕虜二百(或ハ三百ト云フ)ヲ以テシタルコトハ前ニ述ベタル所ノ如クナルガ官奴婢中ニハ世襲的ナルモノアリ親子傳來ナリ而シテ官奴婢中ニハ國法ヲ犯シタルモノアリ或ハ犯逆者死刑囚等ノ遺族アリ又或ハ不孝姦通其他婦道ヲ紊リテ此苦役ヲ命ゼラルヽモノアリ文獻備考三十三冊中ニ百濟ノ國俗婦人犯姦スレバ夫家ヲ沒入シ婢トナストアリ彼ノ李朝世祖ノ朝ニ於テ文宗ノ遺託ヲ全フセムトシテ世祖ノ爲メニ廢セラレタル上王端宗ノ復位ヲ企テ謀成ラズシテ遂ニ縛セラレ若シ初謀ヲ棄テナバ則チ生ヲ得ムト懐柔セラ

レタレドモ笑ッテ答エズ我ハ之レ上王ノ臣ナリ豈進賜(世祖)ノ臣ト為ラムヤト遂ニ弟大年子憲等ト共ニ一族多ク死ニ就テ史上有名ナル忠節ノ士朴彭年ノ妻ハ官婢ト為ッテ節ヲ守リ身ヲ終ヘタリト云ヘルガ又彼ノ久シク我國ニ亡命客トシテ遂ニ南清ニ於テ刺客ノ手ニ殪レタル金玉均ノ妻モ亦捕エラレテ官婢トナリ悲惨ノ境遇ヲ極メタリト云ヘリ」尚又私家ヨリ没入セラレテ公賤トナリタルモノモアルガ最モ不幸ナルハ良家ノ子女ニシテ眉目秀麗風姿艶妖ナルガ為メニ徴発セラレテ官婢トナレルモノアリト云フ去レバ其種類極メテ多ケレドモ要スルニ官奴婢ナルモノハ公家官衙等ニ在ッテ飲食物ノ調理洗濯其他種々ナル雑役ニ服スルモノニシテ官婢中ニハ郡守郡主事等ノ為メニ枕席ニ侍セシメラレテ彼等ノ翫弄物トナレル而已ナラズ中央官

廳等ヨリ長官或ハ珍客ノ来レルモノアル際ニハ又酒席枕邊ニ侍シテ其歡心ヲ買フノ具ニ洪セラタルモノモアリタリト云ヘリ而シテ又私家ニ屬スル奴婢ニモ三種アリ

一、傳来奴婢

二、買得奴婢

三、祖傳奴婢

(一)傳来奴婢ナルモノハ祖先以来世襲的ニ奴婢トナリ居レルモノナルガ又田舎地方ニハ無家族無資産ニシテ常ニ良家ニ至リ猾喝ヲ事トシテ衣食シ全國ヲ浮浪スルモノガ婢ト通ジテ懐妊セシムルコト多シ而シテ其産レタル子女ハ之ヲ引受クルモノナキガ故ニ遂ニ傳来奴婢トナレルモノモ亦尠カラズ(二)高句麗ノ國制トシテ負債ヲ償却シ能ハザルモノハ子女ヲ以テ奴婢トシ之レヲ償フヲ許シタルガ如

ク生活困難ノ為メ自己又ハ自己ノ子女ヲ奴婢トシテ身ヲ投ズルモノアリ而シテ奴婢ヲ使用セル上典ノ家ガ種々ナル災害ノ為メニ奴婢ヲ他家ニ賣却スルコトアリ之等ノ場合時價ニヨリテ買收シタルモノヲ買得奴婢ト称ス(三)而シテ妻ヲ娶ル際妻ノ實家ヨリ奴婢ヲ贈與スルコトアリ之レ即チ祖傳奴婢ニシテ何レモ皆私家ニ屬スル奴隷ナルガ高麗ノ初世ニハ公賤六十万口私賤二十六万口ナリシモ李朝ニ至ツテハ官衙ノ手續ヲ了シタル公賤ハ五万千七百九十四口ニ過ギザリシガ實際ノ数ハ其倍数ニ達シタリトスルモ兎モ角大ナル減退ヲ示シタルハ事實ナル可ク乍係之レニ反シ私賤ニ至ツテハ愈々其数ヲ増加シタルノ傾向アリシト云フ

(一) 奴婢ノ社會上ノ地位

奴婢ハ社會上最下等ノ地位ニ立テルモノニシテ官奴婢ナルモノハ稍々尊重セラレ賣買贈與セラルヽコトナク普通人民ト通婚スルコトモ許サレ忠勤者ニ對シテハ相當ノ援産方法講ゼラレ其子孫ハ使喚胥吏ニ登用セラルヽノ特典アリ而シテ時代ト場所トニヨリ異レド近クハ五十円内外ニテ贖身シ得ルモノアリト云ヘルガ官婢ハ多ク官奴ト相通ジテ後結婚スルノ風習ナリシト云フ而シテ私家ニ属スル奴婢ニ至ツテハ牛馬ト等シク時價ニヨリテ賣買セラルル而已ナラズ所有主タル上典ノ為メニ轉々賣買贈與セラレ戦乱ノ時代ニアリテハ私奴婢十口ノ賣買價格ハ牛馬一頭ニ相等シカリシト云フ去レバ上典ハ之レヲ買收スルヤ郡衙ニ届出デ戸籍ノ末段ニ賤口ト記入セラレ生殺與奪ノ

権ハ全ク上典主ノ掌中ニアツテ婢ニシテ子女ヲ産ミ其女児十四五才ニ至レバ代ツテ婢タラシメ母婢ハ自ラ他ニ赴ク其子又男ナル時ハ母ノ代贖タルコト能ハズト雖モ若シ上典之レヲ奴トシテ使役セムトスレバ之レニ服セザル可ラズ多クハ馬子トシテ使役セラル而シテ高麗徳宗ノ時即チ今ヨリ約八百八十年前奴婢ノ婚嫁ハ法ニヨラズ従テ其真父ヲ認メ難キヨリ奴婢ノ子女ハ幾人ヲ産ムモ皆之レ母ニ従フコト、定メ母婢ノ上典ノ所有物トシテ取扱ハレ若シ婢タルノ中ニ懐妊シ他ニ往イテ産メル児ノ女ナル時ハ旧上典ニ與エザルヲ得ザルモノニシテ唯大官ノ女婢ガ良民ト等シキ待遇ヲ受クル而已ニシテ他ノ一般奴婢ハ皆甚シキ冷遇ヲ受ケ良民ト結婚ヲ禁ズルノ令解カレテヨリハ三婚四嫁毫モ妨ゲザリシモ彼等ハ大抵奴婢相互又ハ上典ノ雇傭者ト通婚スルノ風習アリ若シ父母ノ一ニシテ賤ナレバ其子モ亦賤タルヲ免カレザルノ制ナリ乍併上典ト雖モ必ラズシモ情ナキニアラズ中ニハ慈悲心ノ為メニ婢ノ産メル数人ノ子女アル件ハ其中一人ノ女児ヲ以テ代婢トナシ他ハ母婢ト共ニ放還スルモノアリ又奴婢ニシテ買良ケノ際契約シタル年限間完全ニ勤務シ老年ニ至レハ之レニ多少ノ生活資料ヲ與エテ別居セシメ良民ニ復セルモノモアリ去レバニヤ彼等主従ノ干係ハ圓満ナルモノ多ク婢ハ子ニ準ジテ三年ノ喪ニ服シ又或ハ主家零落シテ轉賣セラル、ガ如キ場合ニハ主従惜別ノ情禁ジ難ク泣涕悲歎恰モ骨肉ノ如キモノアリト聞ク然リ而シテ近年社會ノ進歩ニ伴ヒ奴婢モ亦自己ノ人格ヲ自覺スルニ至リ從来ノ如ク絶對ノ服従ヲナスヲ肯ンセズ或ハ進ンデ権利ヲ主張スルモノアルニ至リ漸次奴隷制度ハ雇傭制度ト変化シツヽアリ要スルニ如斯制度ハ現下ノ社會ニ許ス可ラザルモノニシテ人道上ヨリ見テ放任ス可ラザル社會問題ノ一トシテ研究セザル可ラザルコトナリト信ズ乍併徒ラニ文明ヲ叫ビ人道ヲ振廻ハシテ朝鮮半島ノ社會狀態及一般生活ノ内容等ヲ詳ニセズシテ此問題ノ解決ヲ試ミムトスルハ之レ寧ロ難有迷惑ヲ蒙ラシムルニ過ギザルガ如キコト必ラズシモナシトセズ如斯制度ノ依テ起ル例令弊害多シト雖ドモ幾何カ社會國家ノ要求ニ基キ居レルコト明カナルガ故ニ果シテ今日ノ半島社會ハ此等ノ制度ヲ絶對ニ拒否スルノ資格ト要求トヲ有スルヤ否ヤヲ研究スルコトハ又為政家ニ取ツテ最モ必要ナルコトニシテ餘リニ除弊ニノミ着目シテ他ヲ顧ミザルハ思慮アルモノヽナス可キコト

ニアラザルナリ
尚奴婢ノ賣買價格ニ就テハ時代ト場所トニヨリ一定セザリシト雖モ目的物タル奴婢ノ男女年齢容貌等ニヨリテ又相違セルモノニシテ昔時戦乱ノ時代ニアリテ最モ低廉ナリシ際ハ牛馬一頭ト奴婢十口トニ相當シタルコトアリト云ヘルガ近時反抗、逃走等ヲナスモノ多ク且光武更張後ハ奴婢及其行為ニ対スル官憲ノ上典保護的取締制裁等ナキニ至リシカバ著シク其價格ヲ減退シタリ而シ日清戦爭頃迄ハ美麗ナル少女ハ最高百円内外二十歳内外ニシテ五十円位ニシテ醜婦ハ其半額ニ過ギザリシト云フ今ヤ其半額ニ下落シタリト云ヘルガ男児ハ多ク奴トシテ賣買セラレズ婢ノミニ限レリト云フモ妨ゲナカラム

(二) 奴婢ト法律トノ干係

奴婢ハ国法ニ依テ定メラレタル階級トモ称ス可キモノナレバ一種ノ懲役ニ等シキモノト云フ可ク又終生若役トモ称スベキモノナルガ故ニ奴婢ナル者ハ未開ナル半島国家ノ法律上ノ権利トシテ附與サレ居ル可キモノアル筈ナシト云フモ敢テ妨ゲザル可シ不係之レヲ保護スルト云ハムヨリハ寧ロ監視シ取締ル為メニ設ケラレタル法律ハ必ラズシモナキニ非ラザルナリ唯奴婢制限或ハ解放ニ関スル法規ノ屡之ヲ見タリト雖ドモ之レ又却テ奴婢ヲ緊縛スルモノニ過ギザリシ事ハ別ニ解放ノ條ニ述ブル所ノ如シ

前朝時代ニ於テハ半島ノ政府ハ都官ナルモノヲ置イテ奴婢ヲ総管セシメ李朝創業ノ際ハ刑曹ニ附属セシメシモ一旦世祖ノ朝隷掌院ナル専門ノ官ヲ設ケ後廃止セラレテ再

ビ刑曹ノ管掌ニ帰セシメ以テ奴婢ノ犯罪ヲ罰シ逃亡ヲ取締ラシメ努メテ上典ノ利益ヲ保護シタリ高麗ノ制ニ曰ク奴娶良女主知情杖一百、従女家一年奴自娶一年半詐称良民二年、公賤年満六十放役、凡公私奴婢引誘逃亡放売他人者一度帰郷再度復常戸云々而シテ明律ニ於テハ良民ヨリモ奴婢ノ刑罰ヲ重クシタルガ奴ニシテ良民ノ女ヲ娶リ妻トスレバ杖八十、若シ妄リニ奴婢ヲ良人トシ又ハ妻トナシタルモノハ杖九十、奴婢ガ良民ヲ殴打セバ凡人ニ一等ヲ加ヘ篤疾ニ至ラシメタルモノハ絞ニ処ス、奴婢ニシテ其家長ヲ殴打シタルモノハ斬、奴婢家長ヲ罵レバ絞、奴ガ家長ノ妻ヲ姦シタル時ハ斬、奴ニシテ良民ノ婦女ヲ姦シタル者凡人ノ罪ニ一等ヲ加フル等ヲ規定シ居レリ此他高麗李朝等ニ於テ各種ノ法規ヲ制定シタルコト又幾十回ナルヲ知ラズト雖

ドモ光武元年ノ改革ニ於テ形式上奴婢ナルモノハ革罷セラレ此等ノ法規ハ殆ンド其効ヲ失フニ至レリ

(三) 奴婢解放ニ就テ

新羅王朝ニ在ツテハ異國異種ノ民族ヲ戰爭ノ利益品トシテ奴婢トナセルノミナラズ王朝中葉ヨリハ戰勝者ハ同種族ヲモ奴隷トシテ使役スルニ至レリ然レドモ眞興王ノ時新多含ノ如キハ加耶國ヲ討チ功ヲ賞スルニ所虜三百口ヲ以テセラレタレドモ一度之レヲ辭シ王再ビ强ユルニ至リ乃チ之レヲ受ケテ皆放ケ良民トナシタルガ如ク個人トシテ奴婢ノ解放ヲ實行シタルノ人ナキニアラザリシガ未ダ社會上人道上ヨリ之レガ實行ト必要トニ努力シタルモノアルヲ聞カザリキ去レド高麗王朝ニ入ルヤ太祖（九百九十二年前即位）

異ル所アリ即位直ニ詔シテ饑饉疾疫等ノ為メニ黎民ヲシテ身ヲ賣リ子ヲ鬻ギ奴婢トナラシムルハ憫然ノ至リナリトテ内庫布帛ヲ以テ一千餘口ヲ贖還セシメ翌年京外豪富等ガ負債アル貧人ヲ劫占シ奴婢トナスヲ禁ジタレバ之レ素ヨリ在来ノ奴隷ヲ解放スルノ意味ニアラザリシガ創業ノ功臣等専恣暴横甚シク識者ヲシテ其弊害ヲ矯正セザル可ラザルヲ認メシムルニ至リ遂ニ光宗大成王（九百六十年前即位）ハ風俗改良ノ第一着手トシテ結婚法改良ト共ニ奴婢改良ヲ企テ先ヅ即位後七年有司ニ命ジテ奴婢ヲ按検シ其是非ヲ推弁セシメムトセリ去レバ奴多ク主ニ背キ上ヲ陵グノ風漸ク盛トナリ却テ社會ノ風紀秩序ヲ紊亂スルニ至リ人皆怨嗟ニ王妃亦切諫シ王之レヲ納レザリシモ如斯状態ニアツテ光宗ノ企圖ハ遂ニ成功ヨリモ寧ロ失敗ニ終ラザ

ルヲ得ザリキ然ルニ成宗王(九百二十八年前即位)位ニ即クニ及ビ復タ奴隷法改良ノ議ヲナシタルニ正匡崔承老ナルモノアリ上書シテ曰ク本朝良賤ノ法其来ルヤ尚シ我聖朝創業ノ初メ群臣ノ本ヨリ奴婢アルモノヲ除キ其本ヨリナキモノハ或ハ軍ニ従テ俘ヲ得或ハ貨ヲ以テ買ヒ之ヲ奴トセリ聖朝嘗テ俘ヲ放テ良トナサムト欲シ而モ功臣ノ意ヲ動カスヲ慮ツテ便宜ニ従フヲ許セリ今ニ至ルマデ六十餘年控訴スル者アルナシ光宗ニ至ルニ迨ビテ初メテ奴婢ヲ按験シ其是非ヲ弁ズ功臣怨嗟セザルハナシ賤隷志ヲ得テ尊貴ヲ凌轢シ競テ虚偽ヲ構ヒ本主ヲ謀陥スルモノ勝テ紀ス可ラズ光宗自ラ禍胎ヲ作リテ隔絶スル能ハズ末年ニ至ツテ枉殺甚ダ多シ昔者侯景梁ノ台城ヲ囲ム近臣朱异ノ家奴城ヲ踰テ景ニ投ズ景授クルニ儀同ヲ以テス其奴馬ニ乗リ錦

袍ヲ被リ城ニ臨テ呼テ曰ク朱异ニ仕官スルコト五十年方ニメテ中領軍ヲ得タリ我始メテ侯王ニ仕ヘ已ニ儀同トナレリト是ニ於テ城中ノ僮奴競ヒ出デ、景ニ投ジ台城遂ニ陥レリ願クハ聖上深ク前事ニ鑑ミ賤ヲ以テ貴ヲ凌ガシムルナク奴主ノ分ニ於テ中ヲ執リ之ニ處セヨト依テ議遂ニ止ム然ルニ二百十余年ヲ経テ神宗ノ朝ニ至リ奴等反乱ヲナシ賤籍ヲ焚イテ半島又一人ノ賤民ナカラシメムト企テタルコトアリ文献備考ニ記シテ曰ク「神宗元年私奴萬積等六人樵于北山招集公私奴隷謀曰我国自庚癸以来多朱紫起賤隷將相寧有種乎吾輩安能労筋苦骨困於箠楚之下乃剪黄紙数千皆鈒丁字為識約以作乱殺崔忠献仍各格殺其主焚其賤籍使三韓無賤人則公卿將相皆可得矣律学博士韓忠愈家奴順貞告変忠献捕萬積等百餘人投江餘党悉不可誅置而不問賞順負銀八十両免為良民卜如斯ハ奴婢ガ如何ニ壓迫セラレタルカヲ証スルト同時ニ光宗成宗等ノ不首尾ナル断行カナキ奴隷改良意見ナルモノガ一種ノ自覚心ヲ與エタルヲ見ルニ足ルヲ思ハシムモ之レ為政家ノ最モ留意ス可キ所ナラズンバアラズ然リ而シテ元ガ半島ノ政治上ニ威力ヲ振フニ至ルヤ奴隷解放ヲ企テタリト雖モ之レ亦失敗ニ終ラザルヲ得ザリキ其概要ヲ述ベムニ高麗忠烈王（六百四十五年前即位ハ元ノ駐在官闊里吉思ノ提議ニ抗ジ成宗帝ニ上表ジテ曰ク凡ソ我疆ニ屬スルモノ實ニ他俗ニ非ラズ若クハ良若クハ賤何ノ愛憎アラムヤ昔我始祖誡ヲ後嗣子孫ニ垂レテ云フ凡ソ此賤類ハ種別アリ慎デ類ヲ斬メ良ニ從ハシムル勿レ若シ良ニ從フヲ許サバ後必ズ仕路ヲ通ジ漸ク要職ヲ求メテ國家ヲ謀亂セム若シ誡ニ違ハバ社稷危シト思

二依テ小邦ノ法其八世ニ於テ戸籍賤類ニ于ラザルノ後乃チ筮仕スルヲ得凡ツ賤類タルモノ若クハ父若クハ母其一賤ナレバ則チ賤トシ本主放許シテ良トナスト雖モ其所生ノ子孫ニ於テハ却還シテ賤タリ又其本主嗣ヲ絶タバ更ニ同宗ニ屬ス然ル所以ノモノハ良ニ從ハシムルヲ欲セザレバナリ或ハ勢ニヨリ功ニ托シテ擅マヽニ威福ヲ作シ國家ヲ謀乱シテ滅ニ就ク者アリ益ヽ祖訓ノ違ヒ難キヲ知レリ若シ此法ヲ改メバ徒ラニ乱糸ヲ治ムルガ如クナルノミナラズ国ヲ旧章ヲ失ヒ僅カニ遺緒ノダニ存スルヲ得ザラムトスト而シテ其レヨリ二十五年ヲ経過シタルノ後元廷再ビ半島ノ奴隷法ヲ革罷セムトシタルモ宰臣崔有渰中書省ニ詣テ極力其不可ヲ陳述シテ遂ニ其議ヲ中止セシムルニ至レリ元ノ文物制度全半島ヲ風靡シ忠烈王ノ如キハ元

ノ服ヲ着ニ蒙古語ヲ以テ宮中ノ使用語トシ元ヲ尊崇スルコト國民ヲシテ驚愕セシメタル程ニシテ而モ元廷ノ秋霜烈日ナル權威ヲ以テシタルニ関ハラズ獨リ此悪法タル奴婢ヲ解放スル能ハザリシハ又以テ半島兩班ノ勢力如何ニ大ニシテ治世者ノ意ヲ存スベキ所有ルヲ知ルニ足ラム然ルニ高麗ノ末朝恭讓王三年郎舍上書シテ曰ク奴婢賤ト雖モ亦天ノ民ナリ例スルニ財物ヲ以タ論ジ恬然賣買ス或ハ牛馬ヲ以テ之レニ易エ一匹ノ馬ニ二三口ヲ給シテ猶償フニ足ラズ即チ牛馬ヲ以テ人命ヨリ重シトナスナリ昔廐焚クルヤ孔子人傷ルヤ乎ト云ヒ馬ヲ問ハザリシト即チ聖人ノ人ヲ貴ビ畜ヲ賤ムナレ此ノ如ク安ガ人ヲ以テ馬ニ易ユルノ理アラムヤト人格論ヲ以テ奴婢禁察ヲ主張シ又都官ニシテ奴婢ト人格論ヲ以テ奴婢禁察ヲ主張シ又都官ニシテ奴

婢ヲ按験シテ之レヲ弁別シ子孫傳襲ス可ラザル勿論ジタルモノモ尠カラザリシガ王朝ノ運命盡キテ王在位中ニ之レガ解決ヲ見ル能ハザリシハ遺憾ト云フ可シ去レド李朝ノ列王中ニハ又之レヲ以テ國家社會ノ一問題トナシタルモノアリシハ蓋シ當然ト云フ可シ

李朝太祖ハ奴隷法改良ヲ企テタレド建國創業ノ時ニ當リ貴族ノ反感ヲ招クガ如キ政策ハ最モ避ケザル可ラザル所ナルガ故ニ之レニ成功スル能ハザリシガ太宗恭定王即位十年私奴ノ属ニ投ズルヲ禁ジ又十六年奴婢大限法ヲ立テ良賤許贖ヲ禁ジタリ然レドモ之レ一種ノ奴婢公認ノ結果ト為ワテ其弊ヲ矯正セムトシタル折角ノ企劃ハ却テ永ク奴婢ノ跡ヲ絶ツ能ハザルノ因象ヲ生ミ寧ロ奴婢抑壓ノ具ニ供セラレタリ而シテ顯宗及肅宗等モ奴婢ニ関スル禁制ヲ

発シタルガ純祖ノ朝丁若鏞ナル者牧民心書ナル者ヲ著ハシテ人道上ヨリ奴婢解放論ヲ主張シ其書屡々政府ノ為メニ焚カレ遂ニ高麗以来約千年即チ光武元年ノ更張ニ至ルマデ奴婢改革乃至解放ノ企図及運動ハ一モ其功ヲ奏スルコト能ハズシテ止ミタリキ

要之半島ニ於ケル国家ノ組織ガ貴族ノ私情ヲ満足スル為メニハ一般ノ利害幸福ヲ度外視ス可ク形成セラレ所謂学者政治家等主ナル国民ノ意志ヲ代表ス可キ階級ニ属スルモノハ事大事強ヲ事トシテ徒ラニ大陸ノ文物制度ニ心酔シテ何等独創的大抱負ノ下ニ活動考慮スルモノナカリシ結果茲ニ至リタルモノニシテ高麗誌著者ノ如キ多少ノ智慮ト識見トヲ有シタルモノスラ東国之有奴婢大補於風教所以厳内外等貴賤礼義之行不由此焉ト云ヘルニ徴スルモ

明カニシテ光武更張ト雖モ猶ホ且其主旨ヲ全フスル能ハザルハ前ニ述ベタル所ノ如シ彼ノ二三人格人道等ノ立脚地ヨリ之レガ解放論ヲ試ミタルモノアルニ関ハラズ半島ノ上下ヲ動カス能ハザリシハ真ニ遺憾ニ堪エザル所ナリ

半島社會ノ秩序

半島社會ヲ形成スル縦断階級トモ称ス可キ貴族平民奴婢ニ関シテハ既ニ述ベタル所ナルガ猶別ニ社會ノ秩序トモ称ス可キ嚴格一種ノ階級アリ即チ長幼ノ序、男女ノ別、嫡庶関係等所謂綱紀ナルモノニシテ之レ又半島ヲ研究セムトスルモノヽ最モ留意セザル可ラザル事ニ属ス

長幼之序

半島社會ニ於ケル長幼ノ序ハ頗ル嚴正ナル習慣ヲ以テ養成セラレ幼者ノ長者ニ對スル強権ハ殆ンド人格ヲ無視セラレタルニ近シト云フモ敢テ妨ゲザル所ナリ長者ハ幼者ニ對シ父タリ師タル而已ナラズ理非曲直ノ別ナク其発言ニ對シテハ絶對服従ヲ強ヒ最高ノ敬礼ヲ為サシムルコト

恰モ王侯ノ臣下ニ對スルガ如クニシテ幼者ハ長者ノ面前ニ於テ飲食喫煙等ハ堅ク之レヲ禁ゼラレタルモノナリ而シテ老人ハ村里ニアリテハ歯徳者トシテ尊敬セラレ大同稧郷約概目中ニハ副稧長二人有歯徳地望者擇選統括一稧之事トアリ尊位ノ如キ一村一洞ノ道徳的政治的長者モ亦推サレ各種ノ紛議抗争ノ判決者タリ調停者タリ冠婚葬祭等ノ社會上ノ吉慶事等ノ疑義ニ関シテハ殊ニ老人ヲ煩ハスコト多シ此等ハ素ヨリ儒教主義ニ胚胎セルハ云フヲ要セザル所ナルガ故ニ古来半島社會ニハ養老法等行ハレ七十ニ至レバ賑恤ヲ受ケタルノ例少カラズ此等ノ事ニ至ツテハ郷約ノ条ニ於テ詳シク説ク所アルガ故ニ此所ニ之レヲ畧ス可シト雖モ自己ヨリ二十才以上ノ者ヲ尊ト云ヒ十才以上ノモノヲ長ト云ヒ十才未満ノモノハ上ナレバ稍長者

下ナレバ稍少者ト云ヒ十才以下ノモノハ少者二十才以下ノ者ハ幼者ニシテ訪客出會等ニ至ルマデ極メテ厳格ナル礼義ヲ存シ階級ヲ異ニセルモノニアリテモ両班ノ幼者ニテ常民ノ長老ニ屈服セザル可ラザルガ如キ場合無キニアラズト云ヘバ如何ニ長幼ノ序ガ半島社會上正シカリシカヲ知ルニ足ラム

而シテ年齢ニヨレル所謂長幼ノ別ニアラズト雖モ冠者ト童者換言スレバ既婚者ト未婚者トノ間ニモ又厳正ナル間隔ノ置カレタルモノニシテ冠者トハ結婚ヲナシ頭髪ヲ結ビタルモノニシテ男女未婚ノ際ハ皆頭髪ヲ辮垂セルハ所謂総角《チョンガー》即チ童者ナリ年齢幾何ニ上ルモ結婚スル能ハザルモノハ素ヨリ総角ニシテ一般ノ軽視ヲ受ケ幼者トシテ取扱ハレ人格ヲ認メラレザルモノト云フ可キナリ去レバ中

流以上ノ家庭ニ在ツテハ子女ノ冠者タルコト最モ早キヲ望ミ十才前後ニシテ冠者トナルモノ尠カラズ男子二十七才ニシテ孫ヲ有スルモノアリト云ヘルハ全ク此等ノ習慣ニ基ケルモノナリ男女共ニ幼少ナル童者ノ時代ニアツテハ名ヲ有セズ幼名ト称シテ発育ト幸福トヲ希願スル父母ノ迷信ニ基ク仮ノ呼名ヲ附セラルヽ而已冠者トナルニ及ンデ初メテ男子ハ之レヲ廃シ冠名ヲ得又字ヲ有スルニ至ル（女子ハ幼名即チ仮リノ呼名ハ結婚ト共ニ之ヲ廃シテ復タ名ヲ呼ブコトナク生家ノ姓ヲ以テ何姓女ト云ヒ或ハ嫁家ノ姓ヲ冠シテ何召史ト呼称ス）而シテ冠者即既婚者ト未婚者トハ死後墓地選定ニ就テモ甚シキ差異アルコトハ墓ニ関スル記述ヲナシタル條ニ於テ述ベタル如クナルガ殊ニ最モ冠童ノ別ヲ明カニ示セル一例ハ曩ノ韓皇タリシ今李太王ガ尚雲峴宮ニアリテ童タリシ際ニ

ハ両班ノ長者ヨリ呼捨テニセラレ之レニ伏拝シタルモノナリト云フノ事ナリ此一例ハ如斯習慣ガ半島社會発達ノ上ニ如何ニ大ナル弊害ヲ流布シタルカヲ推知スルニ足ル可ク國民各個ノ脳力機能ニ対スル生理上ノ作用ト社會一般ニ對スル團体的活動力発展力トニ及ボセル影響トハ實ニ國家社會ノ一問題トシテ研究スルノ必要アルベシト信ゼラル

男女之別

男女七歳ニシテ席ヲ同フセザル儒教ノ訓戒ハ又半島ニ於テ確守セラレ其別ヲ明カニシ居レルガ社會上一般ノ権利資格等ニ於テ男女ノ間ニハ又大ナル差異アルコトハ東洋一般ノ風習ニシテ又半島ニ於ケル社會上ノ階級乃至序次

トシテ見ル可キモノアリ女子ニ幼名以外本名ナルモノナキハ別ニ述ブル所ノ如クナルガ彼等ハ一般社會上ヨリ見ル時ハ何等ノ能力何等ノ權利ヲモ有セザル人類中最モ不幸ナルモノヽ一トシテ見ザル可ラズ從來半島ノ女兒ハ料理法ト裁縫洗濯法ヲ教授セラルヽノ外智的教育トシテハ僅カニ諺文ニヨリテ綴ラシタル範囲狭少ナル烈女傳小説類ヲ讀ムニ過ギズシテ漢文ヲ讀ミ詩ヲ賦スルモノハ全半島中僅カニ之レ有ツテ殆ンドナシト云フ可キナリ而シテ一般人士トハ全ク交渉ヲ斷禁セラレ各家ノ内房ニ蟄居シテ最モ親近ナル親族ト相接見スル而已去レバ婚嫁スルニ至ル迄ハ上流社會ノ女兒ハ一室ニ殆ンド密閉セラレテ最モ嚴正ナル意味ニ於ケル箱入娘トナレルモノアリ一般ニ婦女ハ明ノ倫理ニ從ヒ内房ニ蟄居シ僅カニ戸隙又ハ窓間

ヨリ男子ノ面貌ヲ見テ樂シムモノナリ若シ戸外ニ出ヅルコトアレバ轎子ニ乗リ或ハ被衣ヲ纏ヒ路ニ男子ニ逢ヘバ逃グルガ如ク路傍ニ避ク之レ高麗朝時代元ノ征服スル所トナルヤ美女ノ強制徴發行ハレタルノ結果ニシテ今尚民籍調査ニ際シテ妙齡ノ女兒ヲ隱匿スルハ半島一般ノ風習ニシテ全ク此等ノ習慣ニ基ケルモノト云フ可シ去レバ素ヨリ公會ノ席ニ出ヅルコト能ハズ成宗王（四百四十年前即位）以來再嫁ハ一ノ犯罪トシテ取扱ハレ犯サバ子ヲ産ムモ官賤ニ任ジ科擧ニ赴クヲ禁ズトテ堅ク再嫁ヲ禁ジ之ヨリ如何ニ虐待ヲ受クルモ夫家ヲ去ルハ婦道ヲ破ルトナセリ又婦女ハ戸主タルコトモ唯相續者ナキ場合ノミニ限ラレ夫ノ外部ニ於ケル淫行蓄妾等ニ對シ抗爭スルコトモ亦不可能ナリ然レドモ内房ナルモノハ又婦女ノ占有ニシテ男子ク

ルモノハ夫タリト雖氏濫リニ出入スルコト能ハザル所ニシテ驚ク可キ嚴正ナルモノナリ去レハ此ノ如キ遮断法ハ他ノ壓迫行為ノ反動ト相俟ツテ寡婦奪去等ノ如キ弊風ニナリ或ハ密通姦通等ノ如キ罪悪形式上表面上ノ男女ノ別ノ嚴正ト相反比例シテ半島婦女界ノ裏面ヲ通貫セル風習トシテ真ニ驚愕セシムルモノナリ然リ而シテ家庭ニ於ケル婦女ノ勢力ナルモノハ頗ル強大ニシテ一家ノ王タリ主タリ主婦ノ命ズル所ハ主人モ亦之レニ抗スル能ハザル所ニシテ思フニ高麗朝ノ中葉ニ至ルマデ初婚ノ夫ハ婦家ニ住シ一切ノ財ヲ擧ゲテ婦ニ托シタルガ故ニ此習慣ヲ馴致シ一家ノ経済ハ主婦ノ管理ノ下ニ属スルニ至リタルモノナル可キガ要之婦女ハ職業ナルモノハ新羅時代ニ於テハ市場ニ出デ、商賈ヲ独占シタル等活動的ノ風習ハ多ク襲レ殊ニ高麗中世以来殆ンド婦人ノ戸外ノ業務ヲ見ルコトナキニ至リ婦女ハ唯家庭ニ於ケル飲食物ノ調理衣服ノ裁縫洗濯以外ニ醜業婦ト為ツテ男子ノ玩弄物視セラルヽ而已ニシテ此他何等社會上ニ於ケル貢献ヲナスコトナシト云フモ敢テ過言ニ非ラザルナリ而シテ半島ノ婦女ハ單ニ醜業婦トシテ賣買セラルヽニ止ラズ正妻ト為ルニモ父兄或ハ夫ノ為メニ賣買セラレタルモノニシテ今尚平安道地方ニ於テ此風習存セルコトハ別ニ人身賣買ノ條ニ述ブル如ク為メニ悪漢ノ父兄ガ二重賣買ヲナシ紛争ヲ醸スコトアリ真ニ半島ノ婦女ハ一種ノ器械ノ如ク貨物ノ如ク玩弄物ノ如ク經済上ノ物品トシテ扱ハレ家庭以外毫モ人格ヲ認メラレザルモノナリト云フ可キナリ

之レニ反シテ男子ナルモノハ政治上法律上各種ノ權利ヲ

有スル而已ナラズ婦死スレバ再婚ヲナシ唯三婚以上トナルニ及ンデ正妻トスルコト能ハザル而已又妾ヲ蓄フル多キハ數人ニ及ビ地位アル両班ニ在ツテハ蓄妾ヲ以テ一種ノ名誉ト信ズルガ如キ習慣アリト雖モ家庭ニ在ツテハ勝手ニ内房ニ出入スルコト能ハズ僅カニ食客書記等ノ進退ヲ自由ニスル以外何等ノ權力ヲモ有セザルモノナリトス

嫡庶關係

嫡庶ノ関係ハ又正シク序次セラレ殊ニ貴族社會ニ在リテ嚴格ニ之レヲ墨守シ嫡子ハ幼者ト雖モ庶子ノ上位ニ在ツテ之レヲ睥睨シ自ラ尊大ニ持シ庶子ト遊戯モ共ニセザルノ風アリ又正當ナル相續權ハ嫡子ノ占有スル所ナリ而レテ庶子ナルモノハ妾ノ子トシテ如何ニ才能アルモ参判以

上ニ至ル能ハザルノ習慣アルガ近時ニ至リテハ金嘉鎮李允用、李範晋、尹雄烈ノ徒アリ身賤流ニ生レタリト雖モ大臣トナレルモノアルニ至レリ彼ノ光武元年ノ改革ニ於テ嫡庶仕官ノ區別ハ廢止セラレタリ而シテ庶子ナルモノハ正當ノ相續權ヲ有セザルガ故ニ若シ嫡子ニ相續者ヲ得ル能ハザル時ハ家名祭祀ヲ重ンジ養子ヲ以テスレドモ韓國上流社會ノ養子制度（皇室及卑賤者ハ相異ス）ハ一定ノ系統順序ニ從ハザル可ラズ即チ養子ヲナスノ順序ハ一家中即チ男系ニ屬スル内住所ニヨリ取ラザル可ラズ等シク姪行ト雖モ女系ニ屬スル異姓外姪行ヨリスル能ハザルモノニシテ嫡子ナキ時ハ三寸姪五寸姪七寸姪九寸姪等順次之レヲ取リ遂ニ養子トナス可キモノヲ見出ス能ハザルニ至リ一族會議ニ依リテ始メテ庶子ヲ相續者ト定ムレドモ此場合ニハ如何ナル名門ト雖モ其家格ヲ失墜シ遂ニ眞正ナル貴族トシテ一般ノ待遇尊敬ヲ受クル能ハザルニ至ルモノトス今参考ノ為メ径系ヲ圖ニ依テ示サム

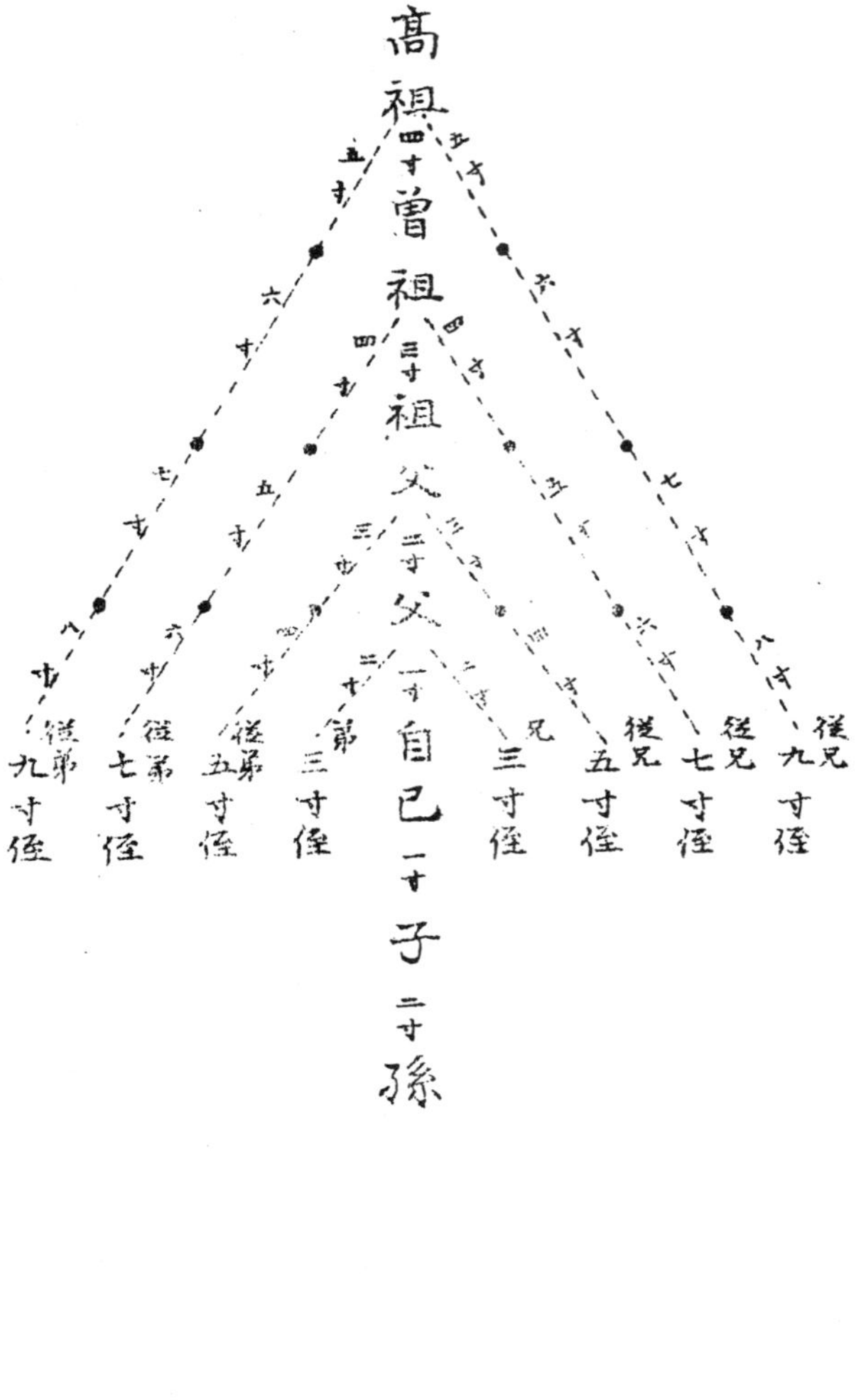

結論

要之半島ノ國家社會ハ斯カル階級又序次ヲ以テ束縛セラル、而已ナラズ形式ト虚礼トヲ以テ色彩セラレ其内容ハ抑壓ト專恣ト暴横ト萎縮トノ化合体ヲナシテ官民上下挙ツテ腐敗ト墮落ニ陥レルガ故ニ為メニ社會ノ発達進歩ガ多大ノ阻害ヲ蒙リタルコトハ敢テ云フヲ要セザル所ナリ想フニ新羅ノ末朝ヨリ高麗朝ニ至リ一般世道甚シク萎靡シ而モ精神界ヲ支配シタル佛教ノ腐敗墮落ハ其極度ニ達シタルニ加ヘテ元ノ高麗ヲ征服スルヤ野蛮ノ風習ハ一部ノ進歩シタル文明ト共ニ輸入セラレテ全半島ノ制度文物而已ナラズ社會上道德上ニ幾多ノ変遷ヲ與ヘ人心ノ根本ニ及ボセル影響モ亦決シテ尠カラザルモノアリシガ李朝創業ノ際ニ當ツテハ精神的修養ノ目標タル佛教ヲ壓滅シテ唯一ノ骨子トシテ專明主義ヲ遵奉シ唯形式唯虚礼維レ及バザルヲ恐ル、ノ状態トナリ朱子学派悪観面タル眞髄ヲ遺憾ナク感受遵行シ国民ノ軽浮心日ニ盛ナラムトスルニ續イテ創業二百年後豊公ノ征韓ノ役起ルニ會シ上下未曾ノ一大恐慌ヲ惹起シ創痍未ダ癒エザルニ又大陸ニ於テハ明朝倒レテ政権全ク清朝ノ掌握スル所トナルヤ大ナル強壓ハ再ビ垂死ノ半島ニ墜落シ来リ~~而モ~~内ニ在リテハ両班四色党争ノ政治上ニ及ボセル影響ヲ蒙リ為メニ全ク上下ノ人心ハ沈着永遠ノ計ヲ為スヲ許サズ唯目前ノ術策ニ維レ汲々トシテ面從服背事大事強ヲ以ステセザレバ一身ノ安全ヲスル計ル能ハズ況ンヤ国家ノ大計ニ至ツテハ之ヲ考慮スルノ暇ナク官吏ハ儒教ノ養老ナル善美ノ風ヲ利用シテ私腹ヲ肥ヤシ郷約ヲ利用シテ私己ノ権力擴張ノ具ニ供シ誅求収斂ヲ維シ事トシ責官ノ弊風ハ上下ニ普ネキ而モ儒教ナル個人道徳教中ニ在ツテハ特殊ノ異彩ヲ放テル郷約法ノ如キ社會的公徳的政策ハ唯両班儒生ノ一團ニ範囲セラル丶而已ナラズ彼等ハ又之レヲシモ濫用シテ平民社會ヲ窮迫スルノ具トナシ一方ニハ之レト併セテ階級制度ヲ悪用シテ人道上許ス可ラザルノ横暴ヲ敢テシ為メニ産業界ノ原動力中心点タル平民社會ヲシテ萎縮退歩又救フ可ラザルニ至ラシメ悠怠放逸ノ遊民ト化セシメタリ而モ文学宗教ノ如キ精神界ヲ支配スルニ偉大ノ干係アルモノハ斯カル無為無能腐敗墮落ノ社會ト共ニ存在ス可キモノニ非ラザルガ故ニ殆ンド半島國家社會ヨリ其跡ヲ絶ツニ至リ茲ニ暗黒ナル原始時代ニ近キ一種ノ退化セル社會ハ亜細亜大陸ノ極東ニ出顕セラル丶ニ至リタルモノニシテ又偶然ニア

ラザルナリ去レバ深ク實情ニ立至ツテ半島裏面ノ研究シタラムモノハ僅カニ表面ニ衰残セル制度文物ヲ以テ憐憫ノ情ヲ催スヨリモ猶ホ遥カニ大ナル退歩ノ跡ヲ発見セザル能ハザラム然ルニ若シ一点タリトモ形式ニ現ハレタルモノヲ以テ國民性ノ一部ノ表現ナリト信ズルガ如キコトアラバ之レ大ナル誤解ニシテ又若シ之レヲ前提トシテ結論ヲ求メムトスルガ如キモノアラバ真ニ大ナル過誤ニ陥ルコトヲ豫知セザル可ラズ要スルニ現今半島ニ残存セル文物制度ハ総テ皆歴史的趣味トシテ研究スルノ價値以外何者モ存在セルニアラズ古語ニ云フアリ断ジテ行ヘバ鬼神モ之レヲ避クト況ンヤ朱子學派ノ形式主義ニ依テ馴致セラレ而モ断片的歴史ニ依テ養成セラレタル半島社會ノ根本改善ハ唯為政家経世家ノ決心ノ程度如何ニアツテ存

畢

スル而已李朝太祖ガ私田ノ革罷ノ決行ノ如キ又實ニ好適例タルヲ失ハザルナリ敢テ破壊ヲ主張スルモノニアラズト雖モ悪制改廢ノ漸進主義修繕方針ハ決シテ衰残ノ半島國家及國民ヲ救済スル最善ノ方策ニ非ザルコト喋々ノ辯ヲ必要トセザル所ナリト信ズ

平壤經濟一斑

本書ハ吉田支店長ノ命ニヨリ調査起稿シタルモノナリ。

大正三年五月

朝鮮銀行平壌支店

書記　向井　忠

朝鮮銀行平壤支店正面

朝鮮銀行平壤支店營業所客溜

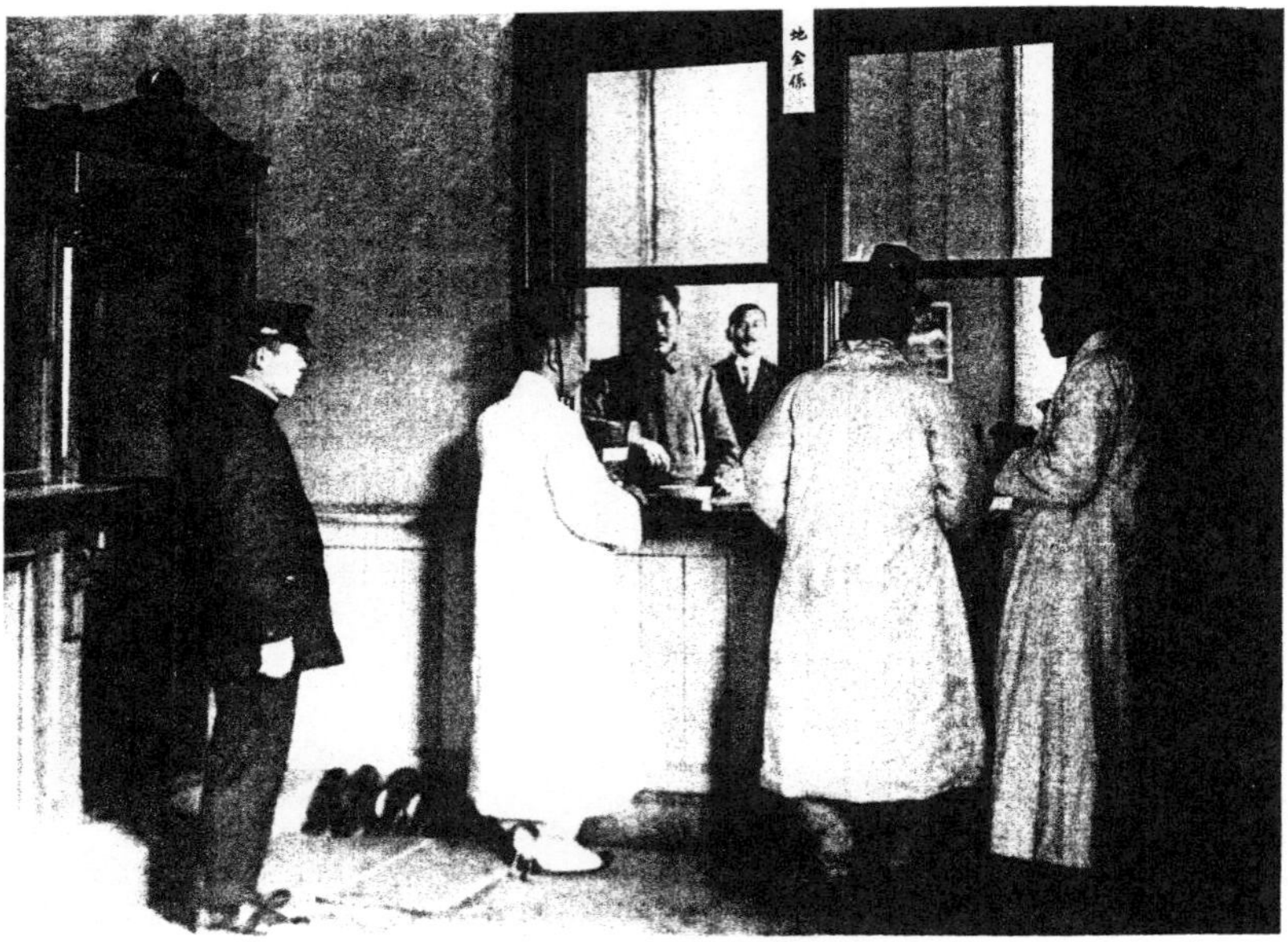

朝鮮銀行平壤支店地金買入口

朝鮮銀行平壤支店試金鎔解所

朝鮮銀行平壤支店沿革

朝鮮銀行平壤支店ハ株式會社第一銀行平壤支店ノ業務ヲ引續キタルモノナリ、其前身タル第一銀行支店ハ明治三十七年三月、日露戰役出征軍出納事務取扱ノタメ臨時出張所トシテ大同門通リニ開設セラレ國庫事務、軍用切符ノ交換並ニ爲替業務ヲ取扱ヒ、同年四月ヨリ貸出其他一般銀行業務ヲ開始シ、同十月ヨリ大阪造幣局輸納ノ目的ヲ以テ地金買入ニ着手セリ、翌年七月平壤貨幣交換所ヲ設置シ舊白銅貨及ビ葉錢ノ引上ヲ開始シ、四十二年(隆熙三年)法律第二十二號韓國銀行條例ニ依リ設置セル韓國銀行平壤支店ニ一切ノ業務及ビ行員全部ヲ引繼キタリ、翌四十三年日韓併合ト共ニ韓國銀行ハ帝國法人トナリ、超エテ四十四年二月平壤貨幣交換所ヲ閉鎖シ日本銀行代理店トシテ舊貨引上ケニ關スル事務ヲ取扱フコト、ナレリ、同年法律第四十八號朝鮮銀行法ニヨリ現在ノ商號ニ改稱シ各種業務ハ一般財界ノ進展ニ伴ヒ漸次堅實ナル發展ヲナシ今日ニ及ヘリ、現在ノ職員ハ支店長吉田節太郎以下三十一名ナリ。

平壤經濟一斑目次

平壤經濟一斑

第一　總説

沿革　平壤ハ大同江ノ中流ニ位シ古來物資ノ集散ハ主トシテ水運ニヨリ行ハレタリ、從テ市ノ後背地ハ大同江流域地帶ニ限ラレ陸路京仁市場ト行商ノ往復アリタリシニ過ギス、此ノ時期ニ於ケル日常雜貨ノ輸入ハ清國山東商人ノ獨占スル所ナリキ、日清戰役後ハ内地商人ノ渡來スルモノ多ク、仁川市場ノ商圈西進スルニ伴ヒ移入貿易ハ仁川市場ニテ仲繼セラレ日清商賈ノ勢力相拮抗スルニ至レリ、日露ノ戰雲收リ内地移住民增加シ一面客主ノ内地商人ニ對スル信用加ハリ對鮮人取引隆盛ノ端緒ヲ啓ケリ、明治三十九年初春京義鐵道ノ全通ニヨリ仁川市場ノ覊絆ヲ脫シ阪神市場ト直接取引ヲ開始シ南ハ新幕、北ハ新義州ニ及ヒ對支貿易ニ直接スルノ傾ヲ生セリ、四十三年初秋韓國併合ノ鴻業成リ皇恩都鄙ニ洽ク四民皇化ニ霑ヒ產業ノ開發交通機關ノ改善着々進捗シ鮮民私經濟ノ上進ハ内地資本家ノ投資ト相俟ツテ移入貿易ノ隆盛ヲ來セリ、四十四年晩秋平南鐵道ノ開通ニヨリ江運ノ外ニ鐵道ノ便開カレ平壤ハ輸移入品分配市場トシテ鎭南浦ノ穀類集散地タルニ對シテ地理的特色ヲ發揮シ西鮮ニ覇ヲ唱フルニ至レリ、四十四年初秋南清革命動亂ノ勃發ニヨリ外國商館ノ華商ニ對スル信用取引縮少セラレ內地人貿易商ノ商圈擴張ノ結果支那商館ノ商勢力萎縮シ英國製被服品ノ輸入取引全部邦人貿易商ノ手ニ移リ輸入取引頗著シキ膨脹ヲ示セリ、大正元年初夏滿鮮鐵道聯絡後ハ彼我ノ經濟關係近接シ鮮鐵ノ大量輸送ニ對スル運賃ノ輕減ト、安東縣通關輸入稅三分一低減トハ相俟ッテ對滿貿易上朝鮮市場ノ利スル所多ク海運ニヨル大連市場ノ對內地取引ハ昔日ノ獨占的地位ヲ持續スルコト能ハザルニ至レリ、客年初夏朝鮮銀行ハ財界ノ大勢ニ鑑ミ奉天、大連、長春ノ三ケ所ニ出張所ヲ設ケ金本位ヲ以テ取引ヲ開始シ橫濱正金銀行ニテモ金劵ヲ發行スルニ至リシヲ以テ從來銀相場ノ變動ニヨル日滿貿易ノ不便ヲ除却スルニ與テ力アルベシ。

戶口 平壤ノ市街ハ南北ニ長ク東西ニ狹シ、西北ハ小丘ヲ負ヒ東部ハ大同江ヲ隔テ曠野數里ニ亘ル、南部ハ廣濶タル平野ヲ扣ヘ都市發展ノ餘裕綽々タリ、狹長ナル平壤ノ市街ハ南部舊城壁ニヨリ、舊新兩市街ニ區分セラル、城內(舊市街)ハ高勾麗朝ノ舊都ニシテ新市街ハ移住內地人ノ建設セシモノナリ、西部城外ハ米國宣敎師ノ住宅地ニシテ敎會、學校等多ク西洋人部落ト稱セラレ新舊兩市街ト分離ス、新市街ハ江流ニ沿ヒ停車場ニ近キヲ以テ地形ノ利ヲ占メ城內ノ諸官衙、公署等ハ多ク新市街ニ移轉シ城內ニハ主ル金融機關、重ナル對鮮人貿易商及ヒ東亞煙草會社等ノ存在ヲ見ルノミ、近時平元道路ノ開通市内道路ノ取擴ケ及新設等ニヨリ市内ノ區劃漸次統一セラレ交通便利トナリ都市ノ面目一新セラルルニ至レリ、今平壤ノ戸口ヲ示セハ左ノ如シ。

（大正三年四月三十日現在）

職業別＼戸口	内地人 戸數	内地人 人口	朝鮮人 戸數	朝鮮人 人口	支那人 戸數	支那人 人口	其他外國人 戸數	其他外國人 人口	合計 戸數	合計 人口
商業	七八一	三、一三三	三、一一五	一三、四九一	五二	二四一	—	—	三、九四八	一六、八六五
工業	二三九	九五六	二、三四五	一一、三八〇	—	—	一	二	二、五八五	一三、三三八
農業	二九	一四八	六九二	三、三六〇	四〇	二四二	—	—	七六一	三、七五〇
其他	一、二五四	四、一八五	二、六四五	八、四四九	六	一八	二五	五八	三、九三〇	一二、七一〇
計	二、三〇四	八、四二三	八、七九七	三六、六八〇	九七	五〇一	二六	六〇	一一、二三四	四五、六六三

商人 所謂商人トハ固有商業ヲ營ム狹義ノ商人ニシテ内地人、朝鮮人、支那人ヲ包括ス、此等商人ハ各自取扱商品ノ種類、數量、取引方法等多岐ニ亘リ一定ノ區別ヲ劃スルコト困難ナリト雖モ便宜上之ヲ別テバ内地人商賈ハ（一）鮮人向貿易商（二）内地人向貿易商

トニ區別スルヲ得ベク朝鮮人商賈ハ(イ)普通商人(ロ)客主(ハ)居間トシ終リニ支那商人ヲ擧グルヲ得ベシ、次ニ之レ等ニツキ大體ノ說明ヲナサン。

鮮人向貿易商ハ所謂城內ノ貿易商ニシテ大同門通及南門通ニ店舗ヲ有シ、鮮人向被服品、飲食料品、日常雜貨等鮮人日常生活ニ必要ナル貨物ノ輸移入ヲ業トス、戶數十戶ニ充タザレドモ取扱高ハ平壤貿易額ノ六割五分ヲ占メ地方商圈ハ彼等ノ活動範圍ニ屬ス。內地人向貿易商ハ新市街商人ノ主腦部ニシテ內地人向日常必要品ノ輸移入ヲナシ地方商圈ハ鐵路沿線地方ヲ主トス、新市街商人ハ直接阪神地方ヨリ移入取引ヲナスモノ多ク從ツテ此種貿易商ハ員數數十ニ上ルト雖モ概ネ資產、信用薄弱ニシテ取扱高ハ平壤貿易額ノ三割五分ニ過ギズ同業者間ノ競爭激烈ニシテ市況沈靜勝ナリ。普通鮮商ハ城內要路ニ店舗ヲ有シ鮮人向日常必要品ノ小賣販賣ヲ業トス地方鮮商ニ對シテハ卸賣ヲナスモノ寡カラズ、綿布、綿糸、日常雜貨、金物、紙、賣藥等ハソノ主要ナル取扱品ナリ。鮮民購買力ノ增進ニ伴ヒ販路ノ擴張著シク內地人中ニモ此種ノ商業ヲ營ムモノヲ出スニ至レリ、客主ハ他人ノ委託ヲ受ケ自己ノ責任ヲ以テ物品ノ買入又ハ販賣ヲナシ委託者ヨリ一定ノ手數料ヲ徵收スル一種ノ問屋業ナリ、取扱商品ハ地金、穀類、牛皮、被服品ヲ主トシ此等ノ一ヲ專業トス、交通機關ノ施設加ハリ商取引額ノ增加ニ從ヒ相當資本ヲ有スル地方鮮商ハ移入商ト直接取引ヲナスモノ増加シ現在ニテハ地金、米穀、牛皮等特別ノ商慣アル生産貨物及ヒ金巾木綿類ノ一部客主ノ手ヲ煩ハスコトアルノミ、參考ノ爲メ客主ノ手數料ヲ示セバ左ノ如シ。

種目	單位	手數料
地金	一〇匁	十錢
穀類	一石	五錢
牛馬	一頭	一圓
牛皮	取引高	二分
金巾	一匹	十錢
木綿	一反	二錢

居間ハ需給兩者ノ間ニ處シ取引ノ媒介ヲナシ一定ノ口錢ヲ收得スル一種ノ仲立業ナリ、居間ニ二種アリ一ハ客主ノ店舖ニ常住スル居間ニシテ他ハ專屬ノ客主ヲ有セス市巷ヲ徘徊シ小口取引ノ仲介ヲ爲ス、前者ハ仕入又ハ賣捌キノ爲メ客主ノ店舖ニ宿泊ス

ル地方鮮商ノ爲メニ、後者ハ客主ト取引關係ヲ有セサル地方鮮商ノ爲メニ見本又ハ現物ヲ示シ商取引ヲ媒介ス、近時商取引額ノ増加ニ伴ヒ日鮮商賈ノ營業關係親善ニ向ヒタレバ土地家屋ノ賣買、穀類及牛皮取引其他地方鮮商トノ移入品小口取引ヲ徐キテハ居間ノ介在スルコト少ク、客主專屬ノ居間モ當今ニ在リテハ殆ト使用人ノ如クニシテ番頭、手代ト何等異ル所ナシ、參考ノ爲メ居間取扱口錢ヲ示セハ左ノ如シ。

種類	單位	口錢支拂人	口錢
土地家屋	取引高	雙方	二分宛
穀物	一石	〃	五錢宛
牛馬	一頭	〃	五十錢
牛皮	取引高	〃	一分
金巾	一匹	賣手	五錢
木綿	一反	〃	一錢

支那商人ハ己ニ廿年前仁川ヨリ海路又ハ陸路ニヨリ當地ニ入リ被服品及雜貨ノ行商

ヲナセリ、明治廿九年日清戰爭後ハ仁川支那商館當地ニ支店ヲ設ケ自國製紬織絹色物及洋金巾ノ輸入ヲ開始シ、爾來鮮人間ニ販路擴張セラレ取引高年ト共ニ著シキ增進ヲ來シタリシガ南清革命動亂ノ結果支那商人ノ信用失態シ英國商人モ內地人トノ取引ヲ歡迎スルニ至リシヲ以テ支那商人ノ商圈著シク縮少セラレ現在ニテハ自國製被服品ヲ取扱ヘルノミナリ、今明治四十年以降四十四年ニ至ル五ヶ年間彼等ノ賣上額ヲ示セバ左ノ如シ。

年度別	英國製被服品	支那製被服品	總賣上高
四十年度	円 三五八、二〇〇	円 二三八、八〇〇	円 五九七、〇〇〇
四十一年度	四三九、七〇〇	二三五、九〇〇	六七五、六〇〇
四十二年度	六〇七、四〇〇	三二七、一〇〇	九三四、五〇〇
四十三年度	七四七、五〇〇	四〇二、五〇〇	一、一五〇、〇〇〇
四十四年度	四三八、七七〇	三一七、七三〇	七五六、五〇〇

取引方法 移入品ノ仕入地ハ阪神地方ヲ主トシ、下關、名古屋之ニ亞グ、移入品ノ決濟

ハ主トシテ短期ノ延取引ニシテ爲替手形ノ仕向又ハ送金手形チ以テ之チ行フ、爲替手形ノ支拂期間ハ一ケ月ヲ普通トシ期間ノ金利ハ日步三錢ヨリ三錢三四厘迄ニシテ商品代金ニ加算手形金額トシ手形ノ延滯日步ハ四錢ヨリ五錢迄トス、當地卸賣商ト客主又ハ小賣商トノ取引ハ約束手形又ハ於音ニ依ル四十日乃至六十日延取引ニシテ現金取引ハ稀ナリ、而シテ卸賣商ハ銀行ニテ資金借入レノ關係上約束手形ヲ歡迎シ客主モ亦手形ノ性質ヲ了解スルニ至リシヲ以テ於音ハ小口取引ニノミ用ヒラル、於音面上ニハ買入品名、數量、支拂期日、振出日、宛名人等ヲ記載シ支拂義務者之ニ署名捺印スルモノニシテ支那商館全盛時代ニ最モ多ク使用セラレタリ、移出業者ト客主ノ間ニ於ケル穀類、地金、牛皮等ハ現金取引ヲ主トスレドモ約束手形及於音ヲ用フルコト亦少カラス。

當地方ハ朝鮮在來ノ慣習ニヨリ定日市日ノ取引又盛況ヲ呈ス、市日ニ於テ取引セラルヽ商品ハ地方生産貨物ヲ主トシ、地方部落ヨリ多數ノ鮮民蝟集スルヲ以テ一般移入品ノ賣行多額ニ上ル、市日ハ小口現金取引多ク掛金ノ回收順調ナリ、平壤一、六市日ハ貨物ノ種類ニヨリ各所ニ開催セラレ何レモ盛時ニハ數千ノ鮮民群集シ市況活躍ス、一、六ノ平壤市ハ(一)大同門通裏手愛蓮堂洞跡ニ於ケル地方産出綿布、麻布、月子、日用雜品ノ市(二)大同江岸及西門内ノ穀類ノ市(三)西門外ノ生牛及牛皮ノ市ノ三種類トス、今參考ノ爲メ地方市場ニ於ケル定日ノ市ヲ示セハ左ノ如シ、括弧内ノ品目ハ市日ニ於ケル主要取引物資ニシテ取引額ノ順位ニヨル。

一六市日　黄州（大豆、小豆、粟、小麥、黍、大麥、粿麥）嶺美（大豆、白米）定州（大豆、小豆、白米）新昌（麻布、大豆、小豆、大麥、小麥）鐵山（大豆、白米、大麥、籾）安岳（大豆、白米、粟、籾）

二七市日　郭山（大豆、白米、籾）瑞興（大豆、小豆、粟、蕎麥）寧邊（紬織、小豆）北鎭（金、小豆、蕎麥）立石（白米、籾）殷山（金、大豆、小豆、粟、黍）江西（木綿、籾、白米）

三八市日　中和（大豆、小豆、粟、小麥、黍、大麥、粿麥）銀波（大豆、黍、白米、小麥）肅川（白米、大豆、小豆、籾）新幕（大豆、粟、小豆、小麥、蕎麥、木炭）宣川（大豆、粟、小豆、小麥、蕎麥、木炭）慈山（大豆蕎麥、黍、小豆）載寧（白米、大豆、小麥、粟、小豆、生牛、牛皮）

四九市日　安州（白米、大豆、蕎麥、生牛、牛皮、小豆）順川（亢羅、大豆、黍、蕎麥、小麥）順安（白米、生牛、牛皮、粟、小麥、蕎麥）興水院（大豆、粟、小豆、小麥、蕎麥）車輦館（大豆、白米、大麥、大豆、小豆、小麥）腰浦（黍、大豆、粿麥、小麥）了波（大豆、紬織、黍、蕎麥、小豆）

五十市日　沙里院（白米、籾、玄米、大豆、小豆、牛皮、小麥）博川（大豆、生牛、牛皮、宕巾《ダングン》、衣櫃）大平（木綿、綿花、小麥、小豆、大豆）沙仁（生牛、牛皮、小豆）

商圏　淸商獨占時代ニ於ケル市ノ商圏ハ大同江流域ノ一部ニ限ラレ、被服品及雜貨輸入取引ノミナリシガ仁川貿易時代ニ入リ地方市場トノ取引關係ヲ生シ移入品ノ種類モ亦複雜ニ向ヒタリシト雖モ陸路ノ交通不便ナリシヲ以テ貨物ノ集散少ク、殊ニ結氷期中ハ對外取引中止セラレ一般商況沈靜ノ狀態ヲ脫セザリキ、然ルニ京義鐵道開通後ハ北部ノ都邑及新幕以北鐵路沿線地方トノ取引開始セラレ市ノ商圈著シキ膨脹ヲ示セリ爾來平安南北兩道及黃海道西北部ニ於ケル農、鑛業ノ發展ニ伴ヒ取引額逐年增加シ平壤輸出入貿易ノ隆盛ヲ示セリ、近ク滿鮮鐵道運輸連絡成ルニ及ンデ平壤ノ商勢漸時北進ノ趨勢ニ在リト雖モ對滿貿易ハ粟ノ輸入牛皮ノ輸出取引ノ外未ダ著シキ發展ヲ見ズ、今後安奉沿線地方ニ對スル商圈ノ擴張ハ今後平壤商人ノ開拓ニ俟タザルベカラズ、從ツテ現在ニ於ケル平壤ノ商圈トシテハ先ツ北部市場(鴨綠江沿岸及車輦館以北ヲ除外ス)ヲ第一位ニ擧ゲサルベカラズ其他京義沿線地及大同江ノ中流及上流地方モ亦主要ナル取引地ナリ、今ヤ交通機關ノ完成及遠距離運賃低下等ニヨリ京城、仁川、釜山諸市場商勢力ノ發展著シク平壤ノ商圈又其侵蝕ヲ被ル傾向尠シトセス、平壤商人タルモノ發奮猛省セスンバアル可カラズ、以下商圈內ノ主タル地方市場ヲ叙說セン。

一、北部市場(鴨綠江沿岸及車輦館以北ヲ除外ス)

沿海地方及清川、大寧、兩江流域地ハ平田ニ富ミ靑北米及大豆其他雜穀ノ產出多ク、畜牛思想普及シ生牛、牛皮ノ産額多シ、西北部山間地方ハ土地磽确ニシテ穀類ノ産出少シト雖モ石金、砂金、亞鉛、黑鉛、雲母ノ鑛區ニ富ミ天然ノ遺利山野ニ洽シ、近時採鑛業ノ發展ニ伴ヒ勞力ノ缺乏ヲ來シ勞働者ノ轉住スルモノ多ク人口増加ノタメ滿州粟、小麥、小麥粉鹽魚等ノ食料品、農民及鑛業勞働者等ノ下層階級ニ適セル被服材料品、日常用品等ノ荷捌ケ多ク採鑛、電氣機械其他特種品ヲ除キタル最近一ケ年間ノ移入高ハ貳百八拾萬圓ニ上リ平壤トノ取引額百廿萬圓ヲ下ラズ、平壤ヨリハ洋金巾、和金巾、天竺、毛織物、色織物、鰊、小麥粉、鹽魚、醬油、鑛業藥品等ヲ供給シ阪神市場ヨリハ内地製被服品ノ一部、打綿、紡績、日常雜貨類ヲ移入シ京仁、市場ヨリハ被服品ノ一部分ト石油、雜貨等ヲ搬入ス、平壤ヘハ地金、生牛、牛皮、大豆ヲ主トシテ寧邊、熙川ノ紬織、德川ノ亢羅(紹織)安州ノ刺繡等入市ス、牛皮ハ一部安東縣市場ニ輸出シ、宣川大豆ハ鎭南浦市場ニ回送セラルモノ多シ、今北部市場分布ノ狀態ヲ見ルニ河川ニ沿フテ存在スル安州、博川、鐵路ニ面セル宣川、定州ヲ中心トシ物資ノ需給ヲナシツヽアリ、前者ハ淸川江、大寧江流域及中部鑛業地ヲ包括シ江界昌城地方ト取引關係ヲ有シ後者ハ沿海地方及西北部ノ鑛業地ニ販路ヲ有ス、取引地前者ニ比シ狹少ナリト雖モ農產物豐穰ニシテ鮮民ノ購買力強ク移入品ノ賣行活潑ナリ、今此ノ地域ニ於ケル主ナル市場ノ狀態ヲ摘記セン。

安州ハ新安州ヨリ東北一里半車道坦々タリ淸川江ノ左岸ニ位置シ、水運ニヨル貨物ノ呑吐ハ下流半里元頭里ニテ行フ、安滿道路ノ起點ニシテ淸川江流域貨物ノ集散市場ナリ、四、九市日ニハ千乃至三千人ノ鮮人地方ヨリ群集シ取引繁盛ヲ極ム、後背地トシテ寧遠、德川、孟山、价川、熙川、寧邊、順川、江界等ノ都邑及北鎭、昌城、朔州等ノ産金地ヲ控ヘ取引區域平北中部一帶ニ跨ル、主要產物ハ大豆、生牛、牛皮、刺繡等ニ過キサレドモ移入地トシテハ平北中部物資供給ノ衝ニ當リ最近一ヶ年間ノ移入額百九拾萬圓ニ上ル、平北縱貫通路タル安滿道路ノ開通後ハ取引額ノ增進一層著シキモノアラン安州ノ將來又有望ナリト云フベシ、金融機關ハ平安農工銀行支店及地方金融組合ノ二アリ。

博川ハ安州ヲ去ル西北四里大寧江ノ中流ニ位シ京義線嶺美驛ヨリ二里半ニシテ市場貨物ノ運搬不便ナリシモ最近ニ於テ孟中里ヨリ鐵路ノ連絡成リ且ツ三間巾ノ道路開通シ更ニ北方雲山ニ向ケ延長工事中ナレバ平北主要市場トシテ注目ニ値スルモノアリ、安州市場ノ發展ハ博川市場ノ商勢ヲ減殺スル傾向ナキニアラズト雖モ大寧江流域地農產物其他生牛、牛皮等ノ產出夥シク楚山、雲山、嘉山、昌城地方ト取引關係ヲ有シ一ヶ年ノ移入額五拾餘萬圓ニ上リ搬出額六拾五萬圓ヲ算ス、平安農工銀行支店及地方金融組合等アリテ金融ノ疏通ヲ圖リツヽアリ。

寧邊ハ安州ヨリ七里半博川ヨリ六里山間要害ノ地ニシテ前平安北道觀察道所在地ナリ、地勢ノ關係上安州市場ノ商圈ニ屬シ寧邊街道開通後ハ全市トノ取引便利トナリ雲山方面採金業ノ發展ニ伴ヒ市勢ノ膨脹顯著ナルモノアリ、產物ハ農產物、紬織、亢羅(紹織)等ニシテ寧邊紬ノ名最モ市場ニ喧傳セラル近來北鎭地方ヨリ小口產金ノ出廻リ多ク同方面ニ移入貨物ノ賣行好調ナルヲ以テ四、九市日ノ取引ノ如キ活況ヲ呈スルヲ常トス、被服材料品及食料品ハ安州ヨリ日常雜貨ハ當市場ト直接取引ヲナス、平安農工銀行出張所及地方金融組合等ノ金融機關アリ。

宣川ハ京義線ノ一驛ニシテ平安北道ニ於ケル平壤商圈ノ最終點ナリ、商業範圍ハ龜城、定州、郭山、車輦館、鐵山、南市、東林等ノ都邑ニシテ沿海地方ハ農產物ノ產額多ク宣川大豆ノ名最モ顯ル、近時黑鉛ノ採掘、金塊ノ出廻リ增加シ從テ各種移入品ノ賣行多ク年額六拾五萬圓ノ移入額ヲ計上シ安州ニ次グ大市場ナリ、如斯當地方ハ農產物豐富ナルニ加ヘ採鑛業ノ發展著シク民度比較的上進セルヲ以テ平北市場中移入品ノ荷捌ケ最モ活潑ニシテ掛金ノ回收モ亦好良ナリ、農產物ノ多クハ沿海地方ヨリ海運ニヨリ鎭南浦市場ニ向ケラレ附近地域ヨリ龜城、朔州地方ヘカケ產金多ク宣川地金トシテ大部分ハ平壤ニ入リ商品代金ニ充當セラル、同地ハ雜穀ノ集散地ニシテ市日(陰曆三、八日)ノ取引モ殷盛ヲ極ム、大正二年三月一日ヨリ鐵道局ハ市日ニ限リ同地ト定州、郭山、路下、東林、車輦館、各驛間往復三等乘車賃金ノ割引ヲ行ヒ來集ニ便シツヽアリ。

二、京義沿線市場

新幕以北、肅川ニ至ル鐵道沿線地ノ市場ニシテ黃海道ニ於テハ新幕、瑞興、沙里院、黃州、平安南道ニ於テハ中和、順安、永柔、肅川等ノ都邑ヲ數フベシ、此等市場ハ凡テ鐵路ノ利便ヲ有シ物資ノ需給至便ナルヲ以テ各個分立シ相互ノ商關係疎遠ニシテ平壤、京仁又ハ阪神地方ト直接取引ヲナス、平壤ト黃海道市場トハ穀類取引平安南道都邑トハ移入品取引ヲ主トス、黃海道沿線地穀類ノ主產地ハ載寧江ノ流域ニシテ附近市場タル沙里院、黃州、興水、瑞興、新幕等ハ穀類ノ集散多シ、汗浦南川地方ハ大豆ノ出廻リ繁盛ナリト雖モ己ニ京仁ノ商圈ニ屬セリ、此等地方產出穀類ハ水運又ハ鐵路(結氷期中)ニヨリ過半鎭南浦ニ出ツルト雖モ平壤商人ニヨリ取扱ハルヽモノ寡カラス平壤ニテ取引セラルヽ黃海米ハ沙里院附近ノ產ニシテ精白ノ上京仁、阪神地方ニ移出セラルヽモノ年額拾萬圓ニ上ル瑞興、興水、新幕ハ大豆產出最モ多ク生產地ヨリ仁川經由內地市場ニ移出セラレ平南市場ニ入ルモノ少シ沙里院ハ主要穀類市場ノ一ナルヲ以テ大正二年三月一日以來鐵道局ハ市日(陰曆五、十日)ニハ同地ト興水、清溪、馬洞、沈村、黃州各驛間往復乘車賃金ヲ割引シ鮮人取引者ニ便宜ヲ與ヘツヽアリ、同地ニハ平安農工銀行支店地方金融組合及東洋拓殖會社出張所等アリ、移入品取引ハ日用雜貨及被服品ヲ主トス、平安南道沿線市場中取引額ノ最モ多キハ順安ナリ、移入品ノ外小麥、粟等ノ需要寡カラズ、順安ハ砂金ノ産出ニ富ミ採取勞働者三千乃至四千人ニ及ビ日常百貨ノ消費多ク大部分平壤ノ供給ニ俟ツ、中和、永柔ハ所謂南村米ノ産地ニシテ民度豐カニシテ移入品ノ賣行多ク肅川ハ青北米ノ主産地ニシテ日用移入品ノ賣行亦尠カラス。

三、大同江上流市場

大同江ノ上流ハ土地高燥ニシテ平田ニ乏シク農産物ハ小麥、大豆、葉煙草等ニシテ米ハ地方住民ノ需用ヲ充スノミ江東、成川、陽徳、祥原、谷山等ハ重ナル地方市邑ニシテ陽徳ニテ元山ノ商勢力ト接觸ス、取引關係ハ成川、遂安ヲ主トシ江東、祥原之ニ次グ遂安ノ金、成川ノ葉煙草、江東ノ小麥等ヲ除キテハ生産物資ノ見ルベキモノナク住民ノ購買力薄弱ニシテ移入品ノ販路少シト雖モ古キ取引關係ヲ有シ資金ノ回收圓滑ナリ。

以上列記ノ諸地方ニ於テハ近來取引額ノ膨脹ニ伴ヒ内地市場ト直接取引ヲナスモノ漸次增加シ仲繼地タル平壤ノ商圈稍減縮ノ傾向ヲ有セリ之レ地方市場商勢力ノ增進ニ伴フ自然的趨勢ニシテ財界ノ爲メ寧ロ慶スベキ現象ナリト雖モ仲繼取引ノ消長ハ

平壤貿易ノ盛衰ト適切ナル關係ヲ有ス加之京元鐵道及平元道路ノ開通モ目睫ノ間ニ迫リ元山取引區域ノ擴張ハ彼我ノ商戰ヲ激成スベク、翻テ對滿貿易ヲ見ルニ交通機關ノ完成ニヨリ經濟的距離短縮セラレ、今ヤ南滿ノ市場ハ目前ニ展開セラレ西鮮地方ト物資ノ需給密接ナル關係ヲ有スルニ至レリ、平壤ノ商賈タルモノ此ノ大勢ニ處シ時宜ノ畫策ナカルベカラズ。

第二　平壤商圏内ノ諸取引

一、生產物ノ取引

平壤經濟地域ニ於ケル生產物資ノ主ナルモノハ農產物、鑛產物、畜產物、製織品、釀造品等ナリト雖モ農產、鑛產、畜產物ヲ除キテハ未ダ大量生產行ハルヽニ至ラス一地方ノ需要ヲ補給スルニ過キザレハ此等主要生產物ニツキ以下項ヲ分チテ說明セントス

農產物　平壤市場ニ出廻ル農產物ノ供給地ヲ擧クレバ左ノ如シ

(一)大同江中流即チ江西郡及龍岡郡ノ一部

南村米ノ產地ニシテ米質優良聲價黃海道產米ニ讓ラズ籾又ハ中白トシテ江ヲ遡リ結氷期ハ陸路ニテ市場ニ入ル籾ハ鮮人精米業者ニ中白米ハ客主ノ手ヲ經テ內地人精米

業者ニ賣捌カレ多ク精白米トシテ京、濱市場及京、仁地方ニ移出セラル。

(二)大同江上流一帶農業地(成川、江東、祥原ノ各郡)

大豆、小豆、大麥、小麥、裸麥、黍、葉煙草ノ産額多ク全部當市場ニ入ル、大豆ハ順川、成川産品質優良ニシテ産額亦多シ德川、江東産之ニ亞キ平壤、祥原產下位ニアリ、小豆、大麥、小麥、裸麥、黍等ノ雜穀ハ品質略同一ナリ、例年祥原、江東産ノ出廻リ最モ早ク順川、德川地方ヨリハ解氷後入市スルモノ多シ、大豆ハ味噌製造用トシテ晩秋內地市場ノ需要增加シ其他ノ雜穀ハ主トシテ當地方ニテ消費セラレ小麥ハ一部安州、博川市場ニ搬出セラル、葉煙草ハ成川、谷山地方ノ產出ニ屬シ成川產ハ長葉軟質ノ良品ニシテ東亞煙草會社分工場買收ノ上入市スルモノ多ク谷山產ハ短葉硬質ナレハ葉煙草ノマヽ鮮人ノ需要ニ供セラル。

(三)平壤以北宣川ニ至ル鐵道沿線地

青北米及有名ナル宣川大豆ノ產地ニシテ米ハ中白トシテ入市シ市民ノ消費ニ供セラル大豆ハ產地附近ノ停車場ヨリ汽車積トシテ阪神、京濱地方ニ賣捌カル近時長崎、岐阜福岡等ト新規取引多シ、青北米ハ產額多ケレトモ品質粗惡ニシテ移出品ニ適セス、大豆ハ產額夥多品質優良ニシテ內地ノ需要增加シ移出取引活況ヲ呈ス、此地方ハ大麥、小麥、黍等ノ產出ハ少ク燒酎釀造材料タル小麥ノ如キ平壤ヨリ供給ヲ仰ク。

(四)黃海道鐵道沿線地（黃州、沙里院、興水、瑞興各地）

黃海道產出農產物ハ水路、結氷中ハ鐵路ニ由リ鎭南浦市場ニ入ルモノ多シト雖モ鐵道沿線地方ヨリハ相場ノ高低ニ依リ平壤市場ニ入ルモノ亦寡カラズ、大小豆ノ如キハ當地商人ノ手ニ依リ大阪、神戶、下關、廣島ノ各地ニ移出セラルヽモノ年額四五千石ニ上ルト雖モ直接仁川又ハ鎭南浦經由直送セラレ市場ニ入ラズ。

前記四地域ノ農產物ニツキ平壤商人ノ取扱フ數量概算左ノ如シ。

種別＼地域	第一地域	第二地域	第三地域	第四地域	合計
米	―石	一五、〇〇〇石	七、〇〇〇石	―石	二二、〇〇〇石
籾	―	三五、〇〇〇	一五、〇〇〇	一二、〇〇〇	六二、〇〇〇
大豆	四五、〇〇〇	五、〇〇〇	四、〇〇〇	三、〇〇〇	五七、〇〇〇
小豆	二五、〇〇〇	八、五〇〇	―	二、五〇〇	三六、〇〇〇
粟	一六、〇〇〇	一二、〇〇〇	―	五、〇〇〇	三三、〇〇〇

大麦	五、〇〇〇	六、〇〇〇	—	—	一一、〇〇〇
裸麦	七、五〇〇	—	—	—	七、五〇〇
小麦	一五、〇〇〇	一四、〇〇〇	—	—	二九、〇〇〇

農產物ノ移出取引ハ年ノ豐凶、相場ノ高低等ニ依リ繁閑ヲ異ニスレ共近時水利開墾事業勃興ニ伴ヒ作付反別ヲ加ヘ農產額ノ增進ハ穀類ノ改良ト相俟ツテ移出額ノ增加著シキモノアリ玄米、精米其他大豆等ノ仕向ケ地ハ阪神、京濱及京仁市場ヲ最トシ下關、廣島、四日市方面ニモ弗々取引アリ、近時當地方產出米穀、雜穀ノ眞價內地市場ニ認識セラレ需要漸增ノ狀態ナリ。

鑛產物 由來西鮮三道ハ鑛脈ニ富ミ金、砂金、金銀、金銀銅、鐵、亞鉛、黑鉛、石炭等ノ鑛床各地ニ散在シ近時採鑛業隆盛ナルニ伴ヒ產出額ノ增加顯著ナルモノアリ、此等鑛產物中產額最モ多キハ金ニシテ鐵鑛、石炭、亞鉛、黑鉛等之レニ亞キ銀、銅ノ採掘ハ未ダシ、而シテ鐵鑛亞鉛鑛ハ精煉ニ大工場設備ヲ要シ石炭、黑鉛モ需要關係上採掘ノマヽ直接內地ニ移出セラルヽヲ以テ一般商人ノ手ニ轉輾スルコト稀ナリ、反之石金及砂金ハ採取法比較的單純、小規模ニテ經營シ得ル關係上大量採金設備ニヨラサル鮮人ノ小口採金業者多ク地金ハ一種ノ商品トシテ仲買商賈ニ賣却セラレ又ハ商品代金ニ充當セラルヽヲ以テ各地小口産金多ク當市ニ集中セラル、其他採金業者ガ直接當地ニ積送スルモノ亦多額ニ上ル、平壤ニ於ケル地金仲買人ハ其數二十名ニ上リ仲買人ハ多ク朝鮮銀行支店ニ分拆ヲ依賴シ所定ノ價格ヲ以テ同行ニ賣却ス。

大正二年度平壤地金取引高ハ量目五百二十五貫價額百九拾參萬壹千七百六拾貳圓ニシテ出廻リ地ニヨリ概別スレハ左ノ如シ。

出廻リ地　摘要	量目	價額	種類
雲山	一二八貫二五〇匁	四四八、八七五円	石金
昌城	一〇九　五〇〇	三六一、三五〇	〃
朔州	四五　七二〇	一七一、四五〇	〃
宣川	四五　一二〇	一三九、八七二	〃
順安	一二六　八五〇	五四五、三二六	砂金
价川、安州、成川、寧邊、殷山、松禾	六九　七〇八	二六四、八八九	石金及砂金

合計	五二五、一四八	一、九三一、七六二

雲山金鑛及遂安金鑛産出地金ハ大阪造幣局ニ昌城金鑛産出地金ハ京城市場ニ直送セラルヽヲ以テ平壤出廻リ高ニ含マス、雲山、昌城、朔州、定州地方小口産金及順安ノ砂金等ハ投資及取引關係ニヨリ京城方面ニ仕向ケラルヽモノ亦尠カラス。

今最近二ヶ年ニ於ケル大阪造幣局輸納地金ノ量目及價格ヲ示セハ左表ノ如シ。

摘要 ＼ 年別	大正元年		大正二年	
	量目	金額	量目	金額
遂安金鑛會社	匁 二二六、八五三	円 九四三、〇九六	匁 二五一、四三四	円 一、〇三一、八三五
雲山金鑛會社	一、七〇〇、五一七	三、一九六、六二二	一、九八一、七〇三	三、四五三、七四四
平壤出廻高	七〇二、六四三	二、六二一、七二九	五二五、一四八	一、九三一、七六二
合計	二、六三〇、〇一三	六、七六一、四四七	二、七五八、二八五	六、四一七、三四一

尚參考ノ爲メ西鮮三道ノ大正二年及大正三年度一月一日現在鑛區ノ坪數及鑛種別表並ニ比較增減表ヲ示セハ次ノ如シ。

鑛區坪數鑛種別表（二）（大正二年一月一日現在）

鑛區種類＼道別	平安南道 鑛區數	平安南道 坪數	平安北道 鑛區數	平安北道 坪數	黃海道 鑛區數	黃海道 坪數
金鑛	二五	一四、四七五、五二一	六一	二七、五四六、三九〇	一九	九、二九一、八四五
金銀鑛	五	二、五九二、六八一	四五	三六、六九二、一七八	—	—
金銀銅鑛	一	四一八、二三五	三	一、三五一、八〇二	二	一、四九四、四〇〇
砂金鑛	四三	八、二六三、六八二 二九四丁三八間	三九	一、九二八、七五七 五一一丁六間	六	四〇九、〇〇四 三五丁〇〇間
鐵鑛	一九	四、八六一、三六五	二	五五五、九六九	二四	九、〇一八、九五一
黑鉛鑛	九	一、二二三、三八四	七一	九、三八六、四一五	一	二七一、三六〇
石炭礦	一七	三、三三八、九八三	—	—	三	七七二、七〇七
其他鑛區	三	一、三六二、一五六	五	一、五五九、八六八	七	二、二六〇、八八六
合計	一二二	四五、五三五、九九七 二九四丁三八間	二二六	七九、〇二一、四五九 五一一丁六間	六二	二三、五一九、一五三 三五丁〇〇間

鑛區坪數鑛種別表（二）（大正三年一月一日現在）

大正二年一月一日
大正三年一月一日 現在鑛區坪數比較增減表（三）

△印ハ增
×印ハ減

鑛區種類＼道別	平安南道 鑛區數	平安南道 坪數	平安北道 鑛區數	平安北道 坪數	黃海道 鑛區數	黃海道 坪數
金鑛	五一	二五、七一五、七七〇	七八	四〇、一〇二、三七二	二三	一〇、〇三〇、三五七
金銀鑛	六	三、二七一、八〇四	七五	五七、八〇五、八三五	一	七二六、一九四
金銀銅鑛	一	四一八、二三五	五	二、二六六、三四九	二	一、四九四、四〇〇
砂金鑛	四七	八、二八三、四四五 三五五丁一〇間	四〇	一、五九四、一三七 六八一丁五九間	七	四〇九、〇〇四 七三丁〇〇間
鐵鑛	二八	二、二七三、四六三	三	六七一、三六九	三三	一、九一三、三六三
黑鉛鑛	八	一、〇九八、三六六	五八	八、〇三一、八七三	一	二七一、三六〇
石炭礦	三一	二、七一七、四一九	—	—	二	三七六、〇九六
其他鑛區	三	五八五、四〇一	七	三、五八五、四六二	七	二、二六〇、八八六
合計	一七五	七二、三六三、九〇三 三五五丁一〇間	二六六	一二四、〇五七、三九七 六八一丁五九間	七六	二七、四八一、七六〇 七三丁〇〇間

鑛區種類	平安南道 鑛區數	平安南道 坪數	平安北道 鑛區數	平安北道 坪數	黄海道 鑛區數	黄海道 坪數
金鑛	△二六	△二、二四〇、二五九	△一七	△三、五五五、九八二	△四	△七三八、五一三
金銀鑛	△一	△六七九、一一三	△三〇	△二、一一三、六五七	△一	△七二六、二九四
金銀銅鑛	—	—	△二	△九一四、四六七	—	—
砂金鑛	△四	△一九、七六三 △六〇丁三二間	△一	×三三四、六二〇 △一七〇丁五三間	△一	△三八丁〇〇間
鐵鑛	△九	△六、四二三、〇九八	△一	△一一五、四〇〇	△九	△二、八九四、四一三
黒鉛鑛	×一	×一二四、〇一八	×三	×一、三五四、五四二	—	—
石炭礦	△一四	△九、三七八、四三六		—	×一	×三九六、六一二
其他鑛區	—	×七七七、七五五	△二	二、〇二五、五九四	—	—
合計 増	五四	二七、七二九、六七九 六〇丁三二間	五三	三六、七二五、一〇〇 一七〇丁五二間	一五	四、三五九、二二八 三八丁〇〇間
合計 減	一	九〇一、七七三	一三	一、六八九、一六二	一	三九六、六一二

畜産物

畜産物中最モ主要ナルモノハ生牛及牛皮ナリ、近時畜牛思想一般ニ普及シ牛契、預託等ノ方法ニヨリ増殖ヲ圖リ頭數ノ増加著シキモノアリ、生牛ハ性質温順ニシテ體力强健農業用、運搬用及食用ニ適シ各地ノ需要多ク又種牛トシテ聲名アリ、生牛ノ取引ハ主トシテ定日ノ市日ニ於テ行ハレ農事閑散季ニ出廻リ最モ多シ、朝鮮牛皮ハ烙鐵及鋮痕多ク剝皮法不完全ナリシヲ以テ内地市塲ノ氣受ケ不良ナリシカ轅擦及鞍擦ヲ豫防シ鋮又ハ烙鐵ヲ漫リニ施スノ弊風革マリ優良ナル牛皮ノ産出增加シ軍需品トシテ大阪市塲ノ需要增加シ常ニ品拂底ノ姿ナリ、牛皮ノ出廻リハ江西、中和、龍岡、順川、永柔、沙里院、安岳、載寧、博川、安州等最モ多ク地方客主ノ手ヲ通シ入市スル例ナレドモ商機ノ關係上地方市日ヲ見込ミ當地ヨリ買入レノ爲メ出張スルモノ加ハレリ。

工産物

西鮮地方ハ未ダ家内工業時代ニ屬シ工塲工業ノ施設見ルヘキモノ少シト雖モ工業原料ニ富ミ工業勞力亦潤澤ナルヲ以テ資本ノ注入ト經營其宜シキヲ得バ有望ナル企業少ナカラサルヲ疑ハス、現在ニ於テ主要工産物ハ地方ニテハ絹布、麻布、市内ニテハ煙草、酒、燒酎、醬油等ヲ主ナルモノトス、絹布ニ二種アリ一、紬織二、亢羅(絽織)是ナリ、紬織ハ寧邊、成川、義州、熙川ニ絽織ハ順川、价川、寧邊ニ産シ多ク地方仲買人ノ手ヲ經テ市塲ニ入ル、紬織ハ冬季被服材料ニ供セラレ十月頃出廻リ多ク亢羅ハ夏向キニシテ五、六月ノ取引盛況ナリ、麻布ハ孟山、寧邊、陽德、德川地方ノ産出多ク大麻ヲ原料トシ夏季被服材料トシテ五六月ノ入荷多シ、黃海道ハ麻布ノ産出少キタメ同地方ノ需用ハ例年六千疋ニ上ル主トシテ平壤市場ヨリ中繼セラル、市內精製品タル煙草ハ東亞煙草會社、江崎商會ニテ製造セラレ酒、燒酎、醬油ノ釀造ハ小口製造業者多シ。

一、輸移入品取引

前述セシ如ク平壤ハ西鮮ニ於ケル輸移入品取引中心市場ナルヲ以テ取引貨物ノ種類頗ル繁雜ニシテ需給亦複雜ナリ、今左ノ數項ニ分チテ取引狀況ノ一般ヲ窺ハントス。

被服材料品　被服品取引ハ移入品中最モ重要ナル地位ヲ占メ市內及地方市場ニ販路廣シ、被服品ノ大宗タル洋金巾及毛織物、色物等ハ英國製品ニシテ絹布、紬織及麻布類ノ一部ハ支那製品ナリ、粗布、天竺布、木綿、紡績、撚糸等ハ凡テ內地製品ニシテ大阪、名古屋地方ヨリ移入セラレ、內地人向被服品ハ京都、東京方面ノ仕入多シ、被服品ハ冬物仕入季タル九、十兩月ノ移入最モ繁忙ニシテ夏物仕入季タル五、六月之ニ次ク、洋金巾ハ鮮人向被服品ノ主ナルモノニシテ生金巾ハ漂白ノ容易ナル爲メ夏季ニ需要多ク冬季ニ賣行少シ、競爭品タル和金巾ニ販路ヲ侵蝕セラレ取扱高晒金巾ノ四分ノ一ニ上ラス、晒金巾ハ輸入額最モ多ク外國製被服品ヲ代表ス可キ重要品ニシテ四季ノ賣行良好ナリ、毛織物ハ冬衣及胴衣トシテ一時、時好ニ投シタリシト雖モ耐久性ニ乏シク價額不廉ノ爲メ一般ノ需要少シ、色織物ハ小兒婦女用衣服地及夜具用トシテ舊正月及節句前後ニ賣行多シ、內地製被服品タル和金巾、天竺、木綿等ハ市價比較的低廉ニシテ地方市場ニ荷捌ケ活潑ナリ、殊ニ和金巾ハ實用ニ適シ仕上糊ヲ含マス地質堅牢ナレハ農民向トシテ冬期ノ需要多ク、紡績糸ハ農閑散季ニ織布材料トシテ荷動キ活況ヲ呈ス、鮮人向被服材料品ハ市內及北部市場トノ取引多額ニ上リ商況概ネ好調ナリ、內地人向被服品ハ實用向ノ外流行品多ク比較的上等品ノ販路廣シ。

飲食料品　清酒、麥酒及シトロン、其他清涼飲料品ハ阪神、關門地方ヨリ移入セラレ洋酒ハ北米合衆國、佛國、英國ヨリ直輸入ヲナス、清酒ハ晩秋ノ移入多ク冬期ノ賣行繁忙ナリ、麥酒、清涼飲料ハ初夏ノ移入最高潮ヲ示シ夏季ノ荷動キ活潑ナリ、內地人ノ飲用ヲ主トスレドモ近時鮮人間ノ消費增加セリ、洋酒ハ內地人及米國人向ニシテ歲末前後ノ賣行繁忙ナリ。　以上ハ飲料品ナルカ次ニ輸移入食料品ヲ觀察スルニ其主要ナルモノヲ擧クレハ小麥粉、砂糖、鹽魚、海草類ナリ、小麥粉ハ北米產ニシテ阪神、關門地方ヨリ仲繼セラレ晩秋ノ移入盛況ヲ呈シ舊正月前後ノ賣行多額ニ上ル、穀類相場騰貴ノ爲メ鮮人常食トスルノ風ヲ生セリ、殊ニ平安北道鑛業地勞働者向トシテ安州、博川、寧邊、宣川、定州等北部市場及安東縣市場トノ取引盛況ナリ、砂糖ハ日本製糖會社製品ニシテ阪神市場ヨリ移入セラレ秋冬二季ノ賣込多シ、蜂蜜代用トシテ一般ノ消費增加シ菓子原料トシテ市內ノ荷捌ケ多シ、鹽魚ハ鹽鰊、乾魚ハ明太魚ヲ主トス鹽鰊ハ亞米利加產ニシテ神戸經由十二、一、二月ニ亘リ輸入セラレ舊節季前後ノ賣行盛ナリ、明太魚、海草類ハ北鮮及慶尙、全羅兩道近海產ニシテ元山、釜山、江景市場ヲ經テ入市ス、米價騰貴ニ伴ヒ陸稻ノ作付增加シ粟ノ耕地減少シタリシト粟ノ消費激增ノ結果地粟ノ拂底ヲ告ケ大正二年度初春ヨリ晚夏ニ亘リ滿洲粟及黍等ノ大量輸入行ハレ其額參拾八萬圓ニ上リ對滿貿易ノ新レコードヲ作レリ。

土木建築材料品　官署側ノ諸工事、民間ノ建築等ノ繁閑ニヨリ需要期一定セスト雖モ氣候ノ關係ニテ夏季ノ取引最モ多ク春秋二季之ニ次キ結氷季ハ荷捌ケ少シ、平元、市內道路ノ開設ノタメ土工品及橋梁架設材料品ノ賣行多ク平北、遂安、寺洞等ノ鑛業地ノ發展ニ從ヒ水銀、靑酸加里、硝酸、硫酸、爆發物、工場材料品等ハ市況逐年好調ナリ。

日用雜品　其中最モ賣上高ノ多キハ石油ニシテ洋傘、陶磁器等之ニ次ク、石油ハスタンダード及ライジングサン兩社ノ製品ニシテ前者ハ松函、勝利票ヲ發賣シ鮮人側ヲ主トシ、後者ハ旗印ヲ販賣シ內地人側ニ重キヲ置ク、共ニ冬期ノ賣行最モ多シ、洋傘ハ大阪、名古屋製品ニシテ鮮人向二十九吋ヨリ三十吋迄ノ實用品ノ需要多シ、陶磁器ハ大阪、名古屋、九州地方ヨリ硝子ハ阪神市場ヨリノ移入ニ屬シ商況順調ナリ、燐寸ハ鮮人側ニハ黄燐マッチ内地人間ニ安全マッチノ賣上ケ多シ共ニ阪神市場ノ移入ニ仰ク、今前記諸項ニ從ヒ大正二、三年度ニ於ケル平壤重要輸移入品入荷額ヲ示セバ左ノ如シ。

重要輸移入品表

品目	大正元年入荷額	大正二年入荷額
一、被服材料品	円	円
生洋金巾	二二三、〇〇〇	一七六、〇〇〇
晒洋金巾	五二六、〇〇〇	四二四、〇〇〇
和金巾	三六四、〇〇〇	四一二、〇〇〇
天竺	一八一、〇〇〇	一九二、〇〇〇
木綿	一六五、〇〇〇	一七五、〇〇〇
色綿織物	一七九、〇〇〇	一二三、〇〇〇
毛織物	二〇九、〇〇〇	一五八、〇〇〇
紡績糸	一七九、〇〇〇	一九五、〇〇〇
打綿	五九、〇〇〇	六二、〇〇〇
支那製諸織物毛皮物其他鮮人被服品	三八〇、〇〇〇	三五〇、五〇〇
内地人向一般被服品其他装飾品	二三〇、〇〇〇	二五〇、〇〇〇
二、飲食料品		
小麥粉	二九八、〇〇〇	三〇八、六〇〇
砂糖	一五九、〇〇〇	一七五、〇〇〇
鹽魚	一二二、四〇〇	一三九、一〇〇

粟（滿州產）	六、五〇〇	三〇六、五〇〇
黍（仝）	—	四三、八〇〇
清酒、洋酒、ビール、サイダー、シトロン、其他	一二九、〇〇〇	一二五、〇〇〇
內地人向食料品	一七五、〇〇〇	一八六、七〇〇
三、土木建築材料品諸機械爆發物及鑛業藥品		
銅板	八九、〇〇〇	七八、〇〇〇
鋼鐵	一三九、六〇〇	一四九、五〇〇
束鐵	一八四、九〇〇	一二九、六〇〇
亞鉛板	三二八、〇〇〇	三四、六〇〇
セメント	一九、八〇〇	一四、九〇〇
洋釘	七、九〇〇	八、二〇〇
時計	三九、〇〇〇	四五、〇〇〇
土工用器具其他土木建築用具	一四六、五〇〇	一四九、五〇一
諸機械	二九八、〇〇〇	三二五、〇〇〇
爆發物及鑛業藥品	二一四、〇〇〇	二五六、〇〇〇
四、日用雜品		
石油	一二四、五〇〇	一三九、五〇〇
陶磁器	四三、〇〇〇	五八、〇〇〇
洋傘	一四八、〇〇〇	一八九、五〇〇
木製品其他家具一切	三九、五〇〇	四八、〇〇〇
マッチ	三八、〇〇〇	三九、八〇〇
毛布	六七、〇〇〇	七九、〇〇〇
五、其他諸品		
銃砲	三一、〇〇〇	四〇、〇〇〇
度量衡	一三、〇〇〇	一七、〇〇〇
蓄音器及附屬品	四五、〇〇〇	三二、〇〇〇
自轉車	三一、〇〇〇	二八、〇〇〇

三、貿易狀態

概說 平壤ノ貿易ハ年々多少ノ消長ヲ免レスト雖モ財界ノ膨脹ニ伴ヒ逐年健實ナル發展ヲ示セリ、西鮮ニ於ケル貨物集散ノ情勢ヲ見ルニ輸移入貨物及產出地金ハ平壤ヲ中心トシテ取引セラレ輸移出大宗品タル穀類ハ海運ノ關係上鎭南浦ニ集中セラル、今最近四ケ年間ニ於ケル平、南両地輸移出入通關貿易額ヲ示セハ左表ノ如シ。

平壤稅關通關貿易額

貿易額 / 年度別	輸移出額	輸移入額	計
明治四十三年度	円 六一二、〇四八	円 一、九七九、四四七	円 二、五九一、四九五
明治四十四年度	三八一、六一七	二、四七六、一二八	二、八五七、七四五
大正元年度	三七二、二一五	三、二二五、六五一	三、五九七、八六六
大正二年度	四二三、三七三	三、一九四、五六四	三、六一七、九三七

鎭南浦稅關通關貿易額

年度別＼貿易額	輸移出額	輸移入額	計
明治四十三年度	円 二、五六五、九三七	円 一、九九四、一七四	円 四、五六〇、一一一
明治四十四年度	二、八三〇、〇三八	二、二五七、二〇五	五、〇八七、二四三
大正元年度	三、二三二、二四五	二、八九一、七三二	六、一二三、九七七
大正二年度	四、二八三、五七一	三、〇二四、二三一	七、三〇七、八〇二

平、南通關貿易額ヲ見ルニ鎭南浦ノ輸移出額ハ平壤ノ約十倍ニ上リ輸移入額モ亦著シキ軒輊ヲ見ス、過去數十年間ニ於ケル通關額增加ノ跡ヲ見ルモ鎭南浦ハ平壤ニ比シ寧ロ優越ナル地位ヲ占ムルガ如キ外觀ヲ有スレドモ元ト鎭南浦ハ海運ノ利便ヲ有シ大量輸送ヲ要スル穀類ノ移出及特種品ノ移入ニ適スルヲ以テ平壤商人ノ取引中鎭南浦ニ於テ通關手續ヲ了スルモノ多ク殊ニ輸移入ニ於テ然リトス、勿論鎭南浦ノ後背地タル黃海道西北部農業地ノ發達ハ地方鮮民購買力ノ增進ニ伴ヒ鎭南浦貿易額モ比年增加著シキモノアリト雖モ西鮮輸移入貿易ノ大勢ヨリ見レバ鎭南浦ハ平壤貿易貨物ノ

呑吐港タルニ似タリ、唯穀類ノ移出ニ在リテハ鎭南浦ハ黃海道載寧江流域地ノ農産地ヲ控ヘ南村米、靑北米、其他平北雜穀主產地ト水路ノ便ヲ有スルヲ以テ穀類ノ移出ニ在リテハ平壤ハ鎭南浦ニ比肩スルコト能ハス。

貨物貿易徑路

平壤ノ貿易貨物ノ通路ハ釜山、仁川ヲ經過スルモノト水路鎭南浦ヲ經由スルモノト陸路新義州ヲ通過スルモノトノ三アリ今輸、移入、貨物、ニ於テ之ヲ見ルニ洋金巾、毛織物類ノ輸入被服品ハ仁川ニテ土木建築材料品、機械類、石油、火藥其他爆發性輸移入品ハ鎭南浦ニテ通關手續ヲ了シテ入市ス、海運ニヨリ鎭南浦ヲ通過スル輸移入貨物中飮食料品、雜貨及鹽魚、海草類ノ如キ比較的低廉ニシテ大同江ノ水運ニヨル貨物ハ多ク當地ニテ通關スルヲ例トス、阪神市場トノ直取引貨物ニシテ鐵道便ヲ有利トスル和金巾、綿糸、棉布、紡績糸等ノ內地製被服材料品及砂糖、小麥粉類ノ食料品ハ釜山ヲ通過シ當地ニテ通關手續ノ上之ヲ移入ス、其他京城、仁川、釜山等ヨリ仲繼セラルヽ貨物多シ、昨年一月以降鐵路ニヨル滿洲粟ノ大量輸入ハ需要地ノ如何ニヨリ新義州又ハ平壤ニテ通關手續ヲ了セリ、安東縣市場向ノ小麥粉、砂糖ノ如キ實際平壤商人ノ取扱ニ屬スルモノニシテ阪神地方ヨリ直送セラレ仝地ニ於テ通關スルモノ亦少カラズ輸、移出、貨物、ニ就テ見ルニ當市ノ移出農產物ノ主ナルモノハ雜穀ニシテ玄米、精米之ニ次グ大豆及其他ノ雜穀、玄米等ハ江水ヲ下リ鎭南浦ニ出テ多ク移出手續ヲナス、結氷季中阪神、京濱地方移出ハ生産地ヨリ直接需要地ニ仕向ケラレ釜山ニテ通關ス、同地方向精白米ハ當地ニテ移出手續ヲナシ鐵路釜山ヲ經テ積送ス、鑛産物中德山向平壤無煙炭、及蘇民里藤田組採掘備中神ノ島向亞鉛鑛石ハ鎭南浦ニテ、平北宣川産東京向黑鉛ハ釜山ニテ通關手續ヲナス、地金ハ全部大阪造幣局ニ輸納セラレ遂安金鑛産出地金及平壤出廻リ地金ハ平壤ニテ通關セラルレドモ一般貨物移出通關額ニ算入セラレズ、精煉ノ爲メ輸出セラル、雲山金鑛石ハ鎭南浦ニテ遂安金鑛石ハ平壤ニテ通關セラレ移出通關額ニ算入セリ、安東縣及奉天向輸出牛皮ハ新義州ニテ大阪向牛皮中鐵道便ハ當地ニテ海運ニヨルモノハ鎭南浦ニテ通關スルモノ多シ、如斯貿易貨物ノ通路ハ物資ノ生産地ト仕向地、需要ノ季節及其ノ特性ニヨリ頗ル複雜ナルヲ免レズ。

貿易額　貨物ノ集散ハ生産物資ノ增加及之ヲ源泉トスル購買力ノ增進ニ伴ヒ需給ノ關係ハ年ト共ニ複雜ニ赴キ運輸交通ノ機關完備セル現在ニ於テ局部的通關貿易額カ市ノ商取引額ヲ推測スルニ足ラザルハ已ニ前項ニ於テ述ベタル所ニヨリ知ルベシ、從テ比較的正確ナル數字ヲ得ントセバ取引貨物決濟資金ノ移動方面ヨリ精査スルノ外途ナケン、今銀行業者ノ爲替受拂ヲ基礎トシ貿易商取扱高其他通關計數等ヲ綜合シ大正二年度ノ貿易額ヲ推算スルニ輸移出九拾參萬圓輸移入六百五拾九萬五千圓(鮮人向五百八萬貳千圓、內地人向百五拾壹萬參千圓)ニシテ總取引額七百五拾貳萬五千圓ニ上レリ、今最近二ヶ年間ニ於ケル平壤輸移出入商品取扱高ヲ示セバ次表ノ如シ。

輸移出入商品取扱高(地金移出額ハ除外ス)

年度別＼輸移出入別	輸移出額			輸移入額		
	輸出額	移出額	計	輸入額	移入額	計
大正元年度	円 八二、〇〇〇	円 八三三、〇〇〇	円 九〇五、〇〇〇	円 三八五、〇〇〇	円 五、八八四、四〇〇	円 六、二六九、四〇〇
大正二年度	九五、〇〇〇	八三五、〇〇〇	九三〇、〇〇〇	五一四、〇〇〇	六、〇八一、〇〇〇	六、五九五、〇〇〇

(備考)輸移出ハ貨物ノ仕向地及仕入地ニヨリ區別シ輸出入ハ對外國取引ニシテ移出入ハ對內地又ハ對鮮內取引ヲ示ス。

平壤ノ貿易ニ關連シ地金ノ移出ハ最モ重要ナル地位ヲ占ム最近一ヶ年間ノ移出額ハ六百四拾壹萬七千餘圓ニ上リ地金產出額ノ增減ハ地方鮮民購買力ノ伸縮ニ切實ナル關係ヲ有シ輸移入貿易ノ盛否ニ著シキ影響ヲ及ボス。

第三、金融

一、金融界ノ沿革

明治三十七年(光武八年)三月第一銀行臨時出張所ノ設置ハ當地金融機關ノ濫觴ナリ、時恰モ日露交戰ノ初期ナリシヲ以テ爲替事務ノ外預金貸出等ノ業務ハ閑散ナリシト雖モ皇軍連勝ノ後ヲ追ヒ内地商人ノ渡來スルモノ漸次增加シ同年下半季ニ於テハ諸預金及諸貸出著シキ增加ヲ示セリ、翌三十八年(光武九年)日露ノ戰雲收リ國威ノ發揚ニ伴ヒ移住民增加シ經濟界復活ノ氣運ニ嚮ヘリ、次テ三十九年(光武十年)京義線改築工事竣功後ハ貨物ノ集散增加シ取引額ノ膨脹ハ惹イテ銀行業務進展ノ素因ヲナセリ、同年三月(光武十年)政府ハ農工金融ノ疏通ヲ計ランタメ平壤農工銀行ヲ設立シ更ニ手形ノ流通ヲ普及スル爲メ手形組合ヲ開設セリ、戰後急劇ナル經濟界膨脹ノ反動トシテ四十一年上半季迄ハ財界變調期ニ屬シ商家ノ倒產スルモノ多ク銀行業者ノ最モ警戒セシ時季ナリ、四十一年七月平壤農工銀行ハ海州農工銀行ヲ併合シ平安農工銀行ト改稱シ、翌年四月百三十銀行ハ五十八銀行ヲ合セ同行出張所トシテ從來ノ業務ヲ續行セリ、同年ノ輸移入貿易ハ活況ヲ呈シ金融順調ナリ、同年十一月韓國銀行ガ第一銀行ノ業務ヲ引繼クヤ特ニ業務ノ刷新ヲ圖リ中樞銀行タル機能ヲ發揮シ財界ノ振興ヲ期スルニ至レリ、四十三年(隆熙四年)ニ入リ客秋農作ノ豐穰ト產金ノ出廻リ好況トハ相俟ツテ地方鮮民資力ノ增進著シク商況活躍シ銀行預金及貸出トモ顯著ナル增加ヲ示セリ、四十三年日韓併合後ハ農事經營ノ爲メ內地資本家ノ土地買入資金ノ流入增加シ金融ノ緩和ハ地價ノ騰貴ト共ニ鮮民購買力振興セラレ移入諸品ノ賣行活潑ナリキ、韓國銀行ハ合邦後朝鮮銀行ト改稱シ當局ノ產業方針ニ順應シ益々經濟助長ニ努力スルコトヽナレリ、翌四十四年初頭ハ南滿地方ペスト猖獗滿洲貿易阻害セラレタリシト雖モ內地市場ニ於ケル雜穀ノ需要增加シ地金ノ移出漸增ト相俟テ資金流入ノ好果ヲ齎シ金融繁忙ヲ呈シ、仝年七月平安農工銀行ハ市內大和町ニ出張所ヲ設ケ一般銀行業務ヲ開始セリ、初秋支那革命動亂ノ勃發ニヨリ對滿輸出取引打擊ヲ蒙リタレドモ支那商館ノ勢力衰退シ洋金巾直輸入取引全部內地商人ニヨリ行ハルルニ至リ爲替決濟資金ノ需要激增シ年末ニ及ンデ金融緊縮セリ、從來鮮商市中金融機關不充分ナリシヲ以テ漢城銀行ハ平壤財界ノ前途ニ鑑ミ仝年四月支店ヲ設置シ對鮮人取引ヲ主トシ營業ヲ開始セリ、四十五年上半季ハ穀類相場昇騰五月移入稅輕減ノ爲メ移出荷動キ盛況ヲ呈シ穀類資金ノ需要激增セリ、仝年初秋內地穀類相場暴落ノ結果穀類ノ在荷ニ對スル放出資金ノ回收澁滯シ移出商ノ倒產スルモノヲ出シ金融界爲メニ動搖セリ、大正元年上半季ニ入リ穀類資金ノ需要減退セント雖モ輸入被服品ニ對スル資金ノ固定セシモノ多カリシヲ以テ金融依然緊張ノ姿ナリキ、鮮人間手形ノ流通良好トナリ手形組合設立ノ目的達セラレタルニヨリ仝年七月該組合閉鎖セラレ殘務ハ平安農工銀行ニ引繼ケリ、大正二年ニ入リテハ寒氣酷烈解氷遲延シ金塊ノ出廻リ少ク地粟ノ不足ハ滿州粟ノ大量輸入ヲ促シ資金ノ新規需要急劇ニ增加シ剩ヘ前年來被服品輸移入超過ノタメ手持筯ノ競爭激甚ニシテ對鮮人信用取引額ノ膨大著シク回收圓滑ヲ缺キ鮮人側ノ金融日ニ險惡ヲ加ヘタリシガ三、四月ノ交ニ及ンデ有力ナル客主ノ一、二破產スルヤ取引關係ヲ有スル第二流客主倒產セシモノ十ヲ以テ數フ可ク金融界常調ヲ失シ當地未曾有ノ恐慌ヲ惹起セリ、此ノ間ニ處シ朝鮮銀行ハ金融ノ平調ヲ圖ランガ爲メ預金金利ヲ引上ケ一面民間死藏資金ノ吸收ヲ計ルト同時ニ他方ニ於テハ鮮人金融救濟ノ爲メ農工銀行ヲ通シ救濟資金ノ撒布ヲ計レリ從ツテ下半季ニ入リテハ金融ノ硬塞幾分緩和セラレ年末ニ及ンデ全ク鎭靜セリ、越年後ハ市況漸次恢復シ金融亦緩却ノ狀態ヲ持セリ、現在平壤ニハ朝鮮銀行、百三十銀行、漢城銀行ノ三支店、平安農工銀行本店及仝行大和町出張所ノ四行五店外地方金融組合等ノ金融機關アリ、今四十年以降銀行業者ノ預金、貸出每半季末ノ殘高、大正一、二年度爲替受拂高及銀行預金、貸出金利表ヲ示セハ次表ノ如シ。

銀行預金殘高表

半季末別＼銀行別	第一銀行	五十八銀行	平壤農工銀行	漢城銀行	合計
明治四十年六月末	一九三、一三五	三九、七二九	四二、二〇八	—	二七五、〇八二
十二月末	二三五、八〇四	九九、四九四	八〇、〇三五	—	四一五、一三三
〃四十一年六月末	二五八、〇八一	一〇二、八六一	四六、二一八	—	四〇七、一六〇
十二月末	二八一、八〇七	九二、七二五	以下平安農工銀行 五七、三〇一	—	四三一、八三三
〃四十二年六月末	三四七、七〇六	以下百三十銀行 九八、三五五	五〇、七一六	—	四九六、七七七
十二月末	以下朝鮮銀行 三五二、六八一	一三二、八六五	一〇一、〇四六	—	五八六、五九二
〃四十三年六月末	三六一、五七八	一一六、六六四	一六六、九六〇	—	六四五、二〇二
十二月末	三六一、一五九	一〇九、五一九	一八七、九〇七	—	六五八、五八五
〃四十四年六月末	四〇〇、五五四	七七、六五〇	一三六、〇五〇	—	六一四、二五四
十二月末	三四六、五三九	九一、九七四	一五〇、七一六	—	五八九、二二九
〃四十五年六月末	三六六、八五二	一一七、八九一	二九七、三八四	六四、〇二三	八四六、一五〇

半季末別 ＼ 銀行別	第一銀行	五十八銀行	平壤農工銀行	韓國興業會社	合計
大正元年十二月末	三五一、六〇二	一四一、三二一	一六一、四四五	三四、五四七	六八八、九〇四
〃　二年六月末	三五四、七五八	二六五、九三一	一一八、八六〇	以下朝鮮興業會社 五〇、一八二	七八九、七三一
十二月末	四三二、五九二	一四〇、二五二	二五三、六九七	四二、八五五	八六九、三九六

銀行貸出殘高表（韓國興業會社ヲ含ム）

半季末別 ＼ 銀行別	第一銀行	五十八銀行	平壤農工銀行	韓國興業會社	合計
明治四十年六月末	二八五、八四四	三八三、一五七	二五二、七二五	—	九二一、七二六
十二月末	三八六、九五〇	二一一、三六八	二五七、三九三	—	七五五、七二一
〃四十一年六月末	二五八、六七四	一七八、一三七	三一〇、二九六	—	七五七、〇九七
十二月末	三一八、八一〇	一一三、六八六	以下平安農工銀行 二九二、九三一	—	七二五、四二七
〃四十二年六月末	一八〇、四一四	以下百三十銀行 一〇二、〇五〇	三一一、一六一	—	六〇三、六二五
十二月末	以下朝鮮銀行 三三〇、五〇五	一三〇、九八四	四八七、六一一	九、八六六	九四八、九六六
〃四十三年六月末	四一七、四七三	二〇、〇五四	五九八、七八一	二四、一五八	一、〇六〇、四六六

十二月末	七六〇、七九三	一六一、七四九	八六三、八八九	一六、五五八	一、八二二、九八九
〃四十四年六月末	五一三、一二〇	一九一、八七四	八七八、三二一	—	一、五八三、三〇五
十二月末	七〇一、二五二	三一六、七二四	八七〇、九三八	以下漢城銀行 一二六、五五一	二、〇一五、四六五
〃四十五年六月末	七四五、三八〇	四一四、四七七	一、〇二五、九四四	一九八、八六三	二、三八四、六六三
大正元年十二月末	一、三三二、二三九	三二四、八九八	一、一三一、七〇七	二八八、一九三	三、〇五六、九二七
〃二年六月末	一、一九五、二六〇	三五二、〇九三	一、二九三、六一九	二六〇、六九八	三、一三一、六九〇
十二月末	一、二三八、三六六	三三〇、八七三	一、三五五、三五一	三一六、二六九	三、二四〇、八五九

銀行爲替受拂表

受拂額／年別	受入			拂出		
	送金	取立	計	送金	取立	計
大正元年度	四、七〇九、一八九	二、〇四九、四四九	六、七五八、六三八	三、〇四四、三二四	四、〇三〇、四二八	七、〇七四、七六二
大正二年度	七、四三一、九八七	四、九六二、三三三	一二、三九四、四〇九	五、六四五、九一五	五、〇二九、九六三	一〇、六七五、八七八

銀行預金金利表（一）

半季末月別 ＼ 預金種類	當座預金 最高（銭厘）	當座預金 最低（銭厘）	當座預金 普通（銭厘）	特別當座預金 最高（銭厘）	特別當座預金 最低（銭厘）	特別當座預金 普通（銭厘）	定期預金（期間一ヶ年） 最高（分厘）	定期預金（期間一ヶ年） 最低（分厘）	定期預金（期間一ヶ年） 普通（分厘）	諸預金 最高（銭厘）	諸預金 最低（銭厘）	諸預金 普通（銭厘）
明治四十二年六月	一〇	一〇	一〇	一七	一二	一六	八〇	六〇	七〇	一二	一二	一二
十二月	一〇	一〇	一〇	一七	一二	一六	八〇	六〇	七〇	一二	一二	一二
〃四十三年六月	一〇	七	九	一五	一〇	一五	七〇	五五	六〇	一〇	一〇	一〇
十二月	一〇	七	九	一五	一〇	一五	七〇	四五	六〇	一〇	一〇	一〇
〃四十四年六月	一〇	七	九	一八	一〇	一五	六〇	四五	五五	一〇	一〇	一〇
十二月	一〇	七	九	一八	一〇	一五	六〇	四五	五五	一〇	一〇	一〇
〃四十五年六月	一〇	七	九	一八	一一	一五	六〇	五五	六〇	一二	一一	一一
大正元年十二月	一〇	七	九	一八	一一	一五	六〇	五五	六〇	一一	一一	一一
〃二年六月	一一	九	一〇	一六	一二	一六	六五	六〇	六五	一二	一二	一二
十二月	一一	九	一〇	一六	一二	一六	六五	六〇	六五	一二	九	一二

銀行貸出金利表（二）

半季末月別	貸出金 最高（錢厘）	貸出金 最低（錢厘）	貸出金 普通（錢厘）	當座貸越 最高（錢厘）	當座貸越 最低（錢厘）	當座貸越 普通（錢厘）	割引手形 最高（錢厘）	割引手形 最低（錢厘）	割引手形 普通（錢厘）
明治四十二年六月	五八	二九	四三	六〇	三〇	四三	五五	二九	三九
十二月	五七	二九	四〇	五八	三〇	四〇	五五	二九	三八
〃四十三年六月	五三	二六	三七	五四	二九	三七	五〇	二三	三六
十二月	五三	二六	三七	五四	二九	三八	五〇	二四	三六
〃四十四年六月	五二	二六	三九	五一	二九	三八	五〇	二四	三七
十二月	五〇	二七	三八	四九	二九	三八	四五	二四	三六
〃四十五年六月	四五	二五	三五	四五	三一	三五	四〇	二五	三三
大正元年十二月	四五	二七	三六	四五	三一	三六	四〇	二四	三四
〃二年六月	四二	二七	三五	四二	三一	三五	三八	二七	三三
十二月	四二	二七	三五	四二	二九	三五	三八	二七	三三

二、金融ノ常態

平壤ハ西鮮輸移入貨物ノ集散中心市場ナルト同時ニ移出取引ヲ兼營スルヲ以テ市ノ金融ハ輸移入貿易ノ盛衰、農作ノ豐凶地金出廻リ高ノ增減等ニヨリ時々緩急アリ、就中輸移入取引ノ消長ハ金融ノ繁閑ト最モ切實ナル關係ヲ有ス從テ平壤ノ金融ハ移入取引最盛期タル晩秋ヨリ初冬ニカケ繁忙ヲ呈シ夏物移入ヲ了リタル七、八月ニ於テ閑散ヲ告クルヲ例トス、今平壤金融ノ常態ニツキ其ノ大要ヲ述ヘンニ鮮人向金巾、木綿紡績等ノ被服材料品、小麥粉、砂糖、鹽干魚等ノ食料品及日需雜貨ハ八、九兩月ニ秋向移入取引ヲ了シ十、十一兩月ニ於テ冬向貨物ノ入市略一段落ヲ告ク從テ十月以降ハ此等貨物ノ爲替決濟資金ノ需要加ハリ新穀買入資金ノ移動ト相俟テ金融繁忙ナリ、結氷季後ハ穀物取引閑散ニシテ地金ノ出廻リ寡ク生產貨物ニ對スル資金ノ用途ハ減少スレドモ十二月ニ入リテハ年末決濟資金ノ移動加ハリ金融最モ繁忙ナリ、越年初頭ハ金融稍小康ヲ呈スレドモ舊節季鮮人側手仕舞期ニ及ンテ市中金融再ヒ繁忙季ニ入ル、三月ニハ諸川解氷シ穀物牛皮ノ出廻リ增加シ四月後ハ地金ノ產出盛況ヲ呈シ地方賣掛代金モ回收勝ニシテ金融平調ニ復ス、五月ニ入リテハ弗々夏物ノ入荷增加シ雜穀ノ出廻リト相俟テ新規資金ノ需要喚起セラル、六月ハ半季決濟期ニ屬シ金融引締リノ姿ヲ呈スレドモ大勢緩慢ノ域ヲ脱セス、七月ハ採鑛及工事資金ノ放出多ケレドモ移出入両方向トモ金融閑散ナリ。

第四、通貨

一、貨幣整理ノ沿革

昔時朝鮮ニハ通貨ノ制ナク交易ノ媒介物トシテ米、布ヲ使用セリ、高麗朝時代ヨリ支那硬貨ノ流入増加シ降テ仁祖ノ朝、葉錢ノ鑄造ヲ見ルニ至レリ、爾來物資ノ賣買ハ葉錢ノ授受ニヨリ行ハレタリシガ經濟界ノ進展ハ新貨ノ必要ヲ促シ明治二十七年八月新貨發行章程發布セラレ京城典圜局ニ於テ黄銅一分、赤銅五分、白銅二錢五分、銀一両、銀五両等ノ補助貨ノ鑄造開始セラレ市場ニ流通スルニ至レリ、由來貨幣ノ鑄造ヲ以テ營利事業視セル典圜局ハ經濟界ニ及ス影響ヲ顧慮スル遑アラズ鑄造費ノ最モ少キ白銅貨二錢五分ノ濫造ヲナセシノミナラズ特許料ヲ納メテ私鑄ヲ許可セシヲ以テ民間ニ於ケル白銅貨ノ僞造ヲ誘致シ惡貨ハ都鄙ノ別ナク盛ニ流通シ眞僞ノ鑑定ダニ爲シ難キニ至レリ、之ヨリ先キ明治二十三年四月平壤ニ鑄錢所創設セラレ平安南道觀察使管理ノ下ニ葉錢ノ鑄造ヲ行ヒ平安、南北両道及黄海道一圓ニ撒布セラレ一面、奸商等ノ僞造貨ヲ密輸入スルモノ加ハリ京城方面ヨリ流入スル粗悪貨ト相俟ツテ市場ニ充滿シ二錢五分ハ代表的貨幣ノ觀アリシト雖モ交換價値日ニ下落シ內ハ商取引ノ決濟ヲ碍ゲ外ハ移出入貿易ノ萎縮ヲ招キ經濟界ノ危機ヲ包藏スルニ至レリ、時ノ韓國政府ハ通貨整理ノ目的ヲ以テ明治三十八年七月二十四日平壤貨幣交換所ヲ第一銀行支店內ニ設ケ舊白銅貨二錢五分及葉錢ノ還收ヲ開始シ新ニ鑄造セル韓國補助貨ノ撒布ヲ圖レリ當初ハ蜚語憶說流布セラレ交換高少カリシカ當局ノ處置時機ニ適シ回收順調ニ向ヘリ、明治四十一年二月二十一日附度支部令第四號ヲ以テ舊白銅貨ハ仝年十一月三十日廢止セラレタリシガ更ニ四十二年五月二十日附勅令第五十八號ヲ以テ舊白銅貨ハ仝年十二月三十一日迄公納ニ供セラルヽ旨公布セラレタリ、交換所設置以來ノ回收總高ハ五千貳百六拾六萬參千五百參拾參枚價額百貳拾八萬七千九百八拾參圓四拾壹錢ニシテ所期ノ目的ヲ達セリ、明治四十四年二月貨幣交換所閉鎖後、葉錢買入ハ之ヲ平壤支金庫ニ引繼キ今尙買入中ナリ、白銅貨還收高及葉錢買入高ハ左表ノ如シ。

白銅貨還收高表

年度別	枚數	還收高	摘要

明治三十八年下半季 七月廿六日以降	一五、〇八七、〇七四	三六一、七五一	七一五	
〃三十九年度	一〇、一三一、一四三	二四〇、一〇八	五四五	
〃四十年度	三、八〇九、一九九	九五、二二〇	二二五	
〃四十一年度	一四、二九三、九八〇	三五七、三四九	五〇〇	全年十二月以降ハ公納ノ爲メ還收
〃四十二年度	七、四五〇、六二四	一八六、二六五	六〇〇	
〃四十三年度	一、八九一、五一三	四七、二八七	八二五	
合計	五二、六六三、五三三	一、二八七、九八三	四一	

葉錢還收高表

年度別 ＼ 枚數及價額	枚數	價額	
明治四十年	一、五四七、三九九	三、〇九四	七九八
〃四十一年	一、一九一、八一五	二、三六三	六三〇
〃四十二年	一一、一二三、一八五	二二、二四六	一〇〇

明治四十三年	一二、三一八、〇〇〇	二四、六三六、〇〇〇
〃四十四年	六、四九五、〇〇〇	一二、九九〇、〇〇〇
大正元年	三、六五〇、〇〇〇	七、三〇〇、〇〇〇
大正二年	三、五一〇、〇〇〇	七、〇二〇、〇〇〇
合計	三九、八三五、三九九	七九、六五〇、五二八

舊白銅貨及葉錢ノ引上ケニ伴ヒ市場補助貨ノ不足ヲ補ハンガ爲メ時宜ニ應ジ朝鮮銀行ハ新貨ノ撒布ニ勉メ金融ノ調節ヲ圖レリ、平壤支金庫ハ四十四年大藏大臣ノ令達ニ基ク補助貨撒布貸付規定ニヨリ農工銀行地方金融組合等ニ低利ノ貸付ヲ行ヒ補助貨ノ流通ヲ圖レリ、今撒布貸付ニヨル最近三ヶ年間ノ補助貨放出額ヲ示セバ次ノ如シ。

年度別／撒布額	金額	摘要
四十四年度	三八、五〇〇	四十四年九月ヨリ四十五年三月マテ
大正元年度	一三六、八五〇	四十五年四月ヨリ大正二年三月マテ

一、銀行券流通狀況

朝鮮ニ於ケル銀行券ハ三十五年九月第一銀行券ノ發行ヲ以テ嚆矢トス、平壤ニ第一銀行出張所設置ノ初期ハ日露戰爭當時ニシテ市場ノ補助貨拂底シ軍用切符(拾錢、貳拾錢、五拾錢)ノ流通盛ナリシヲ以テ同行ハ軍用切符ノ交換ト共ニ普通銀行券(壹圓、五圓、拾圓)ノ外小額券(拾錢、貳拾錢、五拾錢)ヲ發行シ貨幣流通ノ圓滑ヲ圖レリ、爾來西鮮財界ノ膨脹ニ伴ヒ各種銀行券ハ年ト共ニ發行高ヲ増加セリ、朝鮮銀行設立後仝行平壤支店ハ貨幣中樞機關トシテ通貨ノ統一ヲ圖リ銀行券モ亦山間避陬ノ地ニ迄普及セリ、其流通狀況ヲ見ルニ壹圓券ハ一般民度ニ適應セルニヨリ需要最モ多ク近時農民ノ資力上進ト鑛業地勞働者ノ使傭増加ノ爲メ各地ニ撒布セラレ流通ノ範圍尤モ廣汎ニシテ代表的銀行券ノ觀アリ、五圓券、拾圓券ハ諸工事請負、穀物買付、採鑛資金等大口ノ取引ニ供セラレ普及ノ程度壹圓券ニ及バスト雖モ一般生活程度ノ昂上ト共ニ五圓券ノ如キハ近時發行超過著シク拾圓券ノ需要モ亦漸増ノ狀態ナリ、平壤ハ西鮮輸移入中心地ニシテ仕入貨物決済資金ノ流出夥シケレドモ商圏内ノ農、鑛業其他生産事業隆盛ニシテ物資ノ産額多キヲ以テ銀行券ハ發行超過ヲ常規トス、今四十三年以降平壤朝鮮銀行支店銀行券發行回收高ヲ表示セバ次ノ如シ。

銀行券發行回收高表

年度別 ＼ 發行及回收高	發行高	回收高	超過額 發行	超過額 回收
明治四十三年度上半季	一、〇三〇、〇〇〇円	七七〇、〇〇〇円	二六〇、〇〇〇円	円
〃下半季	一、八五〇、〇〇〇	六四〇、〇〇〇	一、二一〇、〇〇〇	
明治四十四年度上半季	一、三五〇、〇〇〇	六三〇、〇〇〇	七二〇、〇〇〇	
〃下半季	一、九二〇、〇〇〇	一、〇六〇、〇〇〇	八六〇、〇〇〇	
明治四十五年度上半季	一、五六〇、〇〇〇	一、二七〇、〇〇〇	二九〇、〇〇〇	
大正元年度下半季	一、九〇〇、〇〇〇	一、四〇〇、〇〇〇	五〇〇、〇〇〇	
大正二年度上半季	一、二二〇、〇〇〇	一、九七〇、〇〇〇		七五〇、〇〇〇
〃下半季	一、七八〇、〇〇〇	一、〇八〇、〇〇〇	七〇〇、〇〇〇	

近時鮮滿ノ經濟關係接近スルニ伴ヒ横濱正金銀行發行金券ノ流入增加ノ趨勢ニ在リ、本年四月末迄平壤市場ニ流入シタル全行金券ノ種類金額左ノ如シ。

目別＼金額	流入額 拾圓	五圓	一圓	合計
	円	円	円	円
大正二年十一月	一〇〇	—	二一	一二一
〃 〃 十二月	四七〇	—	四九	五一九
〃 三年一月	一、一一〇	一五	二八	一、一五三
〃 〃 二月	七〇〇	二四〇	二六	九六六
〃 〃 三月	一、〇〇〇	一四五	一七	一、一六二
〃 〃 四月	八〇	二五	一九	一二四
計	三、四六〇	四二五	一六〇	四、〇四五

（完）

大正三年六月廿七日印刷
大正三年六月廿七日發行

（非賣品）

朝鮮平壤府
編輯兼發行人　向井忠

京城府本町一丁目裏通（舊町名）
京城府明治町二丁目九十三番地（改正町名）
印刷人　犬飼義太郎

京城府本町一丁目裏通（舊町名）
京城府明治町二丁目九十三番地（改正町名）
印刷所　大海堂

朝鮮部落の一形態

副業の盛なる道也味里

朝鮮部落の一形態

副業の盛なる道也味里

――京畿道始興郡北面道林里の一部落――

佐々木忠右衛門

部落調査は地方行政上の參考とし、且又一方實生活の學術的研究として調査するものであつて、大正八年以降これを開始して居るが、其の結果は本調査に從事しつゝある小田内囑託から調査の方針と共に屢〻發表されて居るので、更に喋々を要せぬが、本府調査課に於いて從來其の事務を取つて居る關係上、曩に係員と共に京城附近の農村部落を踏査したので、其の結果を玆に發表することにした。しかし本調査は僅に短時間に於て分擔蒐集した材料であるから、粗漏の點が多い。單に部落調査の具體的調査考案の資料とすべきものであることを斷つて置くのである。

一、部落の沿革

道也味里は現在の行政區劃では、道林里に屬する一部落であるが、舊行政區劃では獨立の一個里をなして居たものである。京城を距る約三里、京釜線鐵道で十五分を費す永登浦驛から僅に十町位を隔てゝ居るのである。部落は總戶數九十二戶の集團で、東西北面小高い丘に圍まれた盆地に民家が密聚して居る。部落の廣袤は東西南北五六町位で、地積圖では約一尺平方位に見える。そして此の部落民の生業は農業五十一戶、勞働者三戶、俸給生活者三十八戶である。

抑ゝ此の部落民の祖先の移住は何時で、如何なる動機に因つて行れたか、其の歴史的事實を知ることは、地理的關係と共に、現住民の實生活を研究するに重要なる條件である。卽ち此の部落の最先移住者は、現在此の部落に尤も多數の戸口を占めて居る全羅北道全州を貫鄕とする李一族の十一代祖で、亞いで慶尙北道全義の李族と京畿道龍仁郡李族の九代祖が同時に移住したものゝ如くである。

最も其の移住の動機は、之を徵する文獻記錄又は傳說も無いので知ることは出來なかつた。部落移住者が前後して李族であることは、他に理由が在るとするも、元來朝鮮では昔から同姓相娶らないと云ふ古い習慣があるから、現在でも其の間には血族的姻緣は無い。むしろ色々の事故に對し、或は居住の分布に多少の分限を保つて居る。

部落の景觀

本部落は小高い丘に圍まれた盆地にあつて、瓦屋一軒の外、全部藁屋である。前面の民家の背後に三本の筒が見えるのは煙突、正面の後方山中に見ゆる道路は部落に通ずる一間幅の道路で手挽車を通ずる。

部落創始の先住者が李族であつたことは、最も多く其の戸口を增殖して居る關係から知り得らるゝのである。就中全州李族は總戸數の半數以上四十五戸を占め、次いで全義の李氏及龍仁李氏が共に九戸宛である。其の他は殆戸毎に別姓であつて、一部落の姓數は都合十一あるが、其の戸數の尠い姓は比較的移住が新しい。多くは現住民の一二代祖乃至十數年來の移住者である、一部落で姓數の多い雜族部落と、單數の姓而かも血族を同うする同族部落とは、色々部落民の生活上に相異の事情を發見する。同族民集團の型式は、支那を模倣する朝鮮の大家族制度の表徴であつて、京畿道二十郡中には此の種の部落が七百二十六部落も在ると謂ふことである、其の大きい部落になると百二三十戶、人口五百人も有して居る所がある。次に此の部落の十一姓の家族に就いて、其の貫鄕を一々明にして見ると、殆んど南鮮民の移住で、北鮮民の移住は僅に四戶に過ぎない。そこで其の各姓の貫鄕と經過代數によつて、此部落先住者から後世移住の狀態を考へてみるに、假に其祖先經過の一代を三十年と假定すれば、此部落先住全州李氏の十一代祖は約三百三十年前他の李氏九代祖は二百七十年前、卽ち李朝初期から中期に亘つて移住したものであつて、尙續いて其の末期に至る迄南鮮民の移住が行はれたものである。一體何れの國に於ても、戶口增殖の現象は、先づ平原の沃野から段々と溢れて北部地帶に移動して行くのが原則であるから、此の現象は朝鮮に於ても、南鮮から中鮮へ・西北鮮に移動したのであらうが、しかし玆に特記すべきことは、李朝に於いて政治的移民政策が行はれたことである。高麗が滅びて李朝が革代した時、高麗王が西北鮮を其の勢力範圍としたのに反し、李朝は南鮮を其勢力範圍とし、名門をこの地より擧げて西北鮮民の擡頭出世を防ぎ、且つ多くの南鮮民を西北鮮に移住せしめたと謂ふ其の歷史的政治政策が、今日此の地方から西北鮮に多數の南鮮移住者を多からしめて居ると思ふ。卽ち京畿道に於いても、地方農村の一鄕一部落に至るまで、南鮮を貫鄕とする住民の居ない所は少ないと稱して居る。

二、社會狀態

農村の社會的進化の傾向は、都市・鐵道及重要道路を基準として進展するのが通則である。此の部落が京城を距ること僅かの距離であることは、部落民の生活樣式上、社會的にも經濟的にも特記すべき傾向を擧げることが出來る。

以下其の事情を擧げることにするが、兎も角此の部落は如上の様に李一族が同姓族集團の生活を營んで居るばかりで無く、他姓中にも李氏と血族的關係を結ぶ住民が多いから、割合に人的和合が常に保持され、何事にも共同して色色の事故に備へて居る。

そして其の血族的協同自治の專權は、實に部落民全體を左右する勢力を持つて居る、そこで他の少數の血族外の住民も自然其の感化を被むつて居るので、一般に擧つて部落民相互の安全開發を期して居る例が多い。一帶に此の地方は、部落と部落とは相呼應ずる迄に接近して、戶口も多いから平原地方や山地の部落に比較すると耕作面積が狹い。從而平原地方の農民より農作收入が尠くて、概して生活に餘裕が無いと認める。それ故此の部落民は古來比較的生活の脅威を被つて居た。其の經濟生活上の脅威と都市に接近して居る關係上の社會的刺戟は、軈て此の部落民に過剩の勞力を有益に利用することを、速かならしめることになつたのである。卽ち特別に何かの副業に從事せなければならぬことを自覺せしめて居る。そこで此の部落の産業方面から先づ其の社會狀態を記述することにするが、部落民は早大正四年に副業矯風契と稱する殖産的契を計畫實施した。其の

林道里道也里味の中心に於ける民家の聚落型式

南向きに作られた民家が逐次排列整頓して居る。本年四月此の部落には電燈が導かれ今では明るい燈明の下で、草鞋細工が勵まれて居る。井戶は四年前に改良されて、清涼な飲料が汲まれる。左端は全州李氏の舊家、右は住民共同の製穀機が据付けられて居る藁屋である。

發起者は現に此の部落に健在である鄭鶴煥(五十八歳)及既に死亡した李恭善(四十六歳にて死亡)の二人であつたが、其の副業が多く內地人に使用される內地鞋の製造であることは奇特なことである。當時南滿洲鐵道株式會社は鐵道工事に從事する工夫の使用する內地鞋の需要を欲して居た。そこで其の製作の有利であることを看破した二氏は、部落民に謀つて內地人の製造に心得ある者を招聘して、練習を開始したのである。其の異常な計畫に成功せんとした兩人の思付は通例ではないことを察する。そして段々練習が積むと、部落民の共同生產が如何に部落民に莫大の影響を齎すかを考へたので、同年部落民中の希望者を統合して、前記副業矯風契を組織したのである。

現在契員は部落民の約半數五十四戶であるが、內全州李族が三十五戶を占め、全義李氏が四戶、龍仁李氏が三戶で小數の他姓者を加へて居る。全州李族の勢力はこゝにも住民全體に如何に大なるかを知ることが出來る。契には末尾記載の契則を設けて居るが、契員は每月鞋百足宛を生產して契に納め、三十足代を共同貯蓄せしめ、他は各人に配給することにして居る。

斯くて貯蓄した契金は現下八千八百三十一圓に積もり、內四百圓は豫備金として貯蓄し、他は二分乃至三分餘の利子で貸付利殖して居る。其の貸出は最初部落民相互の融通に始つたものであるが、現在では始興郡一帶から京城附近に亘つて、漸次其の範圍を廣くして居る模樣である。

尙玆に附記することは、此の內地鞋と在來鞋との工作能率の比較と其の利殖とであるが、在來の朝鮮鞋は一夜に二足の製作を限度とし、其の代價は約二十錢であつたが、內地鞋は十足も製作することが出來ると謂ふ。されば假りに八足作ることゝしても、一足五錢として四十錢であるから其の利益の差は較ぶ可くも無い。

部落民は各種の稅金を其の代價によつて納めて居る。男子が斯樣に其の餘暇を利用して副業に精出す結果は、婦女供にも影響を及ぼし、子供は十二三歳になれば練習させられ、婦人にも部落に三人の工作者が居る。

次に他の副業の狀況であるが、此の村には藁細工の外養蠶及畜産が尤も多く行はれて居る。副業矯風契は國有土地の一千八百坪を共同桑田として經營し、契員の家族に養蠶を勵まして居た然し昨年來漢江沿岸の堤防工事で廢園となつたので、復新設桑園を計畫して居る、家畜の飼養は牛豚・鷄であるがその何れも未だ藁細工の様に副業的價値を認められない。此の部落民の耕作地の水田は俗に奉天畓と稱し、灌漑不足の畓である。倘此の地方は水害地であり、畑地の面積も至つて少いから、將來に於いての此の部落の産業的價値は副業の盛衰に在ると思ふ。而して之等副業の行はるゝ農民の家族の道德的狀態は良好であることを附記する。

部落に風致を添ふるイヌエンジユの老樹
夏季納凉の場所で、部落の兒童は鞦韆遊びに戯れて居る。老樹の後方にあたる民家の後に小高い所が在るが、此所には年々草鞋の共同工作をする防寒土穴が作られ、優に三四十人を容れて、作業し得る

住民敎化の良否は古來部落民の敬崇する中心人物を有するか否かで窺はれるが爾來此の部落民の崇敬する中心人物は全州李氏から擧げられて居る。最近に於ては現住李承穆の二代祖が舊韓國時代の內務次官の要職に居り、現在では辯護士、銀行員、郡屬等五人の出身者がある。要するに此の部落の社會狀態乃至經濟狀態を說明するに、部落の約半數を占むる全州李

族を除いては、其の多くを說明する材料が無い。それだけ同族部落の特色ある事實を擧けることになる。

自作農も割合全州李族に多くして、小作農民も此の一族中には愈〻生活に窮すると云ふ樣なものは無い。しかし概して本部落民全般に極貧者と稱する者は無い。元來朝鮮の地方村落に於て部落民の多數に血族的關係が無く、又特殊な中心人物が擧げられて居ない所で、其の部落住民の協同自治の能く行はれて居る所は舊慣による迷信的な信仰と、宗教關係並舊來行はれて居る鄕約や契のある所であるが、此の部落では每年十月に山祭が行はれて、部落民の安寧幸福を計る爲の種々の儀式及共同宴樂が行はれる。宗教としては儒教を信奉する外他に歸依して居るものはない。以上の外民政資料としての契は李族を中心として葬式契が行はれて居るだけであつて、古來何等他の契は無かつたと稱して居る。

次に此の部落の戶口の增減であるが、過去十年以內に增加したものは十四戶であるが、內十戶は先住民の分家によつたもので、殘り四戶が他の地方から移住して居る。

一般に同族部落の通例としては其の地方の畓も田も垈も同族民の所有に歸して居るから、割合他の移住者を入れないのが普通であるが、此の部落の田垈は他の地方の地主に所有されて居るものが多い爲に、近時京城・永登浦等から他の職業に從事して居る者が郊外移住地として入來しつ〻ある傾向が認められる。

此の部落が都會地に接近して居る事は、住民の見聞を廣くするが、各戶の家族全部が都會の模樣もすつかり見聞して居り、又內地を見學した者も五人居る。平素都會地に出入して居る關係で色々な社會の事情が敏捷に報導され、それだけ他の純農村民に比較して、明るい生活に導かれつ〻ある。卽ち其の教化の程度を擧げてみるに、漢詩をも樂しむと謂ふ文人が四人・普通漢文を解すると謂ふ三十歲以上の男子が二十人に達する。婦人の仲間にも諺文を解する者の多い事は特別である。讀物としては漢文では、三國誌や、他の武勇傳記、諺文では玉樓夢・春香傳の色々の新しい戀愛小説等が好まれて居る。文字を全く解せないと謂ふ家族は五戸しかない。普通學校は永登浦に在るが、現在通學して居る兒童は二十人で、内女二人居る。國語を解するものには、普通學校を卒業した者以外獨學によつたものもある。部落九十二戸中全く國語を解する者は一人も居ないといふ家族は三十餘戸あるが、二十歳以上にして國語を解し得ない者も二十餘人居る。國語を解し得る者が此の部落住家の各戸に一人宛でも擧げられる樣になつた時に、眞に其の効果が表現するもので、此の部落の社會的進化も色々の形になつて顯はれるであらう。

部落民唯一の副業草鞋製品の貯庫

大正四年創設の副業矯風契員の製作に係かる、内地鞋は、現在尚三千餘足を貯へて居るが、契創設後賣却した總額は約二萬圓を越え其の積立金は八千八百餘圓に達して居る。

前列向つて右より
契　長　李舜鎬
契の發配にして
現監督　鄭鶴煥
部落の區長　李恭善
草鞋を製作し得る部落の兒童（十三歳）
後列の二名は契最記である。

農民の家族は都會に極接近した部分では、相互に結婚が行はれて居るが、此の地では未だ都會民との結婚は行はれた例がない。主として此の所屬の郡内及隣接の水原・金浦郡即ち七八里以内の所で行はれて居る。

十年以前までは、農村に時計などは見られなかつたと稱して居るが、此の部落では現在全戸數の半に近い三十六戸が所持して居る柱時計と懐中時計とを合せて二個もあると謂ふ農家が十二戸ある。そして其等は一般に五六年前に購入せられたと稱して居る。時の宣傳も概して都會地に近く午砲の響の聞える農村には其の效果が多い。

次に農民の社會的傾向と其の經濟狀態を最も直截的に判定を容易ならしむるものは住生活である。民家の構造や利用の方法は後章に詳記することゝするが、此の部落では、一般に大規模のものもなければ、殊更に矮屋もない。概して其の經濟狀態と併行して普通に家構が揃つて居る。併し小作農の家は概して小さい。地主の家では內房と外房とを異にして、家族の各員に別室を與へられ、尙社交室が設けられて居る。農民の民家は割合不潔であるが、溫突には貼紙でもして居る農家は多くは自作地主階級民であつて、此の部落には七戶あるが、其の他は殆んど莫蓙を土間に敷いただけである。農民の燈火は近時漸くランプに換へられつゝあるが此の部落には既に本年二月から電燈が導かれ、九十二戶の內半數は電燈を使用し、殘りの內十五戶がランプを用ひて居る。明るい電燈の下では、副業がより一層勵まれることになつた。

部落中農の住宅
總間數十一間內房と外房を別棟として、外房に客室がある。寫眞は內房に於ける主婦と室の配置の一部（詳細は本文自作農の住宅參照）

風紀は同族民相互の訓戒が行はれる許りでなく、部落全體としても嚴肅である。從來飮食店や、酒幕の類が置かれたことが無い。又酒食すると謂ふ習慣や、其の他の放逸を爲すと云ふ事情から家族の生活を紊し或は財産を失つたと謂ふ例も無い。家族の內で圓滿を缺き、又相互の家族が相反目し、或は他の部落との紛爭事件等を紛起した例も無い樣である。男子の結髮する古來の習慣は漸く棄てられ、三十歲以上の六十歲以下の男子が總計三十一人あるが、其の內半數は殆ど斷髮し、三十歲以下の男子は全部結髮の習慣を去つて居る。

次に井戶の有無及改良の如何は、部落民の衞生觀念の如何を思はしめ、又一般民度を說明するが、此の部落では七年前には、在來の大井と稱する井戶が一個所あつた許であるが、其の年一個の模範井戶が出來、更に三年前に一個所掘鑿された。現在では此の井水のみを飮用し、在來井戶は雜用水のみの爲に用ゐられて居る。部落の古い井戶は能く舊家と結び附いて近い處に見出さるゝが、此の部落の舊家の所在と舊井戶とは約三十間位離れて居る。

要するに如上特記した幾多の事例を有する此の部落民の社會生活は、其の指導方法宜敷きを得て、一層民衆的自覺を生ずる素質を有するに至り、其の結果は模範的家族、模範的自治部落が生るゝに至りたるものなることを信ずる。

【附】 道林里矯風副業契規約

第一條　本契ハ道林里矯風副業契ト稱ス

第二條　本契ハ道林里內居住ノ有志者及農業者ヲ以テ組織ス

第三條　本契ハ相互親睦ヲ圖リ怠惰安逸ノ常習ヲ矯正シ勤勉貯蓄ノ美風ヲ涵養シ冬季農閑期ニ藁細工作業ヲ勵行スルヲ目的トス

第四條　本契ノ存立期間ハ大正四年ヨリ大正十三年迄滿十個年ト定メ初年ヨリ五個年間ハ藁細工業ヲ勵行增進シ金錢利殖ヲ圖リ其ノ後五個年間ハ里內ニ共同桑園ヲ設置シ養蠶共同組合ヲ組織シ里內婦女ニ養蠶事業ヲ普及セシムルコ

トヲ目的トス
但シ藁細工業期間ハ之ヲ延長スルコトヲ得
第五條　本契ノ役員ハ之ヲ名譽職トス
但シ役員ハ左ノ如シ
一、契　長　一　人
一、副契長　一　人
一、監　督　一　人
一、書　記　若干名
一、幹　事　若干名
第六條　本契役員ノ任期ハ左記ノ如ク定メ滿期ニハ再選重任スルコトヲ得
契　長　五年
副契長　五年
監　督　五年
書　記　五年
幹　事　一年
第七條　契員ハ土穴ヲ構造シ毎年冬季四月間ハ土穴ニ集合シ藁細工ヲ勵行シ家ニ在リテハ閑談ノ常習ヲ矯正シ一月間ニ必ス草履百足宛製造シ此ノ契長ニ提出シ契長ハ保管共同販賣シ一人ニ對シ毎月三十足宛ノ代金ヲ契ニ納メシメ其ノ殘金ハ各人別ニ之ヲ配當シ各自ニ之ヲ消費ス
但シ本契ニ納付スヘキ草履數ハ增減スルコトヲ得

部落小々農の住宅
溫突一間、厨房一間で、家族主人を有し農業勞働共の他に據る勞銀生活をして居る（詳細は本文小々農民の住宅參照）

第八條　本契員中ニ事故アル場合ニ於テハ其ノ權利ヲ相續人ニ相續セシム
但シ相續人無キ時ハ總會ノ承諾ヲ得テ該員ニ相當ノ金員ヲ臨時支拂フコトヲ得
第九條　契員ハ左記事項ニ違反シタルトキハ左ノ如ク罰ス
一、中途脫退セシ時ハ配當金員ノ支拂ヲ爲サス
二、故無ク十日以上缺席シタルトキハ過怠金二十錢ニ處ス
三、契長又ハ監督ノ指揮ニ服セス又ハ家ニ在リ閑談ヲナシ作業場ニ出席セサル時ハ過怠金五十錢ニ處ス
四、飮酒大醉シ作業場ニ於テ他人ノ作業ヲ妨害セシ者ハ卽時退場ヲ命シ過怠金一圓ニ處ス
五、其ノ他本規約ニ違反セシ者ハ總會ノ承諾ヲ得テ除名シ過怠金ヲ附加ス
六、過失ニ因リ脫退セシ時ハ配當金ノ支拂ヲ爲サス
第十條　契員事故ニ因リ五日以上缺席セシ時ハ其ノ事由ヲ契長又ハ監督ニ屆出ツヘシ
第十一條　各契員ノ納付スル金錢ハ貸付利殖ス其ノ方法ハ左記ニ依ル
十圓以內ハ保證人二名以上ヲ立ツヘシ
十圓以上ハ相當ナル擔保品ヲ提出スヘシ
現金ノ手許保管ハ之ヲ許サス總テ貸付殘金ハ郵便局ヘ契長若ハ監督名義ヲ以テ貯金スヘシ
第十二條　本契ノ總會ハ每年四月及十一月ノ二回之ヲ開催シ十一月ノ總會ニハ契務及作業ノ計畫及契金ノ出納狀況ヲ報告シ四月ノ總會ニハ作業ノ狀況ヲ報告スルモノトス
第十三條　本契ノ狀況ハ總會終了後三日以內ニ面長ヲ經由郡守ニ報告スヘシ

第十四條　本契ニハ左記帳簿ヲ備置ク

一、契員出席簿

一、契金出納簿

一、契員成績調査簿

一、契金徴收簿

一、其ノ他必要簿册

第十五條　本契ハ滿期解散ノ際ニハ積立金其ノ他ノ財産ヲ一般契員ニ平均分配ス

大正四年十二月二十八日

三、經濟狀態

農村社會の堅實なる發達の基調は、農民經濟の安固にある。耕地は農家の唯一の財産であるが、これによつて此の部落の全農家五十一戸家級別狀態を見るに、地主兼自作農六戸、自作農三戸、自作兼小作農十五戸、純小作農二十七戸で其の割合から見れば、部落の多數農民は小作農であるが、しかし此の部落の農家の經濟は、地主小作農間の懸隔が甚だしくない。最近十年來小作農から自作農にと向上したものが、十二戸もある。牛を所有して居るものは十三戸であつて、概して住民生活の程度は均等である。依て其の來る原因を考ふるに、先づ小作人の仲間に二つの範疇の存在することを認むるのである。一は祖先以來代々

部落民の常服

部落の地主の家族の一部で、二人の幼童が外出服を着て居る外は常衣の儘。老人の藏冠は兩班の常風として平表用ふるもので在る。左側の内地下駄を履いて學帽を被つて居るのは公立普通學校に通ふ兒童。

世襲的に同一小作權を持續して居るもので、他は年代の新しい小作人である。此の部落の小作人は二、三のものを除いては殆んど前者に入るべき小作農民である。其の上、此の部落の小作農民の大部分は、部落の舊家や部落の地主と血族關係があり、或は從屬關係をもつて居るから、古來隣保共助の觀念が強く、概して勤勉である。愈ゝ生活に窮すると謂ふ者は農民の中には見當らない。就中李一族中には貧窮の者は無い。然し部落民の生產する米は、生產額の約五割卽ち四百石餘は小作米として上納され、剩餘米の大部分は食糧として消費されて居る。而して賣却して貯蓄をすると謂ふ者は少い。普通の農家では、小量の米も出來るだけ賣つて、安價な雜穀を求めて食糧として居る。部落に生產する麥や、大豆、其の他の雜穀は僅かに臨時の費用に充てられるだけで、多く常食として消費されて居る。蔬菜は都會地に近いだけ其の需要が多いのであるが、販賣用の栽培をなすものは未だ無く、只自作自治を爲して居るに過ぎない。要するに、此の部落の農作物の生產は、如上の樣であるから、自作自治の生活以外住民の經濟的向上に影響を見ることは少い。されば今後に於いて、此の部落民の經濟的向上は尙進んで農耕の改善と、土地小作權の獲得如何によつて農作の收入を增加する爲にあるが、其の餘暇を利用する副業の振興如何は最も重要な問題である。寧ろ其の副業が今後に於いても、此の部落の產業的生命、經濟的價値を認むるものである。そこで現在此の部落の副業の狀況を說明するが、現在此の部落の副業は養蠶・藁細工・養豚・養鷄及部落の地質と關係ある瓦竝簡單なる土器製造及運搬である。養蠶は、小作地が多いから桑樹の栽培は土地に制限せられる關係もあるが、現在では僅に其の飼育戶數十三戶年額掃立蠶種七枚、其の產繭四石位しかないから、一戶平均四十圓位の收入である。之に反して藁細工は旣に記述した樣に、現在でも部落民の經濟に非常な效果を收めて居る。八千八百三十一圓七十五錢の副業契積立金のみにても、其の契員五十四名には、一戶當百六十六圓の貯蓄高を示して居る。夫れ以外に精農家は尙年百七十五圓位を收め、普通農家は九十四圓位の純益を得て居る狀態である。されば後章農民の一戶當生活費月額一人約四圓の割合から見れば普通農家で五人家族四個月餘の生計を支ふることになる。然し其の產額は自家產原料に依る生產に過ぎないが、これは販路の擴張が豫想されない爲であつて、若し此の部落民をして其の販路の擴張を計らしめ、製作に奬勵を加ふる時は、其の効果は莫大なものであると思ふ。尙繩や叺も生產し在來鞋も製作するが其の額は僅少である。

次に養鷄・養豚であるが、此の部落には既に改良豚鷄が普及し、相當一戶の收入を得て居る者もあるが、豚は四十五頭、鷄は四百三十六羽、悉く改良種である。若し將來各戶に其の飼養を獎勵する時は副業收入としての價値を擧げることが容易である。尙此の部落の特殊副業として其の素質を有するものは、土器や煉瓦製造の良質の土壤を持つて居ることである。然し元來の朝鮮では、土器の製造は賤業と見做し賤民の從事する事として居る古い慣習があるから、容易に其の觀念が去らないので、從事することを忌む傾向はあるが、農村の戶口は年次充實し、他に移住する傾向を示して居る以上、此の種の工業を指導獎勵することは面白い問題であると思ふ。土器煉瓦製造の

在來の製穀機ヨエンヂヤンマイ住民の共同設置で、一頭の牛い牽かしめ二人の調製者がついて米麥の精製を行ふ其の一日の工程は。
籾より白米調製は　三石
粗麥より精麥調製は　二石
唐箕は內地製品改良具を使用して居る。

時期が農繁期と抵觸する不便はあつても、比較的農閑期の利用又は有り餘つた勞働力の利用として、共同工作を爲さしむる時は、又其の効果を擧げしむることが出來ることゝ思ふ。

以上此の部落の經濟狀態竝其の經濟的基礎を説明した。次に此の部落農民の一家經濟を擧げることにするが、本部落居住李某氏は、部落の自作農にして中農と見るべきもので、精農家として擧げられてあるが、家族七人で勞働に堪へ得る者が四人ある。內二人は婦人で、婦人は僅に除草作業等野外勞働に從事するだけであるから、耕作は先づ五十歳の父と、十九歳の子供で行うて居ると謂つてよい、其の一家の耕作田地は畓四反九畝、田七反步であるが、此の一家の昨年內に於ける農業其の他の年收及一個年の生活費と其の他の支出費用との收支狀態を左に擧げ參考とする。

収入

農産收入	三四二、〇〇円	（畓收入 二三〇圓 田收入 一一二圓）
副業收入	八三、〇〇	（養蠶 三五圓 藁細工等 四八圓）
勞銀收入	一〇〇、〇〇	（煉瓦運搬收入）
計	五二五、〇〇	

支出

食糧費	二七三、六〇円	（幼兒一名を除き六人家族とすれば一人一個月三金八十錢餘）
被服費	一八、九三	
公課其ノ他	二三、三二	
教育費	三六、〇〇	

借金ニ對スル利息　二八、八〇(元金八〇圓)

計　三八〇、六五

差引殘　一四四、三五

右の表に就いて、若し本農家が副業及勞銀收入の百八十三圓が無いとすれば、年額四十圓程の不足を生ずる譯で就中勞銀收入による百圓の利得が無いとすれば、僅に四十四圓程の剩餘があるに過ぎない。本農家の經濟を標準として、部落の人々の語る處では、これに相等し又はより以上の農家は部落五十一戸の農家中、約十五戸ある。そして其の他の小作農民の多くは多少宛の借財を有して居ると謂ふ。この李氏も祖先以來の借財を尙辨濟せず、今日に至つて居るから、一般に此の部落民の純農業のみの一家經濟は困難であることを想察せしめる。然し尙農家によつては支出の分度宜敷きを得ないものがあることを忘れてはならぬ。李氏の家計經濟の收支に就いて記載した序に、其の家の財産及營農資本に就いても記し、農家經濟一般を想起せしむる資料とする。

一、土地

畓　一千五百坪　(十斗落)　一、五〇〇圓

田　二千坪　一、〇〇〇圓

垈　二百十坪　一八〇圓

山　百坪　二〇圓

二、家屋　十間(一間ハ八尺平方)　六〇〇圓

三、畜類　牛　一頭　一五〇圓

四、家　具（價格省略）

サドル（眞鍮製並陶器製にして食器各七個宛）十四個、膳三脚、搗衣石（裁衣類のつや出し用）一個、搗衣槌（同上）二個、木製ハムジ（一、二斗入の扁平形木椀にして穀物の運搬貯藏用）九個、枝木（雜用）一本、チョリ（炊米の石選用）一個、ソール（タワシ）一個、油入瓶二個、イナムバク（炊事米の洗滌石選用）一個、釜三個、衣類格納箱三個、裁縫用針箱二個、鏡臺一個、甕類八個。

內陶器製のサバル・釜・鏡臺・瓶等は內地製品なり。

五、農具（價格省略）

犂一個、鍬一個、擔軍（運搬用）一個、ホミ（除草用）四個、チルマ（牛背に乘せて運搬用）一個、ツレ（整地用）一個・備中鍬一個、鎌三個、竹製熊手二個、ホー一個、斧一個、牛鞍一個、モンエ（裝牛用）一個、運搬用手車一個、サンテキ（塵取用）一個、スツポン（ショーベル）二個、チャントリ（釘拔）一個、ソングツ（錐）三個、蓆五枚、籾摺一個。

內牛鞍・ホー・籾摺・スツポン等は改良農具である。

四、風　俗　習　慣

（一）服　裝

此の地方の農民の服裝は大體同樣である。即ち男子の服裝として用ひらるゝものは、上衣（チョコリ）・馬褂子（マゴジヤ）・背子（ペチヤー）又は「チョッキ」・袴（パチ）・周衣（ツルマキ）・襪（ポソン）等であつて、之に冠（カッ）・履物・（シン）吐手（トスー）・雨具（ウク）を加へる。老年輩では、先づ上衣を着し、冬は其の上に馬褂子を重ね着し、袴を附け、襪を履くを普通とする。壯年は上衣・袴及襪を着し、背子又は「チョッキ」等を着るものは稀である。客に接する場合又は外出の際は其の上に周衣を纏ふのが禮である。

衣服は季節に依つて異なるが、冬季は綿を入れ、春秋は袷、夏季は麻で單衣と爲すのであるが、部落の小農民の中には春夏秋冬の四季、服を區別せず、冬服と夏服のみを區別して居るものもある。履物としては草履(ヂプシン)・木履(ナマクシン)・皮履(シン)又は革履(チンシン)等を履き、手には吐手を嵌める、頭には網巾(マンゴン)・宕巾(タンゴン)・笠子(カッ)を冠むるのである。勞働服と外出服とは、其の新古に依つて區別して居るだけで、構造を別にするものではない。雨天には冠冒(カッモー)又は雨傘(ウサン)を用ふる。近時此の部落民に「メリヤス」の「シャツ」或は「チョッキ」・洋靴・洋笠・內地製の雨傘・下駄等を用ふるものが增加し、履物は自作自給の草鞋を棄てゝ、何れの農家に於ても護謨靴が用ひられて居る。女子の服裝としては上衣(チョコリ)・內衣(ソクオッ)・袴(パチ)・裳(チマ)腹卷(ホリッテ)・襪(ポソン)・周衣(ツルマキ)・長衣(チャンオッ)等で、常衣としては內衣を下に着て、袴を穿ち、上衣を着て之に裳を襲ひ、足に襪を穿つのである。而して周衣は禮服とし、平素之を用ふるものはない。女子の外出には長衣を頭から覆ふのが慣習であつたが、十數年前から其の風習は廢れた。次に是等服裝を區別して構造及使用の狀態を說明する。

(1) 衣　服

部落民の服地は木綿・金巾・麻布(夏季)等で、絹布を纏ふ者は僅かに三戶あるだけて、祭日祝日に限り用ふることにして居る。衣服の色は小供及中年の婦女等を除いて夏冬共に概して白色で、黑色・茶色或は水色・鼠色の物は稀である。子供は男女共に赤・紅・靑・黃等の色物を用ふるのを常とし、中年殊に未婚の女子は紅色・靑色又は黃色等を用ふる。農民の衣服は概して質素であるが、近年大人の衣服に黑色・茶色等の色物を用ふる様に變遷し、子供の衣服は白色や黒色に變つて來て居る傾向は一般的である。尙此の部落には一人の和服を着用して居る青年がある。

(イ)上衣　の形は洋服の上着に似て筒袖に作り、男子の上衣は腰又は臀部に達する長さであるが、女子の上衣は身丈が短くて、乳房の上部又は僅かに乳房を覆ふ位である。然し近時其の丈を長くする傾向がある。上衣の襟又は胴は殆んど和服の仕立方と同樣に襟を附け、前で掛け合はすもので、胸の處に長い巾廣の紐を以て結び、其の先を垂れて居る。上衣には綿入及單衣のものがあるが、綿入れは上衣と謂ひ、單衣は赤衫「チョクサム」と稱して居る。

(ロ)馬褂子　は冬季上衣の上に重ねて着るもので、老人に多く用ひられて居るが、女子は用ひない。其の形は上衣に似て居るけれども、襟と筒袖が無く、短くて寛やかに作り、多く胸部で釦止とする。普通其の材料は上衣と同樣であるが、色物が多い。

(ハ)背子　は「チョッキ」に類似し、上衣の上に着るもので、袖がなく、胸部に釦又は琥珀を以つて止めて居る。普通中流以上に用ひられて居るものは、絹織・毛織製等であるが、防寒用には裏にネル類を用ひて居る。此の部落には皮類を用ひて居る者は無い。一般農民は馬褂子を以つて之に代用して居る者が多い。

(ニ)袴　は股引又はズボンに似て居るが、夫れよりはもつと寛やかに作られて居る。上部は腰部に及び、紐を以て結び、下部は足首で堅く別紐を以て縛るから、用便をするには腰部の紐を解いて、袴を下げなければならぬが、女子と子供の袴は後方で裂け、掛合として居るから、便利である。然し女子は袴を二重にも、三重にも穿つて居る。下には「ソユッ」と稱し、狹くて短いものを用ひ、其の上に「廣袴」と稱し、寛濶で長いものを着る。地質は多く木綿又は金巾を用ひ、白色を常とする。

(ホ)腹卷　女子の上衣は近來長くなつた爲、腹卷をする者は稀であるが、元來腹卷は女子專用のもので、上衣と裳との間に巻くのである。普通は綿布に綿を入れて縫ひ、幅四寸位、長さ六七尺の帶樣に作る。

（ヘ）裳　も女子の專用で、必ず袴の上に纒ふのである。其の形は丁度日本の袴の樣なもので、前後左右に「ヒダ」を附け、腰卷の樣にして下半身を覆ひ、上縁に帶紐を附して胸の下で結ぶのである。下端は殆ど地に垂れんとして居る。農民の常用は普通、木綿・金巾を以てする。絹布を以てするものは優美であるが、此の部落には二三戸しか之を用ふるものが無い。

（ト）周衣　は普通他人と應接し、又は外出の時等に之を着用するが、構造は上衣と同じく襟を附け、胸は紐を以て結ぶ。丈は長く、裾は足部下腿中央に達し、上部から下部に及んで漸次廣くし、筒袖の長衣を羽織る樣な形で、兩脇に割目がある。材料は主として木綿・金巾を用ひ、上流では絹布又は絨地を用ひる者もある。色は白色が普通で、茶・鼠・黑色等のものもある。

（チ）襪　は所謂足袋で、白木綿又は金巾を以つて製し、四季を通じて綿入とし、袷は稀である。其の形は足尖が狹く、指先から上縁迄袋の樣になつて居て、下腿の下三分の一に達する樣になつて居る。襪の色は男女老若を通じて白色を用ふる。襪の代りに白木綿を以て足先から逐次纒足して恰も卷脚絆の如くに被包するものもあるが、之を俗に「パルガンケ」と謂ひ、勞働又は旅行に用ひられて居る。昔は袴の上、膞の部にはヒャンジョン「行纒」（袋脚絆の兩拔のもの）を着けたものであるが、數年前から漸次廢せられて、遂に常用するを見ない樣になつた。

（2）　冠

古來成人の際は、男子には冠禮を行ひ、女子には笄禮を行ひ、童幼即ち總角（チョンガー）と區別する風習がある。冠禮及笄禮は、男女婚約成立した後始めて其の禮を行ふ慣習であるが、之を行ふ時期は婚禮を行ふ二三月前である。

男子の冠禮は髪を結び、笠子を冠り、女子の笄禮は髪を結び、笄を加ふるのである。」蓋し冠禮は元服の禮であつて、相當年齢に達すれば玆に加冠の禮を行つて、以て成人の班に入らしむるものである。凡そ百年前迄は婚約は男女十五歳以上に達しなければ、行はれなかつたと傳へられて居るが、爾後今日に至る迄、早婚の弊が生じ、男子は十歳になつて婚約を爲し、冠禮を行ひ、成人班に這入るものであるが、貧者は壯年でも婚姻を爲すことが出來ず、爲に髪を結ばず、笠子を冠ることが出來ず、一般に冷遇されて居る。然し近年斷髪が行はれて、笠子に代はるに帽子を以てし、又民籍法制定後は男十七歳、女十五歳以下の婚姻は之を受理されないから、一般に早婚の弊は廢たれつゝあるが、本部落民の風習も著しい變遷を生じて居る。冠物としては笠子・網巾・宕巾・冠・草笠・風登耳・喪笠等の各種があるが、今此の部落民の常用のものを左に掲げて説明する。

(イ)笠子　竹若は竹と馬毛に漆を塗つて製するものもあれば、麻又は絹絲を以て製するものもあるが、喪笠の外は黑色である。笠子は男子の常用であるが、室内でも客に接する場合又は會禮を行ふ場合にも脱せないのが禮である。笠子を冠むるには、結髪し(近來は斷髪の上に)網巾を着け、其の上に上流階級では、宕巾を着けて笠子を冠るが、普通には直ちに笠子を冠むることにして居る。

(ロ)網巾及宕巾　網巾は馬尾・麻・絹等で製したもので、頭の周圍に卷き、頭髪の亂れを防ぐのである。宕巾は網巾の上に冠る小冠であるが、普通馬尾を編んで製する。

(ハ)風登耳　冬季寒さを防ぐに用ふるもので、男女老幼何れも之を使用する。繻子・緞子又は木綿等で作り、裏は羅紗又は「ネル」類を附け、內側には毛皮を着くるを普通とし、後方は長くして耳を覆うて居る。男子の風登耳は、笠子の下に嵌めるから、頭部の中央は圓形に空いて居る。

(3) 履物

履物は草鞋・木履・靴等で、常用としては草鞋を履き、雨天には木履を穿つが、中流以上には革靴又は麻草鞋を履いて居る。近年洋靴を穿つ者も、內地下駄を履く者もあるが、最近自作自給の草鞋を棄てゝ護謨靴を使用する者が非常に殖えた。草鞋(チァセキ)は藁製及麻製のもの、葛・楮等を用ひたものもある。其の編方は內地草鞋に類似して居るが、足の先及側縁は細繩で編み、丁度短靴の樣に履くものである。革靴は牛皮・犬皮等を以て作つたもので「カズクシン」と稱するが、單に(シン)とも謂ふ。形狀は足先は被はれ、踵の側が稍高い、女子の靴は其の形が小さく、布を張り、彩色を施したものである。此の部落で此の種の靴を用ふる者は少數である。木履(ナマッシン)は木を刳り拔き舟形となして、下部に二枚の齒をつけたもので、內地の高下駄に似て居るが、重くて到底長途の步行は出來ない。

(4) 附屬及携帶品

(イ)吐手(トスー)は腕に嵌めるもので、筒形を爲し、冬季のものは綿入とし、又袷のものもある。手首に當る方には兎の毛等を緣としてある。夏の吐手は多く籐を以て作り、時としては馬尾で編む。吐手は勞働する場合には之を用ひない。

(ロ)籐背掛(トンドンゴリ)は籐を以て製し「チョッキ」の形を爲して居て、夏季汗が衣類に沁み出すのを防ぐのに用ふる。

(ハ)囊(チュモニー)腰に下げる囊であつて、金錢・印章・小刀等を入れるに用ひらる。衣類に衲がなく、又「ポケット」の類を設けたものが尠いから、その不便を補ふ爲のものである。其の他煙草入の巾着と煙管を常に携帶する風習がある。

(ニ)蓑　は藁製であるが、內地製の樣に精巧なものではない。

(ホ)竹笠(サックカッ)　は竹で製し、喪笠に似て大きく、且深いもので、雨天の際頭に覆るものである。

(ヘ)冠冒(カル モー)　は笠子の上に覆ふ雨具の一種で、油紙を以て製し、形が小さく、僅かに笠子を覆ふ程度に過ぎない。

其の他一般には箭冒(チョン モー)と稱し、竹骨に油紙を貼つた堅牢な外出用の雨笠及內地の合羽の樣に油紙を以て製した乘馬用の雨傘(ウサン)等があるが、本部落民中には之を使用するものは居ない。

(二)食　物

(1)主　食　物

部落民の主食物は米・麥・粟・大豆・小豆等であつて、米のみ若は粟のみ又は米と麥・小豆若は大豆とを混合して用ひて居る。部落民九十一戶の內、年を通じ主として米のみを常食とする者が五六戶あると謂ふが、其の他の大部分は米・麥・粟の混合を常食として居る。近年薯等を混じて主食物を補ふことにして居るが、或は有り餘しの大豆や粟を混用し、麥の收穫期に於ては麥のみを用ふる等、作物の出來作を以て食ひ續けをして居る者もあると云ふ。然し、高價な米は賣却して、廉價な雜穀を常食するものが多いことは前に記した通りである。

(2)副　食　物

副食物としては、大根・白菜・蕃椒・蒜・葱等の類を普通とし、「ヨモギ」「セリ」等の野生植物等も食する。一年を通じて香物を絕たず、沈菜(キムチー)と稱する白菜大根の漬物は、四季三食共に膳に上し、又酒の副物にも用ふる。

食用肉としては、如何なる種類でも用ふるが、魚類の生食は嗜好されない。干魚・明太魚・干鱈・干鯖・貝・蟹等は廣く用ひられて居るが、上級の農家を除いては四時食用する者は無い。肉としては牛を主とし、豚・鷄をも用ふる、冬は犬をも食するが稀である。一般の農民の中には、正月と盆の年二回の外獸肉を食用とするものは少ない。

(3) 食　事

食事は三食を常として居るが、農繁期には酒食を加へて四五回の食事をする。酒類は在來の濁酒を主とし、藥酒を用ひ、夏季は燒酎を用ひて居る。副食物の調味は槪して辛く、蕃椒を用ふること多く、料理中之を缺くものは無い。又調味には食油を使用することも多い。醬油・味噌等は自家で釀造することにして居る。農民の仲間には、一般に暴飮暴食をするが、食後に多量の飮料を用ふる。飮料は水の外普通炊事の熟湯（スンヌンー）と稱する飯湯を喫用し、茶の味は解しない。晝食と夕食の間に間食をすることが普通であるが、酒精・漬物・干魚等が用ひられ、又餠や團子を食する例も多い。上流階級の食器は、眞鍮製若は白銅製の金屬で造られて居るが、一般には粗雜な磁器又は陶器を用ひ、木器を使用するものは近年減少した。食器の種類は普通飯碗・壺・皿等の類で、近來內地製の器物を使用する者が多い。次に是等食物の配膳であるが、參考の爲主客の普通膳立を記することにする。

膳　　＝六角形の高足
飯　　＝米　飯
魚酢物＝貝肉と野菜の酢のもの
干　魚＝干鮭の肉
チャンアッチ＝大根・葱其の他の野菜に唐辛を入れ作つたもの

カットキ＝大根の漬物
ナムル＝豆のモヤシ
汁＝味噌・菜・牛肉を入れ油・唐辛を加へる
キムチー＝白菜の漬物
海苔＝海苔の鹽付燒
醬油＝自家製
箸＝金屬製(眞鍮)
匙＝金屬製(眞鍮)
飯櫃＝木製
杯＝一個にて主客三人酒を飲む
チュチョンジヤ＝酒入
盆＝木製

備考　本圖は主人と客二人が中食する場合の一例である。

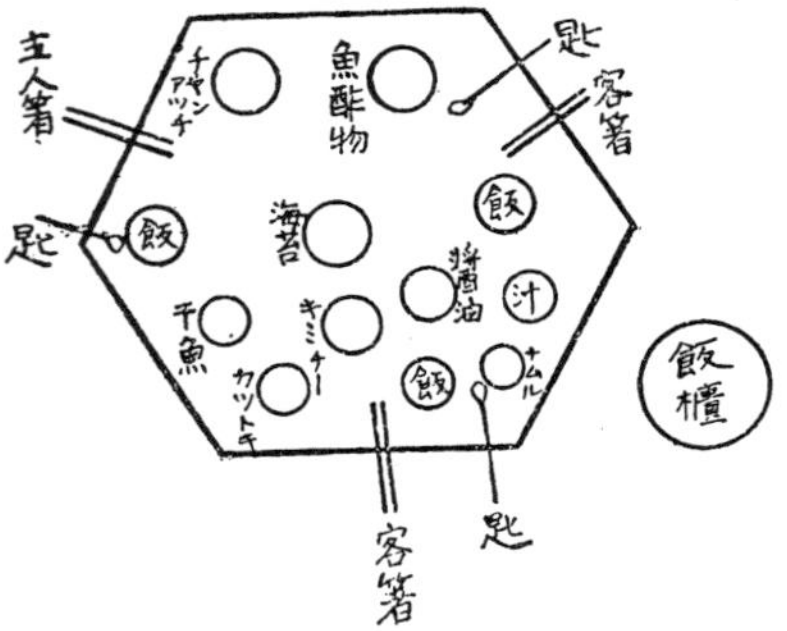

盆

(4)　嗜好品

酒と煙草は元來強烈な嗜好品で、之を用ひないものは尠い。砂糖は一種の贅澤品として居る。在來の酒は藥酒・濁酒・燒酎・甘酒・過夏酒・紅露酒等の種類があるが、此の部落民常用のものは藥酒・濁酒・燒酎の三種である。

藥酒は夏季を除いて、上流社會や客用に飲用され、淸酒の樣なものであるが、酒精分が強い。燒酎は米・黍の製品が多く、夏季の飲料として用ひられる。濁酒は農民の中に、最も一般に用ひられるもので、之を飲用すれば空腹をも補ふと稱して居る。酒類は小鉢(サバリ)又は大盃に盛り、一氣に飲むを禮とす、此の部落の農民中には、在來の酒精を用ふる外、葡萄酒やウヰスキー・ビール等の味を解する農民もあるが、常用する者はない。此の部落には、前記の如く夙に矯風が行はれて居るので、古來酒幕の類も無く、酒は僅に日常の交際上必要な程度だけ用ひられて居るに過ぎない。それ故古來飲酒に因つて家族の生活を紊したと謂ふ例がない。

煙草は部落民の壯丁以上の大多數に喫されて居るが、常に刻煙草を用ひ、外出の時には卷煙草のマコーやメープルを用ふるものもある。古來朝鮮人には長者を尊敬する美風があつて、未成年者は、長上の面前では禁酒禁煙を重んじて居る。煙管は主として、眞鍮又は白銅で製したもので、其の雁首は皿が大きく、之に長い竹管を挿入し、吸口を附けて居る。皿の中には煙草を固く詰め込み、絶ぇず喫し、仕事中と雖も煙管を口より離さない。昔は煙管の長さは社會の階級に依り區別があつて、兩班は三四尺にも及び、農民の仲間では一尺五寸—二尺位のものであつたが、近時段々と短縮されて居る。部落の識者は煙管の長さと村の文化とは並行すると稱して居た。

(三) 婚　姻

此の部落民の婚姻の狀態は、前記の社會狀態の部に於いて多少述べたが、婚姻を爲すには、先づ男家及女家に於て主婚者を定める。主婚者には其の祖父、父兄及伯叔父等の順序で之に當り、若し此等の者が無い時は、近親の男で尊屬の者が當務者となる。尙之等の者も居ない時には、友人を以て主婚者とするのが慣習である。然し伯叔父其の他の近親が主婚者の場合に、若し祖母又は母が居る時は、婚姻の實際決定者は祖母又は母で、主婚者は唯表面上其の衝に當るばかりである。又兄が主婚者たる場合でも、祖母・母等の意見に反して婚姻を決定することは出來ない。そして其の婚姻は單に主婚者の間で決定せられ、本人相互は何等意思の表示をせないのが古來よりの慣習で、婚姻當事者の了解に因る結婚は未だ此の部落にも無い。近年早婚の弊が段々と減少して、十七八歳前後に婚約が結ばれる傾向がある。婚姻の儀式は、昔は社會階級や、貧富の事情に依つて異つて居たが、其の儀式が女家に於て行はることゝ巹禮を行ふことゝは同樣である。今此の部落上流農民の婚姻の概要を述べんに、先づ仲媒人に依つて男家から女家に其の意を通じ交渉を進める。これを俗に草鞋七足半を履くと謂うて居るが、それ程繁雜である。そして雙方の內諾を得れば、玆に男の四柱(生年月日時を記したるもの)を女家に報じ、女家に於て女の四柱と合はせて之を占ひ、良緣とするときは、男女兩家で互に人を遣はし、看善と稱して男女の性行や容貌・兩家の家風其の他家庭の狀況を觀る。そして何等別異のない場合は、丁寧なる婚儀では男家から四柱單子(干支を記す)を送り、女家から擇日單子(擧式の日を指定す)を送る。又男家より禮書を送り、女家が之に對して復書することもある、之を請婚書或は許婚書といふ。請婚書の交換を了れば、男家から幣物を贈る。幣物は貧富に因つて異なるが、靑絹或は紅絹の一匹を用ひ、又は綢緞・布木及佩物等を用ふる。之を携へて女家に行くものは、夫婦和合し、子女多き再婚者にあらざる有福な女を擇ぶことしにて居る。そして愈々擧式をすることになるが、婚儀當日は女家から男家に三度使を送るを禮とし、色々の樣子を窺ひ而して婿を迎へる。婿は衣冠を正して馬又は轎に乘り、紗籠を持つ者を先頭とし、紅袱に包んだ生雁(生雁がない時は模型に依る)を抱いたものが續く、之を雁夫と謂ふ。其の他從者、童婢を卒ゐ女家に行く。女家では庭前に天幕を張り、床を設けて婿を待つ。婿が到着すれば盛裝した二人の童婢が紅羅炷(笏のこと)を持つて婿の左右に立ち、雁夫は雁を婿に進める。婿は之を受けて床上に奠き再拜し了つて之を女家の婢に授ける、婢は裳を以て之を受け、房(室)に入るのである。之を奠雁式と謂うて居る。此の式を終れば、婿を廳(內房と越房との中間にある板の間)に導き、此の時嫁は髮を結んで大髻を戴いて花衣を着け、佩を掛け、扇を以て面を覆ひ、母及侍婢に扶けられて内房から出て、婿と相對して立つ、其の時侍婢が扇を除けば、嫁が先づ四拜し、次いで婿が再拜する。之を交拜の式と謂ふ。交拜を終りて婿及嫁は床前に進み、東西に坐し手母(嫁の侍女)が酒注を執つて二個の卺に酙み、婿が一揖して心祝し、且つ少飲する。次いで嫁が之に倣ふのである。之を繰り返すことが三回續けられて式は了る。之を合卺式と云ふ。卺は匏を割つて作つた酒杯で、男女が各ゝ其の一を執つて式酒を飲むから、合卺と謂ふのである。然し近來普通の酒盃を以て、之に代用することがある。上流の家庭では、先づ如上の樣であるが、中流以下の婚儀は略式で行はれるが普通である。下流では極めて簡略で、婿は步行で女家に行つて、直に奠禮を行ふ、又甚だ粗略な儀式には酒に代ふるに水を以てするものもあると謂ふが此の部落にはない。

(四) 祭と年中行事

本部落に行はるゝ祭及行事は大體左の通りである。(其の月日は總て陰曆を以てする)

正月

一、元旦は早朝祠堂(祖先を祭る處)を拜し、餅を造り、美食して祝意を表する。そして十五日迄は一般に業を休んで休養娯樂に耽けるのを慣例とする。

二、立春の日は、門・室の入口及柱等に帖子をする。此の帖子は一家を祝福する字句を認めた貼紙であつて、字句は古語を用ひ、疾病・憂患・刑獄・死亡・喪葬等の字は一切之を用ひない。そして年々書換へるもので、舊帖は汚泥の中に擲つのである。

三、正月の男女の遊戯は樣々であるが、男兒は紙鳶を揚げ、女子は跌板と謂ふ遊戯が一般に行はれる。紙鳶揚げは内地のものと同樣であるが、跌板は「ノルテキキー」又は「板戰」とも謂うて、土を盛り或は藁・蓆等を以て枕を作り、長さ五六尺乃至八九尺の板を其の上に載せ、板の中央が丁度其の土枕に當る様にし、其の端に一人宛立ち、交互に跳ね揚り、其の反動で三四尺乃至五六尺の高さに跳躍するのである。

二　月

一、寒日に當る日には、墓祭を行ふ、寒日とは冬至後百五日目を謂ふもので、祖先の墓に參り、且墓上の莎及床石等を修理するのである。

四　月

一、四月八日は如來の誕生日で、各自寺院に參詣する。昔は此の日の夕方各家に燈を懸けたものだと謂ふ。

五　月

一、端午には祠堂を拜し、爵を獻ずるのであるが、近來一般に行はれない。又藥水と稱し淸澄な井水を飲むことにして居る。

六　月

一、十五日は名日の一で、百種又は百中と謂ひ、除草を終つて飲酒相樂むことにして居るが、之を或地方では、洗鋤會又は洗鋤宴と謂ふが、本部落では、農民休日と稱し、或は「ホミシシ」とも稱して居る。

八　月

一、十五日（八月十五日を秋夕と謂ふ）には墓を祭るのであるが、祖先の墓が數十里の遠い所にあつても、遠しとしないで盛に行はれて居る。

九　月

一、重陽には、祠堂を拜し、又藥水を飮む日とする。

十月

一、初丁日には、山祭を行ふが、此の日は酒及牛首・散子(米と砂糖で作つたもの)・果物(三色果と稱し栗・柿・棗)等を供へ、祭文を讀んで儀式を擧げることにして居る。祭文を讀むものは、部落民中の識者であつて、其の家族に不健康者又は、不祥事のない者をして行はしめる。式が終ると里中宴を開いて共同宴樂に一日を過すことにして居る。山祭は之を山神祭とも謂ふ。

十一月

一、此の月のシヂェー(時祭)と謂ふのは、毎年一定の日に遠祖の墳墓を祭るもので、時享・時祀とも謂ふ。時祭には一族の末孫全部又は代表者は宗家に集まる。即ち李姓は李氏の宗家に、金姓は金氏の宗家に寄り集つて、遠祖を祭るのである。

二、冬至には、小豆・米の粥を作つて祝福する慣習があつたが、近來一般には行はれない。

五、民家

此の部落は農民部落であるが宿屋・飮食店又は店舖は一軒もない。隨つて其の家構の型態は略々同樣である。民家は住民生活の程度を最も能く説明するものであるが、此の部落民の經濟は、如上の通り其の貧富の程度が均等であるから從つて家構も大規模のものもなく、又極く無細工な貧民窟に見える樣な矮屋もない。屋根は一軒の瓦屋を除いて全部茅葺である。地勢が狹隘な盆地であるから、割合民家は密集して居る。それが爲、蔬菜園等も部落の外部に設けられて居る例が多い。以下此の部落の民家に就いて、其の宅地竝家構及使用の狀態を説明することにする。

（一）宅　地

宅地の取り方は、判然と正方形や、長方形に區分しては居ない。只家構を作る上に、或は作業に便利な様に又は外部の障碍に備ふるだけを考へ、極めて無造作に、無意識に、楕圓狀や色々の形に土塀、又は麥稈・松枝等で七八尺位の高さに圍んで居る。そして其の中の片隅に家が造られてある。

民家の方向は大抵南向であるが、沿道や町屋に見る様に軒を並べては居ない。然し部落の中心には民家が前後に排列して居ることは、寫眞で見る通である。此の部落には耕地が部落の附近にあるから、農作物の調製作業は殆ど住家で行はれる、それが爲調製場は民家に附隨して居るが、比較的廣く取られて、家の建坪の三倍位もある所が多い。家の後庭には醬甕臺と稱し、甕を据ゑて味噌や、醬油を露天に釀造して居る。桃・梨・苹果等の果樹或は桑、其の他の灌木類を植ゑて居る。然し草花を培ひ、珍木を植ゑて造庭する様な趣味は未だ味はゝれない。古來朝鮮では前庭には植樹せない古い習慣があるから、農村では斯やうな民家は稀である。此の部落の財產家で、芭蕉や柘榴・クチナシ等の盆栽を嗜んで居る者が一人ある。

（二）一般配置及間取

建物の配置は、其の使用の目的に依り、母屋と附屬建物とから成るが、其の兩建物を有するものは、主として自作農民以上のものであつて、小作農民殊に小々農民に於ては全然附屬建物を有して居ないのが普通である。今左に此の部落の民家圖の例を示して幾分の說明を加ふることにする。

（イ）地主の住宅

家は全部藁屋であるけれども、總建具二十四間（一間は八尺平方）の廣さで、居間は七間であるが、家族七人に過ぎな

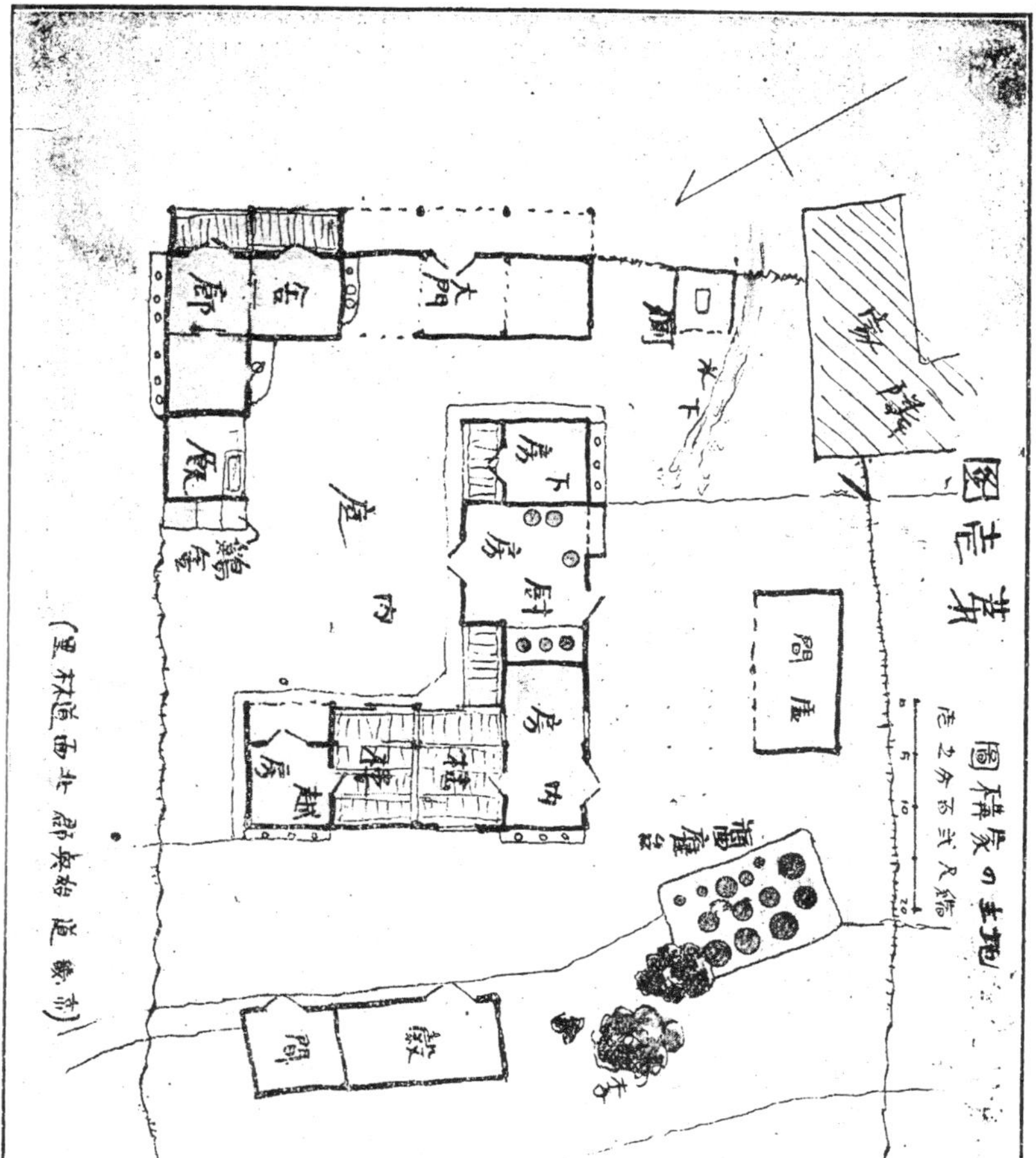

第壱図
地主の家構圖
縮尺弐百分之壱
0 5 10 20
隣家
庫間
下水
厠
大門
舍
廊
廐
鷄舍
下房
厨房
内房
樓
樓
越房
内庭
福庭台
李
李
穀
間
菜田
(京畿道始興郡北面道林里)

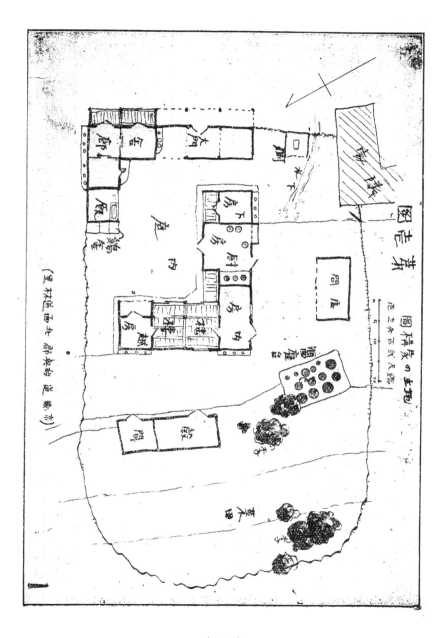

いから、其の全員に適當に室を用ひ得る。地主の家の特徴とするのは、舍廊と稱する客室を有することである。林樓（板張）の前面には玻璃障子を附けて居るが、硝子の使用は光線の弱い朝鮮の民家には重要なもので、都會地から其の附近、夫れから段々と片田舍に利用されて行くのである。

（ロ）自作農の住宅

本農家は前記經濟狀態の部に就いて、一戶の經濟狀態を述べた中農家で、其の經濟と家構とを對照して考察する時は、經濟力と民家の大小及設備の事情が窺はれる。即ち此の部落の農家の尤も普通とする家構である。總間數十一間居間三間半で家族六人を抱容して居る。

（ハ）小作農の住宅

家族四人で小作勞働をなし、且餘暇には副業及鐵道人夫として勞銀を得て以て生活を補つて居る。素より草葺で總積六間半、居間一間半で、一般に設備は不潔である。林樓は之を土間とし、內房や越房等の寢室兼客室は新聞紙貼で、床は油紙を貼らず莚敷で、厨の周圍は黍稈で圍んて居る。

（ニ）小々農民の住宅

本民家は部落中最も矮小な民家で、小々農民に屬する。家族四人で、主人は農事賃銀勞働の外、他の勞働にも從ひ妻と子供二人とで生計を立てゝ居る。此の種の民家は本部落九十二戶の內二、三戶ある。

更に如上の家構の部分的說明を加ふることにする。

（イ）內房　內房は婦人の居間であつて、秘密の室である。此の室には外來の客は入れないのが例である。大きい家構では住宅の內部に別棟として設けられる。內房の大さは溫突一間半又は二間として居るが、小農民の家では一間が普通で、平素此の室は婦人の居間や寢室に充てられて居るが、小屋では食堂にも使はれて居る。

(ロ)抹樓　家の大小によつて、一間二間三間の三樣とし、板張としたのが通例であるが、經濟の潤澤でない農家は土間として居る。總て抹樓の前面は建具を嵌めないのが普通である。春秋の暖い時期と夏季には此處で食事を取り、又祭祀婚禮其の他祝祭には此所を使用する。

(ハ)越房　內房と同樣溫突とし、概ね一間以上のものはない。平常此の室は小供や老人の居室となし、又外來の女客の寢室である。然し小さい民家では凡ての客に用ひられて居る。

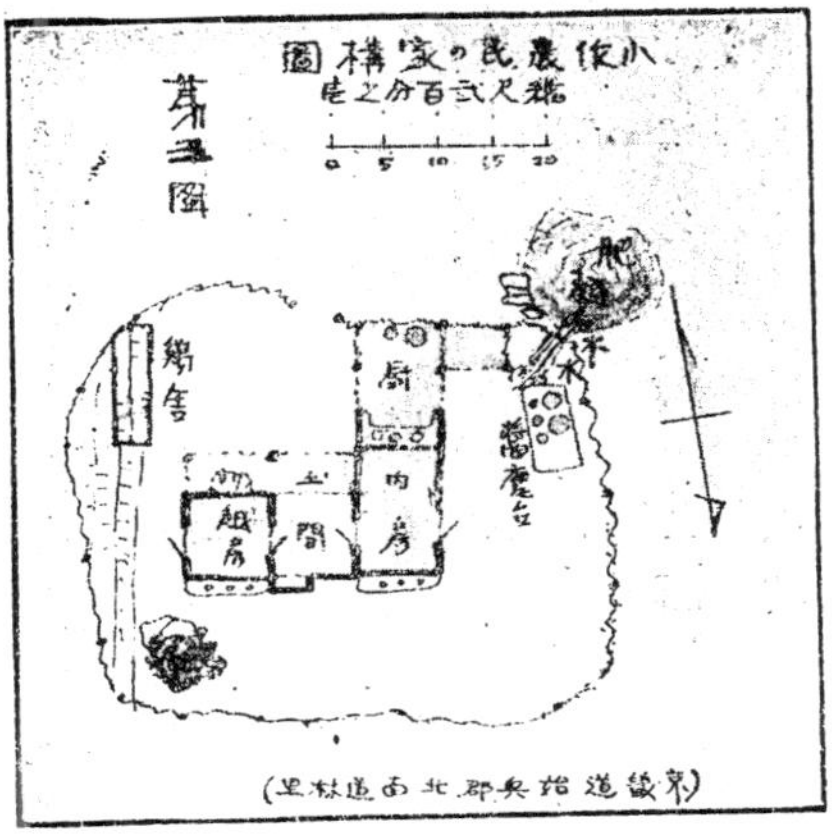

(ニ)厨房　土間とし其の大さは一定して居ないが普通一間半で、內房に壁を隔てゝ居る。而して其處には炊事用の竈を据ゑて居るが、大農では三個、中農では二個、小農では一個若は二個を普通とする。尙厨房には飲水甕や漬物食器が置かれ、此處で一切の膳立を用意して食堂に運ぶのである。特に此の部落民の厨房の內、前記地主の家で採光用の窓と食器入れ棚の新しい設備をして居たが、此の種の工

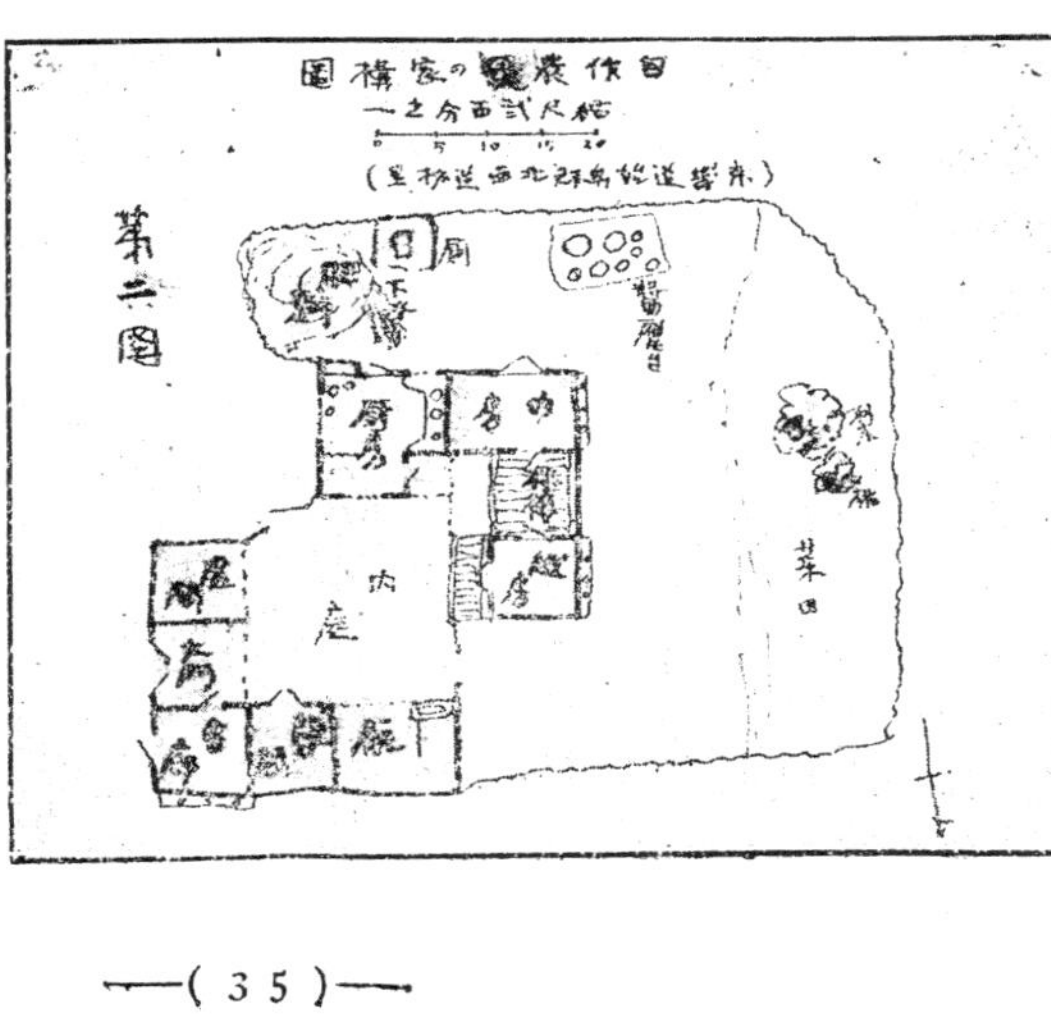

夫は珍らしい例であるから、左に圖示することにする。

(ホ)斜廊　斜廊は卽ち交際室であるが、農民の家級別範疇の家構の重要な相違點は、地主及地主相當の農家で斜廊を有することである。卽ち交際室を別にして居ることである。小作人の家では此の例は少ない。主人は常に外來の客と應接し交渉する爲、多く此の室に起臥して居るのである。

(ヘ)庫間(穀物を入れたる場合は穀間と謂ふ)物置と稱するもので、家具・農具又は穀類をも保管して居るが、大農では二間續きのものもあるけれども、其の他では一間を普通とする。

(ハ)虛間　庫間と同様の目的で作られたもので、物置に代用されるが、前面が開放されて居るので、盜難の恐のないもの、又は常時必要な農具・家具は此處に置かれる。

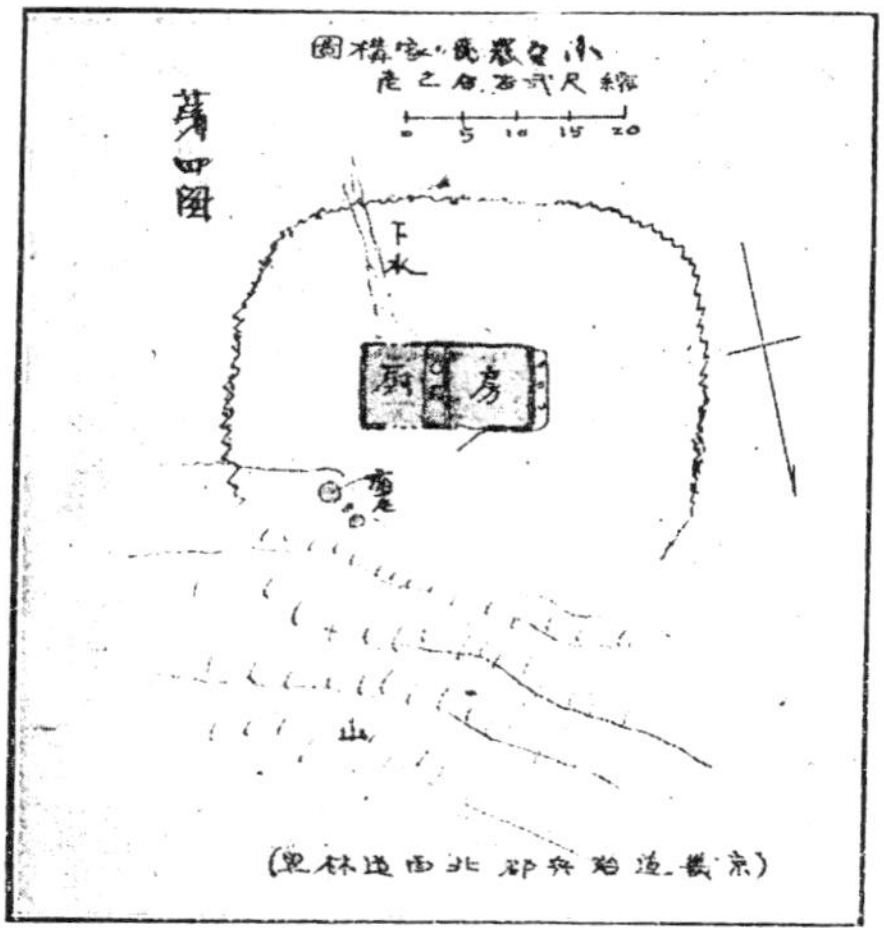

(ニ)大門間　門を稱して大門間と謂ふのであつて、門戸は開き戸とし、資產家に在りては板戸として居るけれども、其の他は棒組や萩を組んで作つて居る。大門から續いて住家の周圍に土壁を作つて居り、又簡單な藁圍として居るが、寒氣を避けるだけであつて、之で泥棒や其の他色々な障碍を防ぐためではない。

其の他家構の形狀、窓の切り方等は圖示によつて知ることが出來るから、說明を省略する。尙家畜を飼育する農家は、大門の隣に牛飼間と稱する牛舍を置いてゐる。是は咸鏡南道以北の農民が牛舍は厨房と接近せしめて作つて居るのと非常な相違である。大便所は、此の部落の農家のみならず、朝鮮では大抵の場合母屋と適當に離して居るが、此

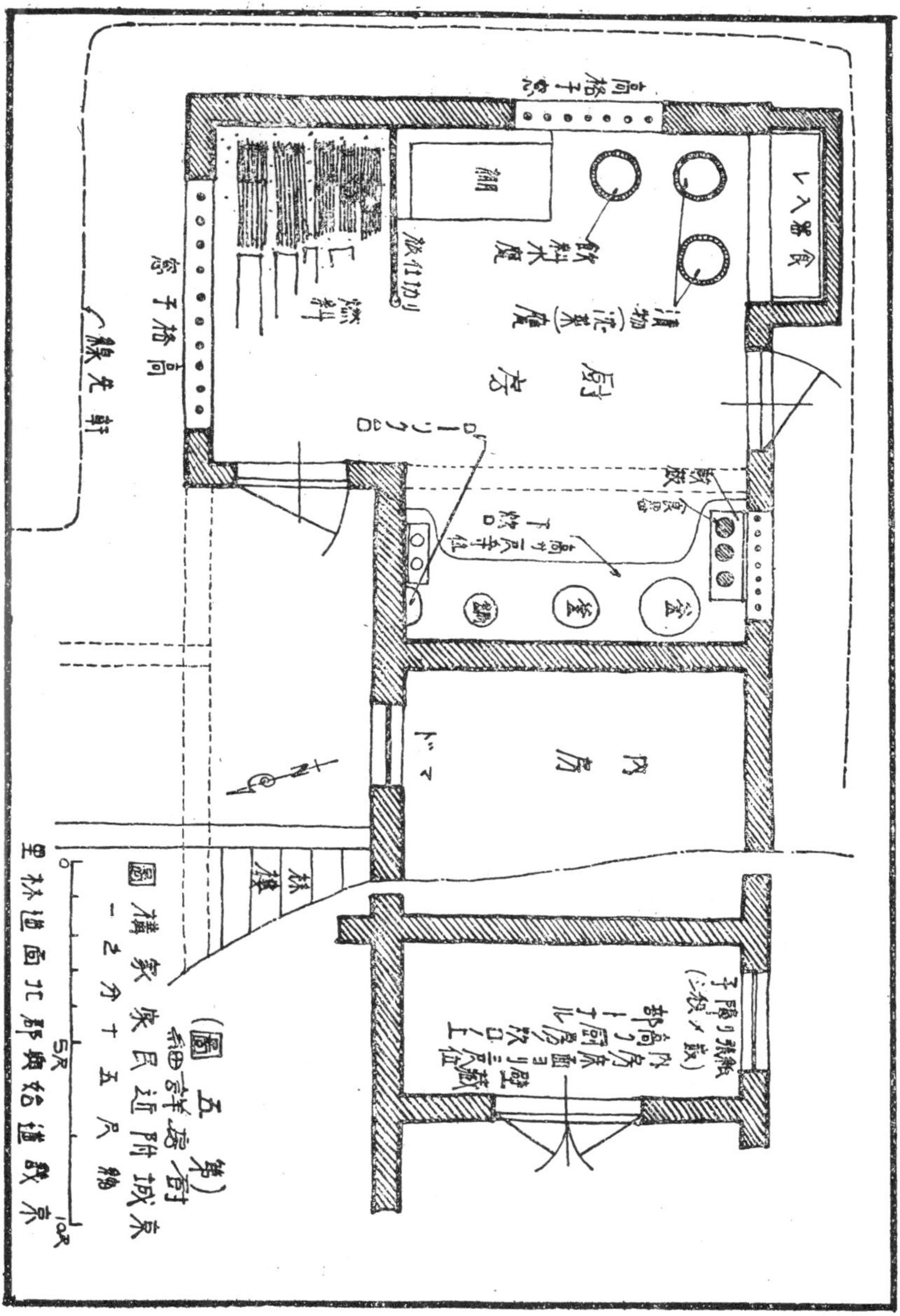

(第五圖)
厨房詳細
京城附近民家々構圖
縮尺五十分之一
京畿道始興郡北面道林里

の部落では屋根のない露天に圍のみを設けて居るものもある。大便所の内部は別に樽や甕を置いて居るのでなく、溫突から取つた灰を混合して肥料としての糞灰を作ることにして居る。然し小便所は別に居室に接して甕を掘込み、又は据付けて居る。又夜間は小便器によつて室內で用を辨ずるのである。

(三) 造　作

此の部落民の家構の材料は、主に漢江上流に產する朝鮮赤松を使用して居る。民家の稍ゝ上等のものは地均しをなし、柱下を少し固めて玉石を据え、而して柱を建てるけれども、下等のものは單に丸太柱を掘立として居る。家の骨組ができて、屋根葺が終つたら、松枝や萩で壁が組立てられ、溫突が築かれ、同時に壁は五六寸の泥土で塗られるのである。そして天井と共に四面に新聞紙や白い洋紙で貼つて居るのが普通である。溫突の導火溝は、普通三つの道路で、焚口は二個所或は三個所(竈の數に因つて)であるが、煙出は一個所として氣溫を保有せしむるのである。之等色々の構造中、材木の切り込みや組合せは、京城等から木手即ち大工を雇傭して居るが、其の他は家族の勞働又は部落民の共同で造作せられて居る。夫れ故建築費は普通重要な材料と多少の勞銀の外必要はない。依つて一間三十圓から六十圓位も見込めば充分であると云ふ。

室の裝飾としては、壁面に山水花鳥の彩畫を貼り、柱や門戸に文字を大書して貼る習慣があるが、要するに此の部落民のみならず、朝鮮の民家は何等工藝的の工夫はない。冬季の寒氣をしのぐことのみを主要な目的とした構造である。夫れ故暖い季節になると、野外に睡眠し、夏季は殊に露天に徹宵し、室內に安臥することは少い狀態である。

六、農　業

（一）穀類蔬菜

穀作の主なるものは、米・大麥・小麥等であるが、其の他黍・大豆・小豆・高粱・粟等も作られて居る。蔬菜としては、大根・白菜・葱・牛蒡・蕃椒・蒜等を栽培して居る。其の主作物中米に就いての生産消費の關係は、前記經濟狀態の部に略記したが、其の他は詳細に調査を遂ぐる時間の餘裕を得なかつたから省略することにする。

（二）農耕法

畓は稻を連作し、田は輪作するものと、混作するものとがあるが、輪作は初年は麥類、二年目は豆類、第三年目には陸稻を作る。其の他の雜穀は一般に混作して居る。而して部落の耕地は、一般に施肥少き爲、地力は減耗せるものゝ如きも、漸く施肥の必要を自覺し、曩に部落民の一部は隣接金浦郡の堆肥製造の盛んなる模範部落の見學をなしたと謂ふことである。現在使用する肥料としては、在來の堆肥・人糞尿・草木灰を主とし、蒸大豆を用ひて居る。又近時漸く金肥大豆粕を使用するものがあるのは、稻及麥の改良種普及と共に、此の部落の農耕改良の一端である。

（三）年中行事

年中仕事の狀態を擧げてみるに、大體左の如くである。（陽曆に依る）

一　月　燃料採取・麥の人糞追肥
二　月　舊正月元旦より十五日迄休養・他は前月同斷
三　月　畓の肥料運搬・燃料採取
四　月　畓の肥料運搬・燃料採取・麥の除草・苗代準備・蔬菜施肥
五　月　苗代蔬菜の播種

六　月　挿秧・麥の收穫・大豆雜穀の下肥
七　月　挿秧・稻豆除草・瓜收穫・燃料採取
八　月　畓の除草・稗拔・草刈・畑作除草・蔬菜下肥
九　月　稗拔・草刈・燃料採取・蔬菜手入
十　月　麥播種・豆收穫・稻收穫
十一月　稻の刈取り及調製・豆調製・蔬菜收穫・漬物準備
十二月　燃料採取・屋根葺換(三年目位)・麥追肥

此の地方の農民の農閑期は、燃料採取に日を費すことが多い。夫れだけ山地部落民に比較して燃料に窮して居る譯である。

(四)　家　畜

部落の畜牛は飼養頭數十三頭で、耕鋤及物資運搬(殊に煉瓦運搬)等に使用されて居るが、其の飼養戶數は僅に總農家戶數五十一戶の二十五%に過ぎない狀態である。

養豚は都會地附近の部落であるから、比較的勵まされて居るが、改良豚は現在四十五頭飼育され、在來豚は一頭も居ない。

養鷄は全部落九十二戶殆ど半數以上之を飼養し、總數四百三十六羽に達し、悉く改良種で、白色レグホン、プリモトスロツク、名古屋コーチン等であつて、現在の部落戶數一戶に對し、四羽餘に當る。鷄は春季孵化するものが多い爲に、夏季は約五六倍に增加するが、現在では主として種鷄のみを殘して居るから、其の數は少いのである。

要するに養豚・養鶏の奬勵は、都會地附近の農家の重要なる副業で、藁細工・養蠶等と共に、將來此の部落の産業的價値を決定するものであらうと思ふ。尚參考の爲茲に農家の畜牛の使用及飼料の一般狀態を附記することにする。其の使用日數は農家によつて異るが、之によつても一家の勤勞と其の家計收支に相違があることを説明して居る、即ち左の如くである。

(1) 使用狀態

例一

月次	役務	日數	
一月	薪運搬	二十日	(産地賣出に十日 京城賣出に十日)
二月	薪運搬	二十日	(同前)
三月	薪及肥料運搬	二十日	(自家用)
四月	苗代及水田の耕鋤	二十五日	(自家用十日 貸牛十五日)
五月	畓及田耕鋤	二十五日	(自家用十日 貸牛十五日)
六月	畓及田耕鋤	二十日	(自家用五日 貸牛十五日)
七月	畓及田耕鋤	十日	(自家用五日 貸牛五日)
八月	眞瓜運搬	十日	(自家用五日 貸牛五日)
九月	眞瓜運搬	十日	(同前)
十月	秋耕・稻・燃料運搬	十五日	(自家用十日 貸牛五日)

十一月	薪運搬	二十日	（自家用十五日 貸牛五日）
十二月	薪運搬	二十日	（同前）
計		二百十五日	

（自家使役日數百四十日、貸牛日數七十五日、計二百十五日を使役す）

例二

月次	役務	日數	
一月	燃料及穀物運搬	三日	（自家用）
二月	燃料及穀物運搬	五日	（同前）
三月	燃料及穀物運搬	五日	（同前）
四月	苗代・畓及田耕鋤肥料運搬	二十五日	（同前）
五月	畓・田耕鋤	二十五日	（同前）
六月	畓・田耕鋤	二十日	（同前）
七月	田裏作用耕鋤	十二日	（同前）
八月	休養		
九月	秋耕	五日	（同前）
十月	秋耕・稻・燃料運搬	二十日	（同前）
十一月	燃料及穀物運搬	十五日	（同前）

十二月　燃料及穀物運搬　三日

計　百三十八日

尚右耕牛の功程と勞銀の關係を附記するが、農耕に於ける耕鋤の功程は畓の春耕では、一日一頭二反歩であるが、秋耕は四反歩を耕鋤する。田は一日約四反歩位を行ふと謂ふ。勞銀は牛一頭、人夫付にて一日一圓五十錢、人夫を要ぜざる場合は一日に付一圓とし、賃貸借が行はれる。又牛一頭の賃貸料として、人夫二人が一日の勞働を以て酬ゆる場合もある。

以上貸牛の場合は牛の晝飼は借主の所辨とし、人夫には一日三回の食事及酒を給與するのが例である。

（2）飼料

季節	給與	一日の飼料	價格
舍飼期（一、二、三、十一、十二月）	一日三回	大豆一升五合、藁五束、豆稈若干	大豆二十四錢、藁十五錢
農繁期（四、五、六月）	一日三回	大豆一升五合、藁五束、豆稈若干、糠若干	同前
青草期（七、八、九、十月）	一日三回	大豆一升五合、青草五、六貫	大豆二十四錢、青草十二錢

但し使役日に限る晝間は繫飼す。

備考

一、豆稈は一年十俵を給與し、一俵の價格は一圓

二、糠は一ヶ年五俵を給與し、一俵の價格は二圓

七、自然地境

(一) 地質

此の部落地一帶の地質は、花崗岩及片麻岩層に屬するのであるが、其の耕地は漢江に接續し、沖積土であつて粘土を交へて居る。乃ち部落附近に煉瓦や瓦を製造する工場がある所以である。

(二) 動物

家畜及家禽としては、牛・豚・鷄・鵞・犬・猫等を飼養して居るが、馬・驢・騾は近年之を飼養して居る者はない。

野生鳥獸として部落及其の附近に蕃殖して居るものは、雉・鶉・鵲・雀・雲雀・燕等であるが、雉・鶉は漢江附近に往々其の雛を見受けることがあると云ふ。現に鵲の巣は部落のポプラの樹上にあるのを見た。雀や燕の巣は殆ど各戸の軒下にある。候鳥としては燕の外、眞雁・鴨・鷗等が附近の水田に去來して居るが、著しく其の數を減じたと稱して居る。燕は四月上旬飛來し、十月下旬に飛び去る。眞雁の渡りは秋は十月乃至十一月で、春は三月乃至四月、赤《アカ》筑紫鴨《ツクシカモ》は秋は十一月春は四月上旬、眞鴨・小鴨・金黑羽白は秋は九月下旬春は三月上旬頃に來去する。其の他夏秋季になると鶯・黄鳥・四十雀・頰白・鶺鴒其の他の鳴禽類を見る。爬虫類は特種のものは居ないが、蛇は主としてヤマガカシが多く、其の他蛙・蜥蜴位が居るに過ぎはい。赤腹蛙は此の地方には棲息して居ないと云ふ。

野生獸類は殆ど現在見ることは出來ないが、約五十年前頃迄は狼・獐・野兎等を見たと稱して居る。

(三) 植物

植物中穀菽類としては前記した如く稻・大麥・黍・大豆・小豆・胡麻等で、稗は栽培して居ない。蔬菜は大根・

白菜・葱・玉葱・蒜・蕃椒・葫羅蔔・里芋・水菜・牛蒡・其の他棉・瓜類、果樹には苹果・杏・李・梨・桃・棗・葡萄・栗等の栽培を見る。自然生樹木には松・櫟・河柳・眞柏・朝鮮桐・楓・漆木・樫・朝鮮樫等がある。寫眞に見えるイヌエンジュは老樹にして、七八十年を經過したものである。其の他最近に栽植せられてあるのは桐・櫻・落葉松等の外に玉椿・黄薔薇・桑等である。(完)

明治四十三年

産業之栞

朝鮮全羅北道廰

産業之栞

目次

明治四十三年九月編纂

目次

◎全州ノ位置及地形

全州ハ全羅北道ノ中央ニ位シ西方ハ全州川ニ臨ミ東西南ノ三方ハ峯巒ヲ以テ圍繞シ北方ハ平野ニ接シ山水秀麗ノ地ニシテ戸數四千百六十九、人口一萬八千〇七十六人此地本道ノ首府ニシテ觀察道廳、光州地方裁判所全州支部、財務監督局、守備隊、憲兵隊、警務部、區裁判所、郡廳、警察署、京城衛戍病院全州分院、全州慈惠醫院財務署、種苗場、郵便局、棉採種圃、光州監獄全州分監、內部土木局出張所、物產陳列場、日本人會、全州郡民會、農林學校、尋常高等小學校、公立普通學校及各種私立學校、全州新報社、農工銀行、金融組合、手形組合、布教所及教會堂等アリ各官衙及各種機關殆ンド備ハラサルモノナク特ニ一眸千里ノ稱アル沃田平野ヲ擁シ本道內交通ノ中樞ニシテ商業亦繁盛ナリ客年群山港ニ通スル全群車道ノ開通以來往來愈頻繁ニシテ物貨ノ出入亦多ク內地人ノ來リ住スルモノ日ニ月ニ其數ヲ增シ漸ク舊來ノ市街面目ハ日ニ改良シ今ヤ日人戸數四百五十六戸一千四百九十一人ノ多數ニ達シ將來ニ最モ有望ノ地タリ

◎陸上交通

全州ハ西北方群山ニ十二里北江景ニ十一里南方南原ニ十四里其他金堤、益山、鎭安、高山、任實等ノ各郡ニ抱擁セラレ眞ニ四通八達ノ衝ニ當リ特ニ群山港ニ達スル幅員約四間ノ坦々タル車道ハ客年內部ニ於テ模範道路トシテ修築セラレシ以來全群間ノ交通往來ハ頗ル頻繁トナリ百貨ノ出入亦昔日ノ幾倍ナルヲ知ラズ其他全州ヲ中心トシテ各郡ニ通スル道路ハ從來狹隘ニシテ恰モ田圃ニ於ケル畦畔ノ如ク極メテ不便ナリシヲ以テ隆熙二年（明治四十一年）ヨリ各府郡ニ訓諭シ春秋農閑季ノ習慣賦役ニヨリ漸次擴張改修セシメツヽアリテ山坂ノ難工事ト河川ノ橋梁ヲ除ク外ハ約二間ノ道路トナリ昔日ノ如ク甚シキ不便ヲ感スルコトナシ加フルニ本年ノ地方費事

業トシテ金堤邑內、江景街道及火浦渡場等ヨリ全群車道ニ通スル改修里程約十數里ノ竣工ヲ見ルベク又國費支辨トシテハ近キ將來ニ於テ全群路線ニ接續シテ光州通路ノ改修行ハル、計畫アリ嚢ニ群山全州間ニ馬車鐵道ノ敷設ヲ計劃シテ既ニ其筋ノ許可ヲ得タルモノアリ殊ニ湖南鐵道敷設ハ本道ノ交通關係ニ於テ一層注目ノ價値アルベシ

◎通信

全羅北道一府二十七郡ノ內群山、全州、南原、高敞、古阜、泰仁、淳昌、鎭安、龍潭、錦山、大場村（益山郡茁浦（扶安郡）ノ十二ケ所ニハ郵便局所ヲ設置セラレテ郵便電信ノ取扱ニ從事シ金堤、咸悅二郡ニハ郵便取扱所アリ又市街電話ハ群山全州ノ二ケ所ニシテ其間及忠南ノ江景ト倫山ト相聯絡スル長距離電話ノ設アリ將又警備電話ハ南原、任實、鎭安、茂朱、珍山、金溝、金堤、古阜、茁浦、高敞ノ十ケ所ニ架設アリ尙以上ノ外續々增設ノ計劃中ニアリテ事若シ急速ヲ要スル場合ハ瞬間目捷ノ間事ヲ辨スルコトヲ得毫モ不便ヲ感スルノ患ナシ目下全州ヨリ郵便物ノ各郡ニ到達スル日數ヲ左ニ揭示ス

差立地	到着地	到着日數	備考
	任實	二日	
	南原	二日目	
	淳昌	二日目	
	雲峰	三日目	
	金溝	當日	

差立地	到着地	到着日數	備考
	泰仁	當日	
	井邑	二日	
	古阜	二日	
	茁浦	二日目乃至三日目	

全州	
興德	二日目乃至三日目
高敞	二日目乃至三日目
茂長	三日目乃至四日目
鎮安	當日乃至二日目
長水	二日目乃至三日目
大場村	當日
群山	當日
萬頃	當日
萬頃郵遞所	二日目乃至三日目
金堤	當日
扶安	當日目乃至三日目

全州		
益山	當日	
礪山	當日	
龍安	二日目乃至三日目	
咸悅	二日目乃至三日目	
臨陂	二日目乃至三日目	
高山	一日乃至二日目	
珍山	二日目乃至三日目	
錦山	二日目乃至三日目	鎮安、珍山又ハ江景經由
茂朱	三日目乃至四日自	
龍潭	二日目乃至三日目	

◎水運

我全北平野ハ錦江、萬頃、東津ノ三江ヲ左右ニ控ヘタルヲ以テ水路交通ノ便ハ實ニ甚大ナルモノアリ次ノ如シ

一錦江、忠清南北両道ノ境界ヨリ西南ニ流レテ下流ニ群山港ヲ作リ海ニ注ク延長六十里中流公州江景間ハ四五

十石積ノ韓船ヲ通シ下流江景ヨリ群山間ハ小蒸氣船ヲ以テ上下共貨客ノ來往頻繁ナリ其流域ヲ霑ス灌漑ノ便ハ年々幾百萬圓ノ米穀ヲ產ス

二萬頃江、源ヲ全州郡爐岩ニ發シ金溝郡ヨリ來ル鍬川高山郡ヨリ來ル漢川ト合シ益山、咸悅、臨陂ノ平野所謂全州平原ヲ貫キ西流シテ海ニ入ル江口ヨリ十九里十八町ハ舟揖ノ便アリ上流益山郡大場村ノ最高潮時ハ約十余尺ヲ增水ス浦口中最モ船舶ノ出入多キハ大場村双口浦、夢山ニシテ米、麥、大豆、烟草等ノ貨物ヲ輸出シ又塩其他ノ海產物、石油、金巾、紡績糸、日本陶器類、明太魚等ヲ輸入スルハ此江流ニ依ル

萬頃江ニ來往スル船ハ例年九月十月頃ヨリ舊五月迄ノ間ニ多ク船ハ大形ノ韓船二三百石積多シ各浦口一ケ年ノ出入船舶ノ凡ソ七百艘ト見テ一艘平均二百五十石積合計十七萬五千石ノ多額ニ上ルト云フ

三東津江、泰仁、井邑ノ両郡ヨリ發シ數川ヲ合シ西北ニ流レテ扶安ノ北萬頃江ノ南海ニ注ク重ナル浦口ハ鳥浦、文浦、平橋浦、西浦、禾浦、支流ノ竹山等ニシテ其禾浦ハ米穀ノ集散最モ盛ナリ就中船舶ノ來往頻繁ナル浦口ハ文浦ヲ以テ最トス文浦迄ハ二三百石積韓船ノ往來スルコト滿潮時ニハ一日數十艘ノ多キニ及ビ干潮時ト雖モ百石積以下ノ小船常ニ航通セリ

此江一帶ノ流域ガ米產地ニシテ江流貨物ノ運漕亦蔑視スベカラサルモノアリ然ルニ近年ニ到ル迄此江ノ流域ヲ木浦ノ勢力圏内ニ委シ棄テ顧ミサルノ情態ニアリシモ近年ニ到リ此江ノ流域ニ農場ヲ設置シ或ハ商店ヲ開キ着々施設スル處アリテ東津江ノ名多ク知ラル、ニ到レリ即年々此江ニ依リテ米、麥、大豆等ヲ輸入シ塩、明太魚、金巾、石油、日本陶器類ヲ輸出スルコト萬頃江ト大差ナシ現ニ群山ニ輸出セル米穀ノ如キモ年々五萬俵以上ニ達シ其他京仁地方エ直接廻漕セルモノアリト云フ

◎全羅北道面積

全羅北道ハ東西二十八里南北二十四里ニシテ其全面積及府郡面洞里數左ノ如シ

廣袤	府郡數	面數	洞里數
六〇七方里	二八	三七八	六、八九八

◎氣候

本道内各地ノ氣溫ハ幾分ノ差アリト雖モ中央全州ニ於ケル衛戍病院ノ觀測ニ據レバ年内ノ極暑ハ八月ニシテ三十六七度（攝氏、以下同シ）極寒ハ一、二月ニシテ零下十度乃至十七度ナルヲ以テ之ヲ帝國本土ニ比較スルモ堪ヘ難キ程ノ氣候ニアラス中等以上ノ良土ナリ但月内寒暖ノ差ハ內地ニ比シ劇變アリ又冬季凜寒ノ候ト雖モ所謂三寒四溫ノ變化ニ因リ居常凌キ良キ心地セリ三寒四溫ハ朝鮮古來ノ諺ニシテ之ニ關スル仁川觀測所ノ說ニ曰ク朝鮮全半島ヲ通シ季節風ノ勢力卓越スルヲ以テ主風ノ方向ハ季節ニ依リ略一定ナリ即十月ヨリ四月迄ハ北乃至北西風ニシテ六月ヨリ八月迄ハ一般ニ南東風ナリ兩季節風ノ交代期ナル五月乃至九月前後ハ風向區々ニシテ一定セズ又西岸及南岸ハ冬季ノ北西風ヲ受クルカ故ニ此季節ニ於テ風力殊ニ強ク之ニ反シ東岸ハ朝鮮山脈ニ遮キラルヽニ依リ概シテ弱シ而シテ冬季大陸方面ニ高氣壓ノ發達セル時ニ際シ偶々日本海方面ニ低氣壓ノ通過スルモノアルトキハ强烈ナル北乃至北西風ヲ起スト共ニ氣溫頓ニ降リ甚シキハ前日トノ差十度以上ニ達スルコトアリ然レトモ氣壓ノ配布舊ニ復シ高壓部ノ衰退スルト共ニ風力減シ寒氣亦退クヲ以テ冬季ニ於テハ寒暖ノ日交錯スルヲ常トス俚俗ニ三寒四溫ノ語アルハ蓋シ之ヲ云フナリ云々

全州氣象観測表

明治四十二年調

月別	高低	雨量	氣温	風力
一月	最高	一〇粍五	八度五	二
	最低	〇、二	△一二、五	〇
二月	最高	一二、一	一二、五	三
	最低	〇、一	△一一、五	〇
三月	最高	四、八	一七、五	三
	最低	〇、四	△九、五	一
四月	最高	三五、〇	二七、五	四
	最低	五、三	△三、五	一
五月	最高	二七、七	二八、〇	五
	最低	〇、一	五、五	一

六月	最高	五四、〇	三二、〇	三
	最低	一、八	一〇、〇	一
七月	最高	一七、五	三五、〇	三
	最低	四、五	一二、〇	一
八月	最高	三五、〇	三六、〇	三
	最低	〇、九	一七、〇	一
九月	最高	二七、九	三二、〇	三
	最低	〇、三	九、〇	一
十月	最高	二五、五	二八、〇	三
	最低	〇、四	二、五	一
十一月	最高	二四、〇	二四、〇	六
	最低	〇、五	△三、五	一
十二月	最高	一二、〇	一四、〇	四
	最低	〇、三	△一二、〇	〇

備考

（イ）雨量ノ單位ハ「ミリメートル」ナリ

一「ミリメートル」ハ一坪ニ付一升八合三勺即チ一反歩ニ付五石四斗九升八合ナリ

（ロ）氣溫ハ攝氏ニ依ル

△ハ零度以下ノ符號ナリ

（ハ）風力ハ〇ハ靜　一ハ和　二ハ軟　三ハ强　四ハ疾　五ハ颶　六ハ暴ノ七種ニ分チテ表示シタルモノナリ

降霜雪表

	初霜	初雪
明治四十一年	十月二十八日	十一月十六日
仝　四十二年	十月二十一日	十一月五日

要水農期全州雨量比較表

區別	明治四十年 六月	七月	八月	計	明治四十一年 六月	七月	八月	計	明治四十二年 六月	七月	八月	計	明治四十三年 六月	七月	八月	計
一日	—	四、九	二七、五	三二、四	—	七、九	—	七、九	—	一〇、〇	八、四	一八、四	二二、七	一三、八	—	三六、五
二日	—	〇、七	—	〇、七	—	—	—	—	—	一三、七	一〇、四	二三、一	—	一三、五	—	一三、五
三日	—	—	三、五	三、五	—	—	—	—	—	—	—	—	二、五	三、八	—	六、三
四日	—	—	—	—	—	〇、二	—	〇、二	五四、〇	—	—	五四、〇	三三、八	—	—	三三、八
五日	—	—	—	—	—	—	一、四	一、四	二九、〇	—	—	二九、〇	—	—	三三、三	三三、三

氣候

六日	―	―	二、五	二、五	〇、三	―	四、七	五、〇	〇、六	一六、二	―	一六、八	―	一二、五	―	一二、五
七日	七〇、〇	一七、三	一三、一	一〇〇、四	―	―	―	―	―	四、五	八、八	一三、三	―	三三、六	―	三三、六
八日	―	一八、九	四七、〇	六五、九	―	一七、二	―	一七、二	五、〇	―	―	五、〇	―	二六、五	―	二六、五
九日	―	―	―	―	―	三九、六	〇、二	三九、八	一、八	―	―	一、八	―	一三七、〇	三、〇	一三〇、〇
十日	一七〇、〇	―	三八、五	二〇八、五	―	一、三	二四、〇	二五、三	―	―	―	―	―	―	―	―
十一日	一四五、〇	―	―	一四五、〇	―	三、八	―	三、八	―	八九、〇	―	八九、〇	―	―	一〇、五	一〇、五
十二日	一三〇、九	―	―	一三〇、九	―	一〇、〇	七、二	一七、二	―	―	―	―	―	―	―	―
十三日	一三、二	四六、〇	―	五九、二	四、一	一五、〇	六三、四	八二、五	五四、〇	―	三、〇	五七、〇	五、六	〇、五	―	六、一
十四日	―	二七、六	二〇、二	四七、八	―	七、〇	一〇、二	一七、二	―	―	一、〇	一、〇	八、七	〇、二	―	八、九
十五日	―	三〇、九	―	三〇、九	―	二、一	―	二、一	―	―	三五、〇	三五、〇	〇、五	四九、一	―	四九、六
十六日	―	―	―	―	〇、八	四、〇	―	四、八	―	―	―	―	〇、二	五五、六	―	五五、八
十七日	―	―	―	―	一六、〇	―	―	一六、〇	―	―	―	―	―	八、六	―	八、六
十八日	―	―	―	―	一〇、三	―	二、三	二三、六	―	―	〇、九	〇、九	―	三三、六	―	三三、六
十九日	―	二〇、〇	―	二〇、〇	〇、四	―	―	〇、四	―	二五、〇	―	二五、〇	八三、八	九、二	―	九三、〇
二十日	―	六、二	―	六、二	―	―	六、〇	六、〇	―	―	―	―	一、七	二一、四	―	一三、一
廿一日	―	―	―	―	〇、二	―	四、三	四、五	―	―	一〇、五	一〇、五	―	八、二	一六、〇	二四、二
廿二日	―	―	―	―	五、六	一七、四	四、三	二七、三	―	一四、〇	―	一四、〇	一、五	一七、七	七三、〇	九二、二
廿三日	―	―	―	―	―	―	一、三	一、三	―	―	―	―	〇、一	三八、一	―	三八、二
廿四日	―	―	二六、〇	二六、〇	―	二、七	―	二、七	―	―	二〇、〇	二〇、〇	―	一〇、〇	〇、五	一〇、五

廿五日	廿六日	廿七日	廿八日	廿九日	三十日	卅一日	合計
—	—	—	—	—	—	—	五一九、二
—	—	—	—	—	—	二五、〇	一二九七、五
—	—	—	—	六、八	—	—	一八五、一
—	—	—	—	六、八	—	二五、〇	一九〇一、七
三三、四	三三、三	〇、六	二七、二	—	九、五	—	一四〇、七
一八、七	—	一三、〇	—	—	—	—	一六八、九
五〇、三	三五、二	六三、五	—	—	—	—	二七八、三
一〇二、四	六七、五	八六、一	二七、三	—	九、五	—	三九七、九
—	—	—	—	四、〇	—	—	一四八、四
—	—	—	—	一四、五	—	四、九	一九〇、八
六、〇	一、六	九、五	—	—	—	—	一二五、一
六、〇	一、六	九、五	—	一八、五	—	四、九	四五四、三
三五、二	六、〇	—	—	—	—	—	二〇二、三
一、七	四、五	三八、〇	七、〇	—	—	—	六一三、一
—	五、五	一、三	一四、一	—	—	八、二	一五五、四
三六、九	一六、〇	三九、三	三一、一	—	—	八、二	九七〇、八

備考　單位「ミリメートル」ナリ但一「ミリメートル」ハ一坪ニ付一升八合三勺即チ一反歩ニ對シ五石四斗九升八合ノ割合ナリ

◎衛生

全羅北道ノ氣候風土ニ於テ内地ニ比レ中位ヲ降ラズト雖モ朝鮮人ハ未タ衛生ノ何タルヲ解スルモノ少ナク即チ家屋ハ矮陋卑濕ニシテ空氣ノ疏通充分ナラス道路宅地ハ糞尿ヲ以テ汚サレ食物ハ群蠅ノ寄集産卵ニ委シ彼等ノ皮膚ハ汚垢千日ヲ經ルモ沐浴スルコト稀ナリ彼等下等社會ハ腐敗物ヲ食シテ中傷セズ道路ニ起臥シテ自若タル有様ヨリ見レバ彼等ノ衛生ニ無頓着タル由縁ナルベキモ近來當局者ノ切ナル注意ニ依リ道路宅地ノ清潔稍面目ヲ改メツヽアリ今後衛生思想ノ普及ハ頗ル遼遠ノ感アリ

治療　彼等ノ病ムヤ多クハ醫藥ヲ頼マズ一ニ神仙ノ祈禱ニ依頼シ神水若クハ供物ヲ以テ藥劑以上ノ効驗アリト

信シ醫藥ヲ顧ミサルノ慣習アリ然レトモ文明醫術ノ効果ニ付テハ大ニ之カ信頼ノ念ヲ生シ客年全州ニ慈惠醫院ヲ開設セラルヽヤ忽チ門前市ヲナシ治療ヲ乞フモノ日ニ幾百ノ多キヲ算シ今ヤ數十里ヲ遠シトセズ來院スルモノ尠カラズ外科ノ奏効迅速ナルヲ最モ敬服セルガ如シ

地方病及傳染病　全州地方ハ由來健康地ニシテ惡疾ノ地方病ナク强テ其病名ヲ擧クレバ少數ノ象皮病、麻剌里亞等ナリ時ニ又傳染病アルモ是又少數ナリ現ニ全州慈惠醫院ノ調査ニヨレバ本年一月以來傳染病ハ腸窒扶斯一二、赤痢四、實扶的里二、ニシテ腸窒扶斯ハ六七月ノ雨季ニ多シ蓋シ井水ノ設備不完全ニ因ルモノナランカ尤モ朝夕寒暑ノ劇變ハ内地ヨリ甚シク爲ニ動モスレバ寒冒症ニ罹リ易シ新來ノ移住者ニハ特ニ注意ヲ要ス

病院及醫師所在地表

醫院又ハ醫師	所在地	氏名
慈惠醫院	全州南門内	院長 君塚鉄三郎 醫員 北村良康
吉田醫院	仝 西門内	吉田周造
佐久間醫院	仝 西門内	佐久間龜次郎
醫師	群山居留地四九號地	中山虎丸
仝	仝 五一號地	小鳥一
仝	仝 全州通三一號地	岩崎懷
仝	仝 一條小路一一一番地	國富彌

仝	仝居留地外明治町八番地	藤井健造
群山病院	仝居留地	戸塚嘉一
醫師	益山郡大塲村	志方達

◎警備機關所在地

守備隊　仝州　茂朱　鎭安　南原　淳昌　高敞　古阜　扶安　群山

憲兵隊及警務部　仝州

仝分隊　益山　南原　古阜　錦山

仝分遣所
五山里（益山郡）　益山邑内　梧亭里（龍安）　礪山邑内　龍安邑　半月里（金堤）　高山邑
雲峰邑　淳昌（淳昌左部面）　西林村（南原見所谷面）
扶安邑　金溝邑　屯基（泰仁）　避老里（淳昌下置等面）　泰仁邑　禾湖里（泰仁）　金堤邑
長燈（龍潭二西面）　珍山邑　茂朱邑　龍潭邑　茂豐塲（茂朱富内面）

警察署　仝州　鎭安　任實　井邑　高敞　茁浦（扶安）　群山

巡査駐在所

九津里（全州所陽面）　長溪（長水郡）　長水邑　魯壇（長水溪西面）　葛潭（任實江津面）　贄樹（南原德生面）　五山里（井邑北面）　月城里（井邑南一面）　川原（井邑西一面）　與德邑　茂長邑　所應浦（茂長心元面）　中溪（扶安山內面）　沃溝邑內　萬頃邑內　孔德里（萬頃北二面）　新倉津（萬頃）　臨陂邑內　羅浦（臨陂）　咸悅邑內　黃登（咸悅南一面）　熊浦（咸悅西二面）

◎警察事故

明治四十二年自一月至十二月窃盗詐欺件數表　其一

全北警務部

種別 罪別		犯罪件數	被害人員 韓	被害人員 日	被害人員 外	被害金額 韓	被害金額 日	被害金額 外	檢擧件數
窃盗	屋内	二六四	七七	一九〇	四	九六一円八七六	三、四一一、三五五	六九、六〇〇	一一七
	屋外	二八	三二	八	…	二〇九円九五〇	三一、一五〇	—	一八
詐欺		八一	六四	三二	…	一、六九〇円二〇〇	六九五、七七〇	—	六〇

種別	検挙人員 韓	検挙人員 日	検挙人員 外
窃盗 屋内	一〇三	一二	…
盗 屋外	二六	…	…
詐欺	七三	二五	…

明治四十三年自一月至十二月窃盗詐欺件数表 其二

種別 罪別	犯罪件数	被害人員 韓	被害人員 日	被害人員 外	被害金額 韓	被害金額 日
窃盗 屋内	二四〇	一〇一	一五六	七	三、七七二円六六〇	一四、〇七九、〇〇五
盗 屋外	三三	一六	二〇	…	三七七円六七四	二一三、〇〇〇
詐欺	二三	一九	九	…	一、五〇〇円七三〇	二一七、九〇〇

外	檢擧件數	檢擧人員 韓	檢擧人員 日	檢擧人員 外
三六九、一〇五	一一八	一一七	四	…
…	一〇	二〇	二	…
…	二五	一九	一〇	…

明治四十二年自一月至十二月強盗件數表　其一

全北警務部

明治四十三年自一月至七月強盗件數表　其二

種別／被害者別	犯罪件數	被害金額	檢擧件數
韓人	四四〇 未遂二	一三、〇七五円六二八	五八
日人	…	…	…
其他外國人	…	…	…
計	四四〇 二未遂	一三、〇七五円六二八	五八

種別／被害者別	韓人	日人	其他外國人	計
犯罪件數	一〇二	二	…	一〇四
被害金額	一、七五八円三九二	一六、〇〇〇	…	一、七七四、三九二
檢擧件數	三六	一	…	三七

◎教育

我全羅北道ニ於ケル教育機關ハ左ノ如シ

朝鮮人學校

明治四十三年八月末日調

學校別	校數	生徒數
公立普通學校	四	八一四
公立實業學校	二 内一校ハ公立全州農林學校	九〇
私立學校（普通學校程度以下）	七六	四、〇三七

內地人小學校

明治四十三年四月末日調

學校名	所在地	所管理事廳	管理者	學校長	兒童數 男	兒童數 女	兒童數 計	學級數	教員數 正教員	教員數 其他	教員數 計	開校年月日	指定年月日
群山尋常高等小學校	全北群山	群山	群山居留民團	野田武治	二三四	二〇一	四三五	一〇	一〇		一〇	三一、五	三九、一〇、一二
全州尋常高等小學校	仝　全州	仝	全州日本人會	佐伯庄吉	六四	五〇	一一四	四	二	一	三	四〇、六	
南原常尋小學校	仝　南原	仝	南原學校組合	福田保德	六	四	一〇	一	一		一	四三、一	
大場村尋常小學校	仝大場村	仝	大場村組合	伊東過作	六	八	一四	一	一		一	四三、一	
古阜尋常小學校	仝　古阜	仝	古阜學校組合	國重　節									
錦山尋常小學校	仝　錦山	仝	錦山學校組合										

備考　○印目下設立準備中

◎戸口

全羅北道戸口調查表

（明治四十三年六月末日現在）

府郡	土人 戸數	土人 人口	內地人 戸數	內地人 人口	外國人 戸數	外國人 人口
全州	一八、七二六	八一、八六二	四六六	一、四九二	二三	七八

戶口

金溝	五、四二二	二五、七五五	一四	三〇	四	一一
益山	八、五〇八	三七、三五〇	七五	二五八		
礪山	四、五八六	二一、一八六	二四	八〇	八	一三
金堤	八、一四七	四〇、〇五〇	六〇	一九八	四	七
鎭安	六、〇一六	二八、七九四	一八	五五		
高山	五、七五五	二七、九一六	二	五	二	二
古阜	九、三四九	四二、三七八	四八	一〇三		
泰仁	九、六六七	四二、五八七	二五	八四	二	四
扶安	一一、〇二六	五二、九八二	四八	一四七	八	三九
井邑	四、四〇四	一九、五六四	三二	六五	二	二
興德	五、四二三	二四、八二二	六	一六		
高敞	三、七四九	一五、五二二	一九	四一		
茂長	九、六四〇	四二、五七六	五	一一		
南原	一六、五三八	七二、七九五	四三	一〇三		
任實	一二、二二九	六三、一八九	一五	三二		
長水	八、三六七	四六、九六九	八	一一		
淳昌	一一、三二九	五二、一五三	七	一七		
雲峰	四、三〇九	一九、〇一二	三	四		
錦山	七、二八七	三一、三七五	三五	八〇		

珍山	二、九七四	一三、七九五		四		
茂朱	七、四六七	二六、三五六	九	二七		
龍潭	四、二四六	一八、九八〇	四	一九		
沃溝	四、七九二	二一、八三〇	九八一	三、六四七	三五	一〇八
萬頃	四、一七二	二〇、〇〇二	一八	六四		
臨陂	五、七八四	二七、〇三八	二八	一三三	四	一二
成悦	四、〇五〇	一九、〇三八	二一	五一	一	二
龍安	一、八七五	九、一二五				
計	二〇五、八三七	九六四、九九二	二、〇一四	六、七五五	九三	二七八

備考　守備隊並ニ憲兵隊人員ハ之ヲ含マズ

全羅北道内地人戸口累年比較表

調査年月日	戸数	人口	前年度ニ對スル増數 戸数	前年度ニ對スル増數 人口	一戸當リ人口
明治四十一年一月一日	一、一一三	三、八九一	—	—	三人五分弱
仝四十二年一月一日	一、五二六	五、一八四	四一三	一、二九三	三人四分弱
仝四十三年七月一日	二、〇一四	六、七五五	四八八	一、五七一	三人四分弱

備考　本調査ハ其調査年月同一ナラザルヲ以テ正確ニ比較スルコト能ハサルモ其概要ハ比較的ニ之ヲ知悉スルコトヲ得ベシ

内地人ノ年一年本道管内ニ來住スルモノノ多キハ即チ前表ノ如シ今本年六月末調査ノ金州市街及市街附近ニ居住スルモノノ府縣別ハ左ノ如シ

金州市街及市街附近居留内地人府縣別表

本籍	男	女	計	本籍	男	女	計
北海道廳	七	四	一一	新潟縣	一四	八	二二
東京府	五一	四七	九八	埼玉縣	四	六	一〇
京都府	一五	一七	三二	群馬縣	六	四	一〇
大阪府	二六	一六	四二	千葉縣	二	一	三
神奈川縣	三	二	五	茨城縣	九	二	一一
兵庫縣	二一	一五	三六	奈良縣	七	二	九
長崎縣	六〇	五三	一一三	三重縣	六	一	七
愛知縣	一九	一二	三一	福井縣	二	一	二
靜岡縣	二	三	五	石川縣	二六	一七	四三
山梨縣	二	一	三	富山縣	八	四	一二
滋賀縣	八	一	九	鳥取縣	一三	五	一八
岐阜縣	一四	一三	二七	嶋根縣	五二	四三	九五

長野縣	二三	一〇	三三
宮城縣	一一	一一	二二
福島縣	六	六	一二
岩手縣	八	五	一三
青森縣	三	二	五
山形縣	八	五	一三
秋田縣	七	二	九
高知縣	一七	一四	三一
福岡縣	六七	五〇	一一七
大分縣	六四	六六	一三〇
佐賀縣	三四	二〇	五四
熊本縣	一七七	一一四	三二一
岡山縣	二八	一六	四四
廣島縣	七一	六三	一三四
山口縣	一〇七	一〇三	二一〇
和歌山縣	五	四	九
德島縣	一三	九	二二
香川縣	一五	二〇	三五
愛媛縣	七	一二	一九
宮崎縣	六	五	二
鹿児島縣	四六	三四	八〇
沖繩縣	|	|	|
總計	一、一〇〇	八八四	一九八四

渡日者全州現住表

明治四十三年九月調

渡日人名	官職名	歸朝年
金漢睦	現任道事務官	距今十二年前
金相淳	現任警視	仝十五年前

金秉旭	正三品	仝十三年前
白南信	従二品	仝二年前
李元相	現任金融組合長	仝
鄭碩謨	私立涵育學校長	仝
朴基順	現任礪山郡守	本年春
金永哲	従二品	仝
李鎮白		距今五年前
李基枋	現任道主事	仝三年前
李承漢	留學生	本年夏
李英漢		一年前
姜友善		本年春
張在洙		仝

全羅北道農業者調査表

明治四十二年十二月末日調

府郡	土人		内地人		清國人	
	戸数	人口	戸数	人口	戸数	人口

全州	一三、六六七	二八、九三九	六	二九	一	二
任實	九、〇五八	三九、二三六	：	：	：	：
南原	一二、二一三	三九、八〇五	：	：	：	：
井邑	三、二五一	一四、九四四	一	一	：	：
淳昌	一〇、五二二	五四、〇五二	：	：	：	：
興德	三、九八六	一七、四一二	：	：	：	：
高敞	二、八九〇	一六、二九八	四	一〇	：	：
扶安	八、一九二	二九、六八四	一	六	：	：
古阜	七、五六二	三一、一八四	一	三	：	：
泰仁	九、六六七	四五、五八六	一四	三六	一	二
金堤	六、一七七	二六、三八八	一七	五二	：	：
萬頃	三、五六三	一三、六九六	八	二七	：	：
沃溝	四、三一〇	二〇、一〇九	三八	一一四	六	一一
臨陂	三、八九一	一二、〇五〇	二〇	八九	：	：
咸悅	三、七八〇	一六、二二二	一二	二三	：	：
益山	七、八六一	三五、〇一一	四八	九九	：	：
礪山	三、九〇二	一六、八六六	一八	六四	五	一三
高山	四、七〇一	一九、五〇三	：	：	：	：
錦山	五、四七〇	二〇、九六二	三六	九四	：	：

龍安	一、三六二	九、八六七	…	…	…	…
茂朱	六、八六二	三三、七二九	…	…	…	…
龍潭	三、三一九	一四、〇四三	…	…	…	…
茂長	九、一四五	四一、一四五	…	…	…	…
珍山	二、八四二	一三、四九六	…	…	…	…
鎭安	五、五一六	二六、四〇三	…	…	…	…
長水	八、二六八	二七、八〇三	…	一	…	…
金溝	三、八六〇	一五、五七〇	二	四	…	…
雲峯	三、〇五六	一三、四九六	…	…	…	…
合計	一六八、八九三	七〇三、四九九	二三一六	六五一	一三二	二一七

◎物資集散狀況

全州ハ本道ノ首府ニシテ道廳其他ノ諸官衙、銀行、會社、病院、各種學校アリ且一面ハ全州ノ平野ヲ擁シ各郡邑ニ通シ内地交通ノ中樞ナルヲ以テ商業繁盛物資ノ集散亦頻繁ナリ今其輸出貨物ヲ見ルニ一ハ日本人向ニシテ内地ヨリ一ハ朝鮮人向ニシテ全南忠北及本道等ノ土産ヲ主トシ其他棉布、石油、燐寸、砂糖、卷煙草、雜貨等内地ト淸國ヨリ來ルモノ亦尠カラス

明治 自四十二年一月 至仝年十二月 於全州集散貨物表

輸入之部

品目	數量	價格
日本煙草	六、〇六〇貫	二〇、〇九四、〇〇〇
全清酒	二五九石	一四、七七四、四〇〇
全麥酒	三六〇函	三、九六〇、〇〇〇
味噌	一、五〇〇貫	
醬油	二一六石	九、一三〇、〇〇〇
乾物野菜	八、二〇〇貫	三、四〇八、〇〇〇
綿	三、二〇〇貫	六、四〇〇、〇〇〇
呉服太物		四四、〇〇〇、〇〇〇
日本紙、西洋紙		六五、〇〇〇、〇〇〇
藥品		六、〇〇〇、〇〇〇
雜貨品		二九、八〇〇、〇〇〇
陶磁器		一三、〇〇〇、〇〇〇
麥粉	一三、六〇八貫	六、八〇四、〇〇〇
砂糖	一、八二四俵（百斤入）	一九、〇三二、〇〇〇
金物硝子	七二〇個	七、二〇〇、〇〇〇
金巾	三〇、八〇〇疋	一七五、五六〇、〇〇〇

輸出之部

品目	數量	價格
牛皮	六〇、〇〇〇斤	二四、〇〇〇、〇〇〇
朝鮮紙		二六、三五〇、〇〇〇
全烟草	六二、〇〇〇斤	八、〇六八、〇〇〇
米	六、〇〇〇石	四五、〇〇〇、〇〇〇
雜穀	四、五〇〇石	二〇、三五〇、〇〇〇
團扇	七〇、〇〇〇本	二、八三〇、〇〇〇
扇子	二〇、〇〇〇本	一、八〇〇、〇〇〇
合計		一三八、一八八、〇〇〇

木材及板		四八、〇〇〇、〇〇〇
明太魚	三、五六〇個	一、六九〇、〇〇〇
石油	一、三六八打	五、一九八、〇〇〇
合計		五八、二三五、四〇〇

備考　將來全州ヨリ葛潭、淳昌、潭陽等ヲ經由シテ公州ニ至ル道路及任實、淳昌ニ至ル道路、任實、南原、河東ニ至ル道路完成ノ上ハ移住者多ク從テ集散貨物多大ナルベシ

市場集散貨物表

（明治四十二年十二月調）

郡名	市數	開市日	集散物種類	一ヶ月集散高	一ヶ年集散高	集散區域	摘要
全州	三	二、五、七、八、	米穀、木綿、薪炭、紙、牛、乾物、小間物	五四、〇〇〇円	六四八、〇〇〇円	仁川、釜山、群山、光州、南原、任實	國市日欄中二、三、七、八、トアルハ二日十二日二十二日七日十七日廿七日等ノ如シ
礪山	三	四、九、七、	米穀、薪炭、烟草	一、〇〇〇	一二、〇〇〇	全州、高山、益山	
高山	二	四、九、	米穀、牛、木箱、木綿、煙草	六、〇〇〇	七二、〇〇〇	全州、益山、礪山、恩津、連山	
南原	二	四、九、	木綿、煙草、麻布、牛、紙、魚類	一六、〇〇〇	一九二、〇〇〇	任實、淳昌、長水、鎮安、光州	
任實	一	一、六、	白米、煙草、耕牛、麻布、海產物	三、七〇〇	四四、四〇〇	南原、全州、淳昌	
淳昌	一	一、六、	白木、煙草、魚類、紙、麴子	一、七〇〇	二〇、四〇〇	任實、求禮其他全南沿海岸	
錦山	二	一、一、六、七、	米穀、薪炭、煙草、紙、明太魚、鷄	二七、六〇〇	三三一、二〇〇	珍山、龍潭、茂朱、江景、懷德	

茂朱	二	一、四、六、九、	米穀、金巾、煙草、牛肉、薪炭、紙	四、二〇〇	五〇、四〇〇	錦山、其他忠清北道慶尚南道
古阜	四	一、三、四、六、八、九、	米穀、麻布、木綿	二七、〇〇〇	三二四、〇〇〇	扶安、泰仁、井邑、金堤
井邑	一	一、七、	米穀、麻布、木綿、陶器、麻苧	三〇、〇〇〇	三六〇、〇〇〇	古阜、泰仁、興德、淳昌、長城
臨陂	一	二、七、	米穀、大豆、白木、煙草、塩、草鞋、豚肉	一二、〇〇〇	一四四、〇〇〇	沃溝、咸悅、益山
鎮安	二	三、五、八、十、	米、豆、麻布、煙草、白木、牛肉、魚類	三、〇〇〇	三六、〇〇〇	全州、南原、長水、龍潭
長水	三	一、三、六、八、	麻布、煙草、米、豆、牛肉、白木、唐木	五、〇〇〇	六〇、〇〇〇	全州、南原、龍潭、鎮安
龍潭	一	四、九、	白木、唐木、米、豆、牛肉、烟草、草鞋	二、四〇〇	二八、八〇〇	全州、南原、錦山、高山、長水、鎮安
金堤	三	一、二、三、六、七、八、	木綿、烟草、紙、牛、豚肉、木炭、生牛	二七、〇〇〇	三二四、〇〇〇	古阜、泰仁、扶安、南原、全州
高敞	六	一、二、三、四、五、六、七、八、九、十	米、生牛、塩、陶器、烟草	一二、〇〇〇	一四四、〇〇〇	長城、靈光、井邑、古阜
扶安	五	一、二、三、四、五、六、七、八、九、十	米穀、陶器、塩、木綿、魚類	二〇、〇〇〇	二四〇、〇〇〇	古阜、金堤、萬頃、泰仁
雲峰	一	三、八、	白木、麻布、窓戸、紙、烟草、海産物	四、四〇〇	五二、八〇〇	南原、淳昌、咸陽、
珍山	一	一、六、	米穀、薪炭、明太魚、牛、豚肉、金巾	四、八〇〇	五、七六〇	郡內
沃溝	二	五、十、	米穀、白木、烟草、魚類、塩、麴子	二四、〇〇〇	二八八、〇〇〇	臨陂、萬頃、全州、韓山、咸悅

備考　本表ハ本道廳管内ニ於ケル財務署ニテ調査セラレタルモノニシテ即チ管内二十八府郡ノ内分ヲ掲載セサルハ之ニ接近セル財務署所在郡ノ内ニ包括調査セルニヨル

全羅北道物價表

（明治四十二年十二月調）

種別		最高價格	最高價格時期	最低價格	最低價格時期	平均	備考
玄米一石	上	一一円〇〇〇	九月上旬	五円七〇〇	十二月中旬	六円八〇〇	
	中	一〇、五〇〇	仝	五、二〇〇	仝	六、二〇〇	
	下	一〇、〇〇〇	仝	四、七〇〇	仝	五、七〇〇	
租（籾）一石		五、二〇〇	仝	二、六〇〇	仝	三、一五〇	
大麥一石		四、六〇〇	十月上旬	一、六〇〇	六月下旬	二、六〇〇	
小麥一石		八、〇〇〇	仝	三、五〇〇	仝	四、三〇〇	
裸麥一石		六、〇〇〇	仝	三、二〇〇	仝	三、八五〇	
燕麥一石		…	…	…	…	…	
大豆一石		六、〇〇〇	五月中旬	三、〇〇〇	十二月上旬	三、七五〇	
小豆一石		九、〇〇〇	仝	四、〇〇〇	仝	四、九五〇	
粟一石		六、〇〇〇	六月下旬	一、八〇〇	十一月下旬	四、二五〇	

稷	一石	四、〇〇〇	仝	一、八〇〇	仝	二、二〇〇	
秫	一石	五、六〇〇	四月上旬	二、〇〇〇	十二月上旬	三、二五〇	
黍	一石	六、〇〇〇	二月中旬	一、五〇〇	仝	三、四〇〇	
玉蜀黍	一石	七、〇〇〇	七月上旬	一、五〇〇	七月下旬	三、九〇〇	存在期間ハ殆ント七八両月間ニ止マルヲ以テ其間價ノ高低殆トナシ
棉花	一貫	、八〇〇	五月中旬	、三〇〇	九月下旬	、五五〇	
大麻粗皮	一貫	二、五〇〇	五月下旬	、五〇〇	八月中旬	一、六五〇	
苧麻粗皮	一貫	四、二〇〇	十一月下旬	、五〇〇	仝	一、九〇〇	
荏	一石	一〇、〇〇〇	六月上旬	三、〇〇〇	十月中旬	四、九〇〇	農期前ヨリ農期ニ掛ケテ高價ニシテ其他ノ時期ニ至リテハ一般ニ價低落ス
牛	一頭	六〇、〇〇〇	自五月上旬至八月下旬	一五、〇〇〇	自十月下旬至三月下旬	三一、〇〇〇	
馬	一頭	一〇〇、〇〇〇		一八、〇〇〇		四五、〇〇〇	大小体質ニヨリ價格ニ差アレ𪜈期節ニヨリテハ殆ト其差ナレ
驢	一頭	五〇、〇〇〇		一三、〇〇〇		二四、五〇〇	仝
豚	一頭	六、〇〇〇		、五〇〇		二、四〇〇	仝
羊	一頭	五、〇〇〇		一、〇〇〇		二、三五〇	仝
鶏	一羽	五〇〇	一月上旬	、一〇〇	七月上旬	、二四〇	

春蚕繭一石	三〇、〇〇〇	三月中旬	一〇、〇〇〇	七月上旬	一一、〇〇〇
夏蚕繭一石	：	：	：	：	：
秋蚕繭一石	：	：	：	：	：
生絲一貫	三二、〇〇〇		二五、〇〇〇		二四、八〇〇	改良繰糸ノ價ヲ掲ク最高最低ノ時期確知シ難シ
細絲一貫	二六、〇〇〇		二〇、〇〇〇		一七、七〇〇	在來糸價ヲ掲ク最高最低ノ時期確知シ難シ

（群山農事組合調）

米穀移出調

朝鮮ノ重要農産物タル米穀ヲ本土ニ移出シテ幾干ノ金員ヲ手取ニスルヤノ一例ヲ表示スルコト左ノ如シ

朝鮮玄米壹石大阪相場

一金拾壹圓也

内

金六拾錢　縄叺及荷造濱下費

金拾八錢　移出地本船積込艀賃

金四拾錢　移出税（従價五分）

金四拾錢　朝鮮問屋及本土人取扱手数料

金六拾錢　生産地ヨリ開港地迄運搬賃平均額

金四拾錢　移出港ヨリ阪神迄ノ運賃

金拾五錢　保險及爲替打步
金七錢五厘　移入地解配達賃
金參錢壹厘　藏入仲仕賃
金四錢貳厘　一ケ月分藏敷保管料
金六錢八厘　藏入後一ケ月利子
金拾六錢五厘　時價百分ノ一、五移入問屋手數料
金壹圓六拾錢　移入稅及通關料
（移入稅ハ百斤ニ付金六拾四錢但一石ハ貳百四拾斤ナリ）
小計金四圓七拾六錢壹厘
差引金六圓貳拾參錢九厘　手取金

全州日朝人勞力賃金表

（明治四十二年十二月調）

種別	單位	日人／朝鮮人	賃金	備考
散髮	一人	日	円、二〇〇	朝鮮人散髮上等ハ貳拾錢
		朝	、一五〇	
木手（大工）	一口	日	一、五〇〇	
		朝	、六〇〇	
石手（石工）	仝	日	二、〇〇〇	
		朝	、六〇〇	
泥匠（左官）	仝	日	一、五〇〇	泥匠下ニ働ク助力ハ一日四拾錢
		朝	、六〇〇	

紙匠	仝	日	、六〇〇
		朝	、六〇〇
引鉅匠（木引）	仝	日	一、五〇〇
		朝	、六〇〇
農手	仝	常附	、四〇〇 農事多忙時期ニアリテハ五拾錢閑散時期ニアリテハ三拾六錢
下男	一ヶ月	日	一〇、〇〇〇
		朝	三、〇〇〇
下婢	仝	日	六、〇〇〇
車賃（人力車）	一里	朝	、三五〇
轎夫	一里	朝	、二五〇
馬夫	仝	朝	、三〇〇
役夫	一日	朝	、四〇〇
和 洗 單衣	一枚	日	、一三〇
和 洗 袷衣	仝	日	、一八〇
和 洗 端衣	仝	日	、三四〇
朝 洗 韓衣	仝	韓	、二〇〇
朝 洗 夏服	仝	日	、二〇〇

洋濯				
毛布	仝	日	、六〇〇	大六十錢 小三十錢
ホワイトシャツ	仝	日	、二三〇	
普通シャツ	仝	日	、〇七〇	
カラ	仝	日	、〇五〇	
カフス	仝	日	、一〇〇	

◎產業概況

當道ハ朝鮮ノ南部ニ位シ氣候溫和土地肥沃ニシテ朝鮮寶庫ノ中心ハ全州平野ニアリト云フモ過言ニアラス從テ本道ハ農業本位地ナリ然レトモ土民ハ百般ノ事物天然ノ成行キニ放任シ毫モ自ラ進ンテ改良進步ヲ圖ルノ感念ナク畓ノ如キモ水アレハ耕シ否ラサレハ荒廢ニ委ス故ニ其作付ハ總數ノ央ニモ達セサル六萬町內外ノ面積ニ過キス畢竟因襲ノ久シキ制度ノ弊ニ基因スルモノナリトハ云ヘ人口ノ稀薄其近因タルヘシ其他畑作物ノ如キモ種苗ヲ撰擇シテ收穫ヲ增スノ念慮ナシ近年內地人ノ農事ヲ經營スルモノ年一年ニ增加シ各地ニ農場ヲ有スルモノ多數アルニ從ヒ本道ノ風土ニ適應シタル各種ノ改良法ヲ講究シ最モ緊急要務タル水利ノ如キハ水利組合ヲ設置シテ着々給水ノ方法ヲ講セリ今後幸ニ水利ノ便ヲ得テ十三萬町餘ノ水田盡ク作付スルニ到ラハ其產額ハ優ニ二百萬石以上ニ達スヘク又畑作ノ如キハ各種重要作物ノ生產アリ將來之カ耕作法ニ改良ヲ加ヘ種苗ノ撰擇宜シキヲ得ハ其產額ノ增大期シテ待ツヘキナリ

商業　商業ハ本道各府郡ノ習慣トシテ概ネ月六回ノ開市ニ於テ取引行ハレ凡百ノ貨物ハ此市場ニ於テ集散スル

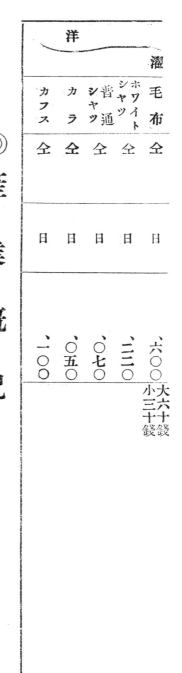

ヲ常トス尤モ市街地又ハ重ナル邑内ニ近時漸ク常設店舗ノ發達ヲ來スノ兆候アリ要スルニ目下ノ賣買取引法ハ頗ル幼稚ノ時代ニ属ス

製造業　製造業ハ製紙、機業、製莚及網巾團扇、扇子其他紙細工、木器類、柳細工、石細工等ノ副業的家庭ノ手工品アルモ其製法概シテ幼稚タルヲ免カレス將來之カ改良發展ヲ企圖スルコト最モ緊要急務ナリトス

鑛業　鑛業ハ主トシテ砂金及石金ノ採取ナリ其鑛區數及特許人名ハ別項記載スルカ如シ本業ハ主トシテ土人ヲシテ採取ニ從事セシム其採收總額ハ未タ詳ナラサルモ某鑛業家ノ如キハ一ケ年約金七貫六百匁ヲ採取セリト云フ而シテ分析ノ結果ハ百分中九十ノ歩合ナリ鑛地ハ主トシテ金溝ニアリ

全羅北道畓總面積　（其一）

國有			民有		
畓	田	計	畓	田	計
二、四五九町五反二畝	四、五六七町六反九畝	七、〇二七町二反一畝	一三〇、四九八町三反七畝（八八、七一二結）	五四、一〇九町五反八畝（三九、六一六結）	一八四、六〇四町六反一畝（一二八、三二八結）

備考
一、畓ハ田、田ハ畑ナリ
一、本表ハ財務監督局ノ調査ニヨルモノニシテ國有畓ハ明治四十一年十二月末日現在、民有畓ハ明治四十二年十月現在ナリ
一、本表（　）内ノ結ハ全國ヲ通シ平均換算率トモ見ルヘキ左ノ標準ニ依リ換算シ畝以下ノ端數

ヲ四拾五入シタルモノヲ傍例ニ反別トシテ記載セリ
畓一結ハ一町七反三畝九步、田一結ハ二町二十四步

全羅北道實耕地面積　其二

明治四十三年八月調

郡名	畓面積 斗落	田面積 斗落
全州	一〇三、一七二、〇〇	一八、七九二、〇〇
錦山	五〇、八九一、四〇	五〇、七三七、一〇
珍山	一五、一一五、八〇	一八、三七五、七〇
茂朱	三七、八三一、〇〇	四六、〇八一、〇〇
龍潭	二四、七九三、七〇	一八、二七七、九〇
長水	六三、八八七、〇〇	一八、七一五、六〇
鎭安	五四、七五〇、〇〇	一八、一九〇、九〇
高山	二四、三四二、〇〇	八、一八四、〇〇
益山	八一、五一〇、〇〇	一四、四四四、〇〇
龍安	二九、九一二、二〇	二、七一〇、七〇
咸悅	五四、二八六、〇〇	一、九八八、〇〇
礪山	六九、八八六、八七六	一〇、〇四、八〇〇
臨陂	八八、七九〇、〇〇	一四、六九八、〇〇

沃溝	四四、二三四、〇〇〇	七、九〇二、〇〇〇
金堤	一六二、一四一、七〇〇	二八、一二九、二〇〇
萬頃	七八、〇八六、七〇〇	一三、二七四、九〇〇
泰仁	一〇一、八二〇、四〇〇	三二、八二六、三〇〇
金溝	八一、八五二、七〇〇	一七、九〇三、九〇〇
任實	七四、六九〇、二〇〇	二四、六六四、五〇〇
扶安	九五、九二八、二〇〇	三六、二一二、三〇〇
井邑	三八、八八八、八〇〇	一四、四九五、二〇〇
古阜	一三六、六三八、六〇〇	二八、八一一、六〇〇
茂長	八六、一六六、五〇〇	四一、〇六六、一〇〇
高敞	二八、九四六、〇〇〇	九、九八三、〇〇〇
興徳	四六、七七六、三〇〇	九、五二〇、八〇〇
淳昌	七五、五二一、九〇〇	三五、二二一、二〇〇
南原	一二八、一三二、三六	二五、一三八、二二九
雲峰	四二、三六六、八〇〇	七、四二七、四五
合計	一九二〇、三四一、七二	五七三、八一九、六四

備考　本表ハ全州財務監督局ニ於テ調査シタルモノナリ

全羅北道米作府郡別調査表

明治四十一年十二月調

府郡名	作付反別 粳稲（反）	作付反別 糯稲（反）	作付反別 陸稲（反）	作付反別 計（反）	収穫高 粳米（石）	収穫高 糯米（石）	収穫高 陸米（石）	収穫高 計（石）	一反歩平均収穫高 粳米（合）	一反歩平均収穫高 糯米（合）	一反歩平均収穫高 陸米（合）
全州	四、九五三、八	二〇四、八	—	五、一五八、六	五〇、五二〇	二、〇二七	—	五二、五四七	一、〇二〇	九九〇	—
任實	二、五八三、七	五〇、二	五、〇	二、六三八、九	二九、一九五	五〇二	六二	二九、七五九	一、一三〇	一、〇〇〇	一、二四〇
南原	二、四五六、六	二一六、〇	—	二、六七二、六	二五、七二二	一、一九七	—	二六、九一九	一、〇四七	五五四	—
井邑	一、〇七七、八	四四、五	四、八	一、一二七、一	一六、九三八	六七二	八〇	一七、六九〇	一、五七二	一、五一〇	一、六六七
淳昌	二、四〇六、〇	一三九、九	八一、六	二、六二七、五	四六、八九二	二、二五三	一、三四六	五〇、四九一	一、九四九	一、六一一	一、六五〇
興徳	一、六一五、三	八五、二	、六	一、七〇一、一	一九、三八三	八九五	五	二〇、二八二	一、二〇〇	一、〇四九	八三三
高敞	九〇三、一	二七、四	四、三	九三四、八	一三、五四六	二七四	四三	一三、八六三	一、五〇〇	一、〇〇〇	一、〇〇〇
扶安	二、二五七、六	一三二、二	—	二、三八九、八	三三、六七二	一、九七九	—	三五、六五一	一、四四七	一、四九七	—
古阜	四、一七〇、三	六六八、七	—	四、八三九、〇	六六、〇四七	九、九〇二	—	七五、九四九	一、五八四	一、四八一	—
泰仁	三、三四〇、三	一四六、〇	三、二	三、四八九、五	五〇、一〇四	一、七五二	三	五一、八八八	一、五〇〇	一、二〇〇	一、〇〇〇
金堤	五、〇五二、六	九三、二	—	五、一四五、八	六八、六四二	九七三	—	六九、六一五	一、三五九	一、〇四四	—
萬頃	二、三九〇、四	一一二、一	—	二、五〇二、五	九、八九二	五〇六	—	一〇、三九八	四一四	四五一	—
沃溝	一八四、一	二九、〇	—	二一三、一	一、四七二	二二九	—	一、七〇一	八〇〇	七九〇	—
臨陂	六五三、七	三二、五	—	六八六、二	三、七六七	一六三	—	三、九三〇	五七六	五〇二	—
咸悅	一、二八三、七	七〇、五	—	一、三五四、二	二一、六七四	四、〇五七	—	二五、七三一	二、〇〇〇	一、五〇〇	—
益山	二、九六〇、七	二〇四、〇	—	三、一六四、七	四八、一八二	三、五九五	—	五一、五八一	一、六二七	一、六六六	—
礪山	一、一二六、六	一五二、一	—	一、二七八、七	一九、七一五	二、六四六	—	二二、三六一	一、七五〇	一、七四〇	—

高山	一、〇五六、七	七〇、四	一三、〇	一、一三九、一	一一、三二七	、六七〇	一〇一	一一、九九八	一、〇六二	、九五二	、二六四
錦山	一、四二三、五	三九、九	三七〇、四	一、八二三、八	一四、二三五	、三九九	二、七七五	一七、四〇九	一、〇〇〇	一、〇〇〇	、七四九
龍安	一、〇八九、一	一四四、五	―	一、二三三、五	四、五九四	、六〇六	―	五、二〇〇	、四二三	、四一九	―
茂朱	一、九七一、六	一六九、四	―	二、一四一、〇	二六、四二六	一、六三八	―	二八、〇六四	一、三四〇	、九六七	―
龍潭	六九四、一	三三、二	一、二	七二八、四	一〇、八六七	、四八七	一五	一一、三六九	一、五六六	一、四六七	一、三六四
茂長	二、四六三、〇	一三一、〇	―	二、五九四、〇	三六、九四七	一、五七三	―	三八、五二〇	一、五〇〇	一、二〇〇	―
珍山	三一一、三	三三、七	二	三三四、二	二、四一六	、一五五	一	二、五七二	、七七六	、六八三	、五〇〇
鎭安	一、五三一、七	一〇三、三	一、三	一、六三五、三	二九、八三一	一、五七三	二	三一、四一五	一、九四八	一、五三七	、八四六
長水	二、〇二三、七	一〇六、四	一、五六七、七	二、一三九、一	二五、二七二	一、〇六四	―	二六、三三六	一、二四九	一、〇〇〇	―
金溝	[illegible]	一五五、〇	二、五七五、七	二、七三〇、七	―	二、三二〇	三八、六二〇	四〇、九四〇	―	一、四九七	一、四九九
雲峰	一、六二五、〇	一四六、一	―	一、九七一、一	一八、五七七	一、四七八	―	二〇、〇五五	一、〇一八	一、〇一二	―
合計	五三、六〇四、九	三、七二九、二	三、〇六〇、三	六〇、三九四、三	七〇五、七五五	四五、三八八	四三、〇九一	七九四、二五四	一、三一七	一、二一七	一、四〇八

備考　本道ニ於テハ全州沃溝ヲ除クノ外未タ新度量衡法實施セラレサルヲ以テ從來ノ平均換算率ニ據リ三千落ヲ以テ一反ノ標準トシ計上セリ
但一斗落ハ日本耕地ノ約百坪ニ相當ス

麥其他重要農産物表

明治四十二年十二月調

品目	作付反別	收穫	一反歩收穫

裸麦	九〇九、一反	二、五四七石	一、二七〇合
大麦	一〇、四三八、二	一四八、二九二石	一、四二一
小麦	四、〇六八、〇	五一、六八五石	一、二七一
大豆	九、四〇五、九	七一、二四五石	、七五七
小豆	三、〇五六、三	一六、八九七石	、五五三
煙草	六二三、四	一二、一三二貫	貫一、九四六
苧麻	二一四、八	一四、二〇一貫	六、六一四
大麻	五七一、〇	二三、五六七貫	四、一二七
綿花	一、〇五五、四	一五七、〇五二貫	一四、八八一
荏	三七七、一	四、五九八貫	一、二一九
粟	四二六、一	四、〇八五石	石、九五九
稷	六、二	四四石	、七一〇
黍	四六二	二六三石	、五六九
秫	三三七、四	三、二二〇石	、九三四
玉蜀黍	三一、四	二九七石	、九四六
莞草	｜	四五、七六六束	｜
楮皮	｜	五一五、三〇四斤	｜

全羅北道家畜及家禽表

明治四十二年十二月調

種別	頭數	價格
牛	一八,四九二頭	五七三,二五二円
馬	二四五	一,〇二五
驢	八四	二,〇五八
豚	三一,二一六	七四,九一八
羊	八二一	一,九二四
鷄	一一〇,六〇〇	二六,五四四
騾	三〇	七五〇

備考　本表ハ實際ノ頭數ヨリ頗ル少數ナルカ如シ蓋シ現時ノ民情ニ於テ動モスレバ課稅ノ標準タルベシト誤解シ成ルヘク其頭數ヲ隱蔽シタル歟ノ疑アリ

全羅北道牛乳調査表

明治四十二年十二月調

府郡名	搾乳場數	乳用牛頭數	搾乳量
全州郡	一	四頭	六石

礪山郡	一	二頭	七石
計	二	六頭	二三石

◎蠶業成績

當道ノ氣候ハ頗ル養蚕ニ適合セリ即チ昨今兩年ノ經驗ニ徵スレハ春蚕ハ概ネ五月初ヨリ遲クモ仝月十日頃迄ニ發生シ而シテ發生後飼育中ノ天候ハ多ク頗ル乾燥スルヲ以テ蚕兒能ク發育シ飼育容易ニシテ成績良好ナリ飼育日數ノ如キモ三十四五日ニシテ結繭ス春蚕中豫防上注意スヘキハ蠁蛆ノ被害ニシテ夏秋蚕期ニ比シ甚多シ夏蚕ハ六月二十日後七月初旬頃迄ニ發生スルヲ以テ時ニ或ハ稚蚕兒ノ入梅期ニ遭遇スルコトアルモ概シテ天候良ク飼育容易ナリ即チ飼育日數ノ如キ僅ニ二十四五日ニ過キス

秋蚕ハ七月末發生シテ僅ニ二十日前後ニシテ結繭ス飼育中ノ如キモ發育頗ル良好ナリ要スルニ當地方ノ蠶葉ハ蚕兒ノ發育速ニシテ病蠶極メテ尠ナク飼育容易ナリ只桑園ノ甚タ尠少ニテ天然性無肥料ノ粗桑ナルト春夏秋蠶何レノ期ヲ問ハス蠁蛆ノ被害アルハ遺憾ナリ收繭量ノ如キ蟻量一匁ニ對シ二斗七八升以上三斗一二升ヲ得ルコト難事ニアラズ從來ノ放任セル無肥料ノ桑葉ヲ給與スルコト多キ爲メ糸質日本品ニ比シ稍遜色アルヲ認ム向後桑園ノ改良ヲ施シ桑葉ノ良好ナルモノヲ給與セバ敢テ日本品ニ比シ遜色ナキヲ疑ハス空中乾燥強ク濕氣尠ナキ爲メ寧ロ日本ヨリ飼育ノ容易ナルヲ認ム桑園ノ如キモ最近肥栽セルモノハ日本桑園ニ劣ラス能ク繁茂生育セリ

全羅北道蚕業府郡別調査表

明治四十二年十二月調

府郡名	桑畑反別			收繭高				養蠶戸數	製糸戸數
	反別	見積反別	計	春蠶	夏蠶	秋蠶	計		

	反	反	反	斗	斗	斗	斗	斤	
全州	八二	八	一〇〇	一、〇〇八	五八	三	一、〇六九	四三三	一
任實	四	一〇三	一〇七	一、六三九	⋮	⋮	一、六三九	一、〇九〇	九八七
南原	二七	六	四三	二、四五四	⋮	⋮	二、四五四	八一一	⋮
井邑	一	五	六	一九	⋮	⋮	一九	一三	一三
淳昌	⋮	一三	一三	一三八	⋮	⋮	一三八	六五	六五
興德	⋮	一二	一二	一三六	⋮	⋮	一三六	一七三	一七三
高敞	二	⋮	二	一五	⋮	⋮	一五	四	四
扶安	⋮	二	二	六	⋮	⋮	六	四一	⋮
古阜	二	六	八	⋮	一〇	⋮	一〇	一三	⋮
泰仁	二九	三〇	五九	一九五	⋮	⋮	一九五	一〇七	一〇七
金堤	四	⋮	四	⋮	⋮	⋮	⋮	⋮	⋮
萬頃	一	二	三	二	⋮	⋮	二	九	九
沃溝	⋮	⋮	一	⋮	⋮	⋮	⋮	⋮	⋮
臨陂	二四	七八	一一三	一五八	一	⋮	一五九	三〇一	一七五
咸悅	⋮	⋮	⋮	⋮	⋮	⋮	⋮	⋮	⋮
益山	⋮	六	六	一五	⋮	⋮	一五	七	一
礪山	⋮	一六	一六	一九	⋮	⋮	一九	三八	三八
高山	二	三二	三五	三二七	⋮	⋮	三二七	四一三	三七六
錦山	九	二	一一	一二	⋮	⋮	一二	五	五

龍安	一	…	一	一四	…	…	一四	九	三
茂朱	三	…	三	一〇	五	…	一五	一	…
龍潭	七	…	七	…	…	…	…	…	…
茂長	…	三五	三五	五四三	…	…	三四三	一四二	五七
珍山	四	九	一五	九	…	…	九	五四	…
鎮安	一	一一	一二	九七	…	…	九七	四〇	四〇
長水	七	一九	九六	三一五	…	…	三一五	三七四	一三六
金溝	…	四	六	五〇	…	…	三〇	二五	二五
雲峰	…	…	…	…	…	…	…	…	…
合計	四五〇	四四八	六七二	六、九六〇	七四	三	七、〇三七	四、一九八	二、二三五

備考　本表ニ於ハ沃溝、全州ノ外未ダ新度量衡法實施セラレサルヲ以テ從來ノ平均換算率ニ依リ反別ハ三斗落ヲ以テ一反ノ標準トシテ計上セリ但畑地一斗落ハ日本耕地ノ約百坪ニ相當ス

◎水稻

播種期　四月下旬……五月上旬

移植期　六月上旬……六月中旬

除草期　挿秧後二十日前後ヨリ始メ八月上旬ニ至ル間

除草回數　普通三回

一成熟期（又收穫期）

早稲　八月中旬……九月下旬

中稲　九月下旬……十月上旬

晩稲　十月中旬……十月下旬

一稲ノ種類

早稲　笠稲、早稲、早多々稲、収荒稲、鎮安稲、二間稲、六月稲、精金稲

中稲　正金稲、五明介稲、斗稔稲、成富老稲、水原稲、豆稲、黄金稲、多々稲

晩稲　湖南稲、米稲、麥稲、西山稲、周之稲、培脱稲、矮堆稲

糯　老人糯、紅稲糯、貸利糯、播糯、僧糯

◎ 麥

一播種期

	大麥	小麥	裸麥
秋蒔	九月中旬……十一月上旬 十月中旬……十月下旬	九月上旬……十一月上旬 十月上旬……下旬	九月中旬……十一月上旬 十月下旬
春蒔	三月上中旬		

一成熟期（又収穫期）

大麥六月上旬…下旬　小麥六月中旬…下旬　裸麥六月上旬…下旬

大豆

一播種期　五月中旬…七月上旬　一般六月中、下旬

一成熟期　九月上旬…十月下旬

草棉

一播種期　四月下旬…五月下旬　一般五月上中旬

一收穫期　八月下旬　十月下旬

◎全州地方ニ於ケル陸地棉成績及栽培反別

（一）臨時棉花栽培所全州棉採種圃

年次	栽培面積	播種月日	發芽月日	開花始	開絮始	實棉總收量	反當實棉收量 最多	反當實棉收量 平均	作人數
光武十一年 隆熙元年	町 六、四四一七	四月廿九日 五月十五日	五月二日 五月廿二日	七月廿二日 八月廿日	九月六日 九月十七日	斤 六、一九四、五	一	九六、一	一三
仝　二年	二四、四〇〇〇	四月十六日 五月十八日	五月五日 六月五日	七月十一日 八月廿日	九月五日 十月十五日	三、二六三、六	八〇、〇	一	三七二
仝　三年	三一、〇〇〇〇	五月五日 五月十五日	五月九日 六月五日	七月十九日	九月八日	三、六六五、〇	一〇〇、〇	一	五二六

備考　隆熙二三年ハ不作ノ結果收穫非常ニ減却セリ

(一一)全州種苗場栽培成績

	播種月日	發芽月日	開花始	開絮始	反當實綿收量	操綿歩合		
陸地棉	五月八日	五月十八日	七月廿四日	九月十日	二七七、九斤	三五、一%		
在米棉	仝	五月十七日	七月廿一日	八月廿八日	二六五、七	二六、九%		

備考　二年度三年度ハ收集未濟ニ付平均ヲ欠ク

◎朝鮮肥料

一種類ノ名稱

糞灰、人尿、雜草類(生、乾)、ケラクスキ等　嫩芽ヲ含ム、油粕類(荏、胡麻)、大豆、廐肥、堆肥、等

一稻作主用肥料名稱及用量(一斗落)

大豆一斗…一斗五升、雜草類二負乃至十負、堆肥六負

◎朝鮮農具名稱

チユンギー　犁　キルマ　牛ノ鞍　(ウオング)

ガクゼンギー　小犁　(バーパチヤー)　ヨンザメー　籾磨石

ボシン	犁先	ソシレン	三爪鍬	トングレーモンソク	圓蓆
ペツ	犁箆	コツコエン	直鍬	キプングー	唐箕
ボメギー	鋤	ヨンツーレー	揚水器	モンソク	蓆
コエンギー	鍬	ナツ	鎌	トルチヨルクー	石臼
カリー	鍤	クイー	箕	チヨルクー	臼
チヨンカリー	小鍤	ザクトー	押切	チヨルブギー	杵
スレー	地均用馬鍬	ホルラー	稻扱	トレキー	槤枷
(バヂケ)		ソーピンザンクル	肥桶		
(チケ)担具		ソイビヨンハン	肥甕		

◎籾摺ノ率

一韓國在來種　五五、一%　乃至　五七、三%　三種平均五六、四%

一改良種　五四、%　乃至　六〇、五%　十四種平均五七、四%

◎斗落ノ反別換算標準

朝鮮ハ由來度量衡一定セサルヲ以テ斗落ノ如キモ土地ニヨリ又上中下田ニヨリ廣狹一定セズ當道廳ニ於ケル斗落ノ反別換算ハ從來畓三斗落ヲ以テ一反歩即チ三百坪ノ換算ニシテ之ヲ實地ニ對照スルモ一斗落ハ平均約百五

十坪ニ相當スルカ故ニ近來ハ皆二斗落ヲ以テ一反ニ換算スルコトヽセリ但シ田即チ畑ハ平均三斗落ヲ以テ一反トセリ之レ事實ト遠カルコトナカルベシ

◎農家建築費調

我全羅北道ニ於ケル普通農家ノ建築費ハ概要左記ノ如シ但シ農家一戸約四間ニシテ內三間ハ住宅一間ハ臺所トス其一間ハ概シテ八尺四方トス

一金六拾圓	總金高
內譯	
金參拾五圓	材木代
金拾參圓	大工賃
金七圓	人夫賃
金五圓	藁代

◎朝鮮農家生活狀態

朝鮮人ノ生活狀態ハ元ヨリ貧富貴賤ニヨリ一定セサルハ云フ迄モナキコトナルカ今茲ニ普通農家即チ小作農家ノ生計狀態ヲ調査スルニ概要左ノ如シ

一人一日ノ生活費金拾錢內外ニシテ一家族(四人平均)一ケ月約十二三圓ヲ要スルハ概シテ中等以上ノ生活ニシテ一家六七圓乃至拾圓ノ生活費ヲ以テ中等トシ其以下ニ到テハ一ケ月三四圓ニテ生計ヲ營ムモノ即チ之ヲ下等トス此部類ニ屬スルモノ最モ多シ

一人一日金拾八錢ヲ以テ生活スルモノハ上流人ノ家庭ニシテ下層勞働者ニ到リテハ一食僅ニ二三錢ヲ以テ飢餓

位ノ絶食ハ敢テ珍異トスルニ足ラズト云フ

ヲ凌クモノ少ナカラズ其甚シキニ到テハ時々絶食スルモノスラアリト云フ由來朝鮮ニ於ケル下層勞働者ハ一度

下層勞働者ハ殆ンド一家ヲ營ムモノナク多クハ酒幕ニ寢食シ夏時ハ軒下又ハ路傍ニ睡リ冬期ト雖モ到ル處ニ數人相集リ火ヲ焚テ暖ヲ取リ而ソ其所ニ睡眠スルモノアリ又地方ヨリ全州方面ニ出稼スルモノハ隨テ得レハ隨テ消費シ貯金若クハ郷里ニ送金スルモノノ如キハ皆無ナリ又運送業等ニ從事スル勞働者ノ如キハ一日ノ賃金四拾錢以上ヲ得ルモ一日勞働スレバ其收得金ヲ消費シ盡スニ到ル迄ハ勞働ヲ中止シテ遊惰ニ耽リ愈空腹ヲ訴フルニ到レハ漸クニシテ再ヒ勞働ニ從事スト云フハ食ノ爲ニ働クモノニシテ金ノ爲メニ働ク念慮ナシ

◎耕牛貸借法

我全羅北道ニ於テ現ニ耕牛貸借法トシテ行ハル、舊慣ハ主トシテ耕牛預托ナルカ如シ即チ犢牛一頭（生後六ケ月位ノモノ）ヲ二ケ年預托シテ返還スル際ハ預ケ主ハ被預托人ニ對シ之カ報酬トシテ曩キニ預ケタル當時ノ犢牛ト略同一大ノモノヲ贈與スルモノトス尤モ近年ニ到リテハ二ケ年ノ年期ハ之ヲ二十ケ月ニ短縮セリト云フ

又普通耕牛貸借ハ牛價貳拾圓ナリトセバ一ケ年籾一石ノ割合ヲ以テ貸賃ヲ支拂フ習慣ナリトノコトニ付三十圓乃至四十圓ノ耕牛貸賃ハ一ケ年籾一石五斗乃至二石ナリトス而ソ牝牛ヲ貸與中出產シタル場合ハ犢牛ハ貸主ノ所得ナリ耕牛一日借リハ料金六拾錢ニシテ其飼料ハ無論借主ノ負担ナリトス

◎地主ト小作人ノ關係

全州地方ニ於ケル地主ト小作人トノ關係ハ概要左ノ區別アリ

一、賣買ニヨリ小作權ノ設定

此法ハ小作ヲナサントスルモノカ畓ノ賣買ヲ仲介周旋シテ買收セシメ而メ其買收畓ヲ小作スルヲ云フ

二、移定票ニヨル小作

此法ハ地主ニ於テ適當ト認メタル小作人ヲ選定シ之ニ小作ヲ營マシムル証トシテ移定票ヲ交付スル小作ヲ云フ

三、禾利法

此法ハ小作人カ小作米ノ納入ヲ怠リ又ハ逃亡スルカ若クハ死亡シタル場合ニ於テ第三者タルモノ該小作米ノ一部又ハ全部ヲ賠償シテ小作權ヲ繼承シタル舊時ヨリノ習慣ハ爾來一種ノ權利トシテ小作料ノ幾部分ヲ收得スル中間地主ノ如キ奇怪ナル現象ヲ生シ土地ノ賣買ニ當リ新來ノ內地人ハ此事實ヲ知ラスシテ買受ケ收入上違算ヲ來スコトアリ此習慣ハ近時漸ク排斥セラレツツアリト雖モ賣買ノ當初ニ於テ禾利ノ有無ハ調査ヲ要ス

總テ小作權ノ設定又ハ移動等ハ春分以前ニ於テ行フヲ普通トス若シ春分ヲ經過スレハ多ク無効タル習慣アリ

小作料ハ小作人ニ於テ種籾ニ肥料及地租其他一切ヲ負担スルトキハ收穫高三分ノ一ヲ地主ニ納付シテ其三分ノ二ヲ收得ス又普作法ト稱シテ地主ニ於テ種籾地租ヲ負担スル場合ハ收穫ヲ折半スル方法アリ（農事經營狀態ノ項參照）其他稀ニ精白米ヲ以テ小作米ニ代納スルコトアリ此場合ニ於テハ籾二十石ニ對シ精白米六石ヲ納付スト云フ小作米ノ納付延滯ニ就テハ利息ヲ付スルカ如キコトハ殆ント皆無ナリ

給水事業ニ關シ潴水池灌漑溝渠築洑等ヲ設ケントスルトキハ地主ニ於テ其材料ヲ負担スレバ勞力ハ小作人之ヲ提供スルノ慣習ナリ

◎全州管內水利組合計畫說明

全州管內水利組合計畫說明

全羅北道管下各郡ノ沃田平野ハ由來十三萬町步（十三萬〇四百九十八結餘（一結ハ一町七反三畝九步）外ニ國有畓二千四百五十九町五反餘ト稱スルモ其年々ノ作付面積ハ約六萬町步ニシテ其過半七萬町步ノ作付不可能ナルハ全ク水利不便ニシテ灌漑用水缺乏ノ結果ニ外ナラズ近年日本人農業ノ發展スルニ從テ之カ給水補足策トシテ其筋ノ奬勵ト當業者ノ自營トニヨリ各郡ニ水利組合ノ設置セラレタルモノ五、又目下設置認可申請中ノモノ三今其組合名及其業務ノ概要ヲ擧クレバ左ノ如シ

既設水利組合

組合	設立月日	組合區域	蒙利面積	組合員數	事業資金	備考
臨益水利組合	隆熙三年二月一日	益山、咸悅、臨陂郡內腰橋堤水路一圓	一、九〇〇町	七〇四	二〇〇、〇〇〇円〇〇〇	全州農工銀行ヨリ十五ケ年年賦年利八分四厘ニテ借入
臨益南部 仝	仝四年二月廿五日	臨陂郡二面南四面益山郡南一面西一面	二、五三九町	一三〇	三三〇、九七七、三三二	
全益 仝	仝年一月廿七日	全州郡西面外四面益山郡春浦面外七面	一、三〇〇町	七五	二〇、〇〇〇、〇〇〇	
臨陂中部 仝	仝三年六月廿六日	仝東面外四面臨陂郡內面南一乃至三面				事業中止
沃溝西部 仝	仝二年十二月八日	沃溝府米面定面西面	五、四四・五 斗落	三三一	九、五四八、五〇〇	隆照三年完成

出願中ニ屬スルモノ

組合	組合區域	蒙利面積	組合員數	事業資金
臨陂水利組合	臨陂沃溝二郡內ノ中	四〇、〇〇〇		四〇、〇〇〇円〇〇〇

東津江南部 仝	古阜、泰仁、金堤三郡ノ内	一、七四四	四二、〇〇〇、〇〇〇
仝 北部 仝	金堤萬頃二郡ノ内	三、八四四	一三〇、〇〇〇、〇〇〇

右ノ外從來各郡現在セル堤堰ヲ調査スルニ其數左ノ如シ該堤堰タルヤ冐耕田ノ爲メニ荒廢ニ屬シ殆ンド貯水ノ用ヲナササルモノアリ爾來漸ヲ追テ之ガ改修ニ繕ヲ加ヘシメ以テ大ニ給水ノ便ヲ圖ラントセリ

瀦水池

明治四十三年六月調

府郡名	堤堰 池數	堤堰 面積	洑 洑數	洑 水路延長 面積
全州	二八	町反畝 四一、五〇〇〇	四〇	一〇九韓里
茂朱	八	一、九二二五	一一二	一一、二六一町三間
茂長	四六	二七、三二二五	二〇	七二一〇歩
任實	…	…	三二	一〇三韓里 一、〇〇〇歩
萬頃	三三	一一七、四八〇一	四	二二韓里
淳昌	七	八、六六二〇	四六	九〇六歩
興德	二七	九、七六一八	三一	八、三三八尺
金堤	五九	二〇六、五五〇〇	八	七三里 一二〇歩
礪山	二一	一六、八三一〇	六	三〇韓里
高山	五	三、一五〇〇	四六	六、九一六尺
泰仁	二四	町反畝 一七、八五〇五	二八	三一、三七八尺
南原	五	八、四五二〇	一五	二二韓里 一、一八〇歩
錦山	一一	六、〇九一〇	一三	七四、六五三尺
金溝	一一	一四、六一〇九	六	八一〇歩
益山	三三	六六、五〇〇〇	八	九〇韓里
雲峰	六	三、七三一〇	五〇	七四韓里
臨陂	二二	六六、九〇〇〇	四	五、六六七歩 四八韓里
高敞	二〇	八、三〇二〇	八	一、三三〇尺
長水	五	二、二一〇〇	五二	六八韓里
鎭安	六	一、一三一〇	一八	三五四町二五間

古阜	三三	三六、〇六〇〇	二	四一韓里
龍潭	一	八三一〇	五五	一、九七六尺
井邑	一四	二一、三二〇〇	三	九二歩
龍安	五	四、七五〇〇	二	三〇韓里
扶安	四三	二、一〇二〇	三	七韓里
咸悅	二四	二五、三五〇〇	…	…
珍山	…	…	…	…
沃溝	一四	八二、〇〇〇〇	…	…
計	四八九	八〇一、三二三	七一九	

◎農事經營狀態

本道各郡ニ於ケル日本人農事經營ノ狀態タルヤ創業早キハ明治三十六年十月ノ者アリ現今其人員ハ二百餘人ニシテ購買地ノ面積ハ畓田及其他ヲ合シ約二十萬斗落以上ニシテ其ノ放資金額ハ約二百五十萬圓ノ多額ニ達シ今尙土地ノ買收ニ從事セルモノアリト土地所有面積ノ狹キモ一人ニシテ多キハ二千五百町歩ヲ有ス其他五十町歩以上ノ所有者四十餘人アリ各農場ニ於テハ經營日尙淺ク未タ充分ノ經驗ニ富マズト雖モ着々良好ノ成績ヲ奏シツヽアリ其經營農法タルヤ多クハ小作制度ニシテ土民ニ小作セシメ農場ハ主トシテ之カ耕作法ノ指導監督ト小作米ノ收納ニ從事セリ即チ各種肥料若クハ便利アル農具ヲ使用セシムル等一面土民ニ新智識ヲ授クルト同時ニ一面收穫增加ヲ圖リツヽアリ農場附近ノ農民ハ自然之ヲ見聞シテ農事改良ニ資スルハ尠カラス而シテ其小作料ハ地方ニ依リ一定セスト雖モ普通ハ從來ノ賭租法ニ依レリ即チ收穫高四分ノ一乃至三分ノ一ヲ地主ノ所得トシ地主ニ於テ納税ヲ負担スル場合ハ種籾等ハ總テ小作人ニ負担セシメ又種籾ヲ地主ニ於テ負担スルトキハ收穫高ヲ折半スルカ如キ慣習アル地方アリ又畑作ニ到リテハ一斗落ニ對シ朝鮮桝大豆一斗二升乃至一斗七升ニシテ納税ハ地主ノ負担トスルヲ普通トスルカ如シ地主小作人ニ對シ注意スベキ件ハ恩威宜シク之ヲ緩撫シ小作人ヲシテ安心從事セシムルコト相當ノ副業ヲ與フルコト是ナリ農營者多數ノ評ニ依レハ働カサルノ民ニアラス働クベキ

業務ニ乏シク働クベキ方法ヲ知ラサルニアリト而メ地主ト小作人ノ間ニ介在スル舎音即チ差配人ハ最モ選擇ヲ要スヘキモノニシテ彼ハ往々地主ヲ詐リ又小作人ヲ泣カシメ以テ私腹ヲ肥スノミナラズ地主ニ對スル意外ノ怨嗟ヲ小作人ニ抱カシムルコトアリ左ニ重ナル農事經營者ノ氏名ヲ掲ク

内地人農事經營者氏名及畓田反別表

明治四十一年七月調

所有者氏名	畓斗落數	畑斗落數	所在地郡名
今井讓次郎	七〇九斗、〇	一四斗、〇	沃溝府
井上權三郎	五四八、五	九一、〇	臨陂郡、益山郡
今村一次郎	八八三、〇	六三六、五	全州郡、益山郡、金堤郡
池田信一	一四六、〇		臨陂郡
伊藤佐七	一七〇、〇	一九七、〇	沃溝府
飯田英介	三〇八、〇		金堤郡
磯部浩	三四四、〇		萬頃郡
池田義亮	七三五、七		臨陂郡
岩下清周	二五五六、三	七八、〇	古阜郡、金堤郡、金溝郡
橋本央	九四九、〇		金堤郡
林庄九郎	五八九、〇		古阜郡
林龍太郎	一六三八、五		金堤郡、泰仁郡
西橋百太郎	三〇八、五	二九、〇	沃溝府、臨陂、益山、咸悦郡

本多松次郎	八八七、五		咸悅郡、臨陂郡、益山郡
本多榮三	三一七、〇	七六、〇	咸悅郡、臨陂郡、沃溝府
德元彌三治郎	二〇〇、〇		沃溝府
近岡七三郎	三七〇、〇	五、〇	臨陂郡
大森五郎吉	三三二五、〇	七四、〇	沃溝府、扶安、古阜、萬頃郡
大森誠一	二一四、〇		
岡田瀧太郎	二〇〇、五	二一、五	沃溝府
大橋孝五郎	三九八、八	五〇、四	仝
大池忠助	一五一〇、五		錦山、全州、金堤、益山郡、沃溝府
岡田彌四郎	七二、〇	一一二、五	萬頃郡
岡田末吉	一〇〇、〇	…	沃溝府
扇米助	九〇、〇	四七、〇	仝
大橋與市	一九二〇、五	一〇二六、〇	益山郡、金堤郡
大倉喜八郎	一八五四四、〇	三二、〇	益山、臨陂、沃溝、金堤、金溝、萬頃郡
渡邊辨三	二一七、〇	二四九〇、五	金堤郡
細川護成	八七〇七、二	二四九〇、五	益山郡、金堤郡、全州郡、萬頃郡
渡邊巳之次郎	二三四、〇	三、〇	金堤郡、泰仁郡
金子圭介	一八七五、〇	三、〇	金堤郡、萬頃郡、沃溝府
笠井建次郎	九四〇、〇	一一四、五	萬頃郡、金堤郡

川崎藤太郎	四二四八、七	一五七一、〇	臨陂郡、益山郡、咸悦郡
金森玄三	一七九、〇	九、〇	沃溝府
甲斐只雄	一三〇九、〇	七〇、四	臨陂郡、益山郡、全州郡
甲斐三二	一四六、〇		臨陂郡
片桐和三	一二八、〇	三三五、一	臨陂郡、益山郡、咸悦郡
吉田增藏	一四三、〇	二、〇	金堤郡、沃溝府
吉田永二郎	一七五、〇	三七四、三	金堤郡、益山郡、全州郡
高久敏男	一四六五、五	九、〇	沃溝府
竹中錬一	二八四、〇		沃溝府、臨陂郡、泰仁郡
田邊繁吉	一〇〇、〇		臨陂郡
田坂伏三郎	六九七、〇	五七、〇	金堤郡、益山郡、沃溝府
田中長三郎	二四五一、〇		古阜郡、泰仁郡
大倉喜八郎代 中西讓一	一六二四三、〇	二一四〇、〇	沃溝府、臨陂郡、益山郡、萬頃郡、金堤郡、金溝郡
中柴萬吉	二八六五、九		沃溝府、萬頃郡、金堤郡
長濱榮二	二六九、〇		沃溝府
成松光雄	五六、〇	八九、〇	臨陂郡
村松寅雄	二六二、〇	一〇、〇	金堤郡、金溝郡
牛場卓藏	一七一七、〇		金堤郡、泰仁郡
梅本信太郎	四五六、〇	七五、〇	沃溝府

野口宇一郎	三五六、〇	二、〇	臨陂郡、益山郡
熊本利平	三一三二、〇	六三〇、〇	臨陂郡、沃溝府、金堤郡、泰仁郡
楠田義達	五六二七、〇	二二、〇	臨陂郡、益山郡
窪田美與	三三四、〇		臨陂郡、益山郡
山田順太郎	四七六、〇	五、〇	沃溝府
山本萬槌	二七二、〇		萬頃郡
山之內種一	一五三、〇	五九、二	沃溝府
山內初助	二二〇、〇		金堤郡
前田恒太郎	二八三五、五	一八七、〇	古阜郡、扶安郡、益山郡、萬頃郡、沃溝府
益田安雄	五二七、〇	二〇二、〇	臨陂郡、沃溝府、萬頃郡
松永安左エ門	二一六四、〇		金堤郡、臨陂郡、泰仁郡、古阜郡
桝富安左エ門	五二三六、〇	一五七一、〇	金山郡、泰仁郡、金堤郡、古阜郡
藤井寛太郎	一〇〇八七、四	一八三八、八	益山郡、臨陂郡、沃溝府、林川郡、礪山郡
藤坂重次郎	一四、五	九五、〇	沃溝府
藤本清兵衛	一二六八、〇		金堤郡、泰仁郡
藤田俊一	二四五三、五		金堤郡、金溝郡
小山光利	二〇〇、五	二五、〇	沃溝府
木庭撲也	一六二五、五	一三三、二	萬頃郡
小松慶一郎	一八九、三		臨陂郡

島田八十八	四四〇三、八	一八〇二、〇	臨陂郡、沃溝府、咸悅郡
寺田政柄	二〇一、二	九、〇	益山郡、全州郡
相川藤平	一二〇二、五		扶安郡、古阜郡、沃溝府、臨陂郡
眞田茂吉	六二七〇、七	一四二〇、〇	益山郡、沃溝府、臨陂郡、萬頃郡、金堤郡、扶安郡
澤木嘉右エ門	一〇五、〇		沃溝府
坂田平藏	一二四、〇		益山郡、全州郡
佐上甚三郎	三五三、五		臨陂郡
佐分眞一郎	一八〇〇、〇		金堤郡、泰仁郡、古阜郡
木村東次郎	二〇四、〇	五三、〇	金堤郡
宮崎佳太郎	六一四五、五	二〇七、〇	萬頃郡、臨陂郡、沃溝府
宮崎林六	二二三、〇	四、〇	萬頃郡、沃溝府
宮城岩次郎	五一五、五		萬頃郡
濱崎健吉	一〇六、〇		臨陂郡
島谷亮輔	二四一、五		臨陂郡
下田吉太郎	二〇、五		沃溝府、臨陂郡、韓山郡
澁谷善作	五七七、五		臨陂郡
平賀敏	二六六、〇		仝
平田源吉	一二八、〇		沃溝府
森久商會	三六四、一		臨陂郡

本山彦一	二八五五、〇	一六四〇、五	金堤郡、泰仁郡、古阜郡、金溝郡
森谷元一	五九七、〇	三四三、八	臨陂郡、咸悦郡、益山郡
末松貞次郎	一六五、〇		沃溝府
鈴木桝次郎	八二九、〇		古阜郡
東山農場全州支部	四十二年調一〇〇〇町〇	一五〇町〇	
石川縣農業株式會社金堤出張所	七二一、六	一一、五	

備考　荒地、山地、塩田、及百斗落未滿ノモノハ除外トス

◎工業製産表

明治四十三年調

品目	産額	價額
生糸	三二七六斤〇七五	七、一五一円〇九〇
木綿織物	二六九五五疋	二九、五三〇、八〇〇
麻織物	一〇一九一八疋	八二、七九九、六四〇
絹織物	一六五〇疋	一〇、〇一七、〇〇〇
組編物	—	二、八〇四、〇〇〇
莞蓆草蓆	一六八二八立	六、五七七、九〇〇
陶磁器		七、五九〇、〇〇〇
製紙	五三〇〇塊	五四、九七八、〇〇〇

◎度量衡法實施狀況

度量衡法ハ管下群山全州ノ二ヶ所ハ隆熙二年十一月ヨリ礪山ニ於テハ本年一月ヨリ其他各郡ニ於テハ本年七月一日ヨリ全般ニ施行セラレ實施日尚淺ク未タ一般ニ普及スルノ間合ナキモ既ニ其筋ヨリ當該官吏出張シテ新器物普及ノ講話會ヲ開キ又地方ノ官憲ニ於テ各郡面里ニ對シ頻リニ購入ヲ勸奬シツヽアリ其成績頗ル良好ニシテ購入希望者漸次多數ニ上リ特ニ小作米ヲ收入スル地主ノ如キハ其便益ヲ感シ自ラ進ンテ購入ヲ望ムモノヽ如シ全州及群山ニ於テハ日本人ト取引賣買スルモノハ總テ新器物ヲ使用シ否ラサルモノハ舊器ヲ使用セシ向アリシモ今ヤ絶對ニ舊器ノ使用ヲ禁止セラレタレハ止ムナク新器ヲ使用セサルヲ得サルノ時期トナレリ左ニ度量衡器委託販賣者名及所在地ヲ掲ク

度量衡器委託販賣者所在地調

所在地	氏名
群山港各國居留地	安部榮太郎
全　財藏洞	崔在順
全州府西門外	牧村芳平
全州府東門内	金永喆
南原郡邑内	芳村捨次郎
古阜郡邑内	小谷政治
金堤郡邑内	宮本益藏
錦山郡邑内	寺井政治郎
扶安郡乾先面茁浦	岡部將槌
茂朱郡邑内	今井作次郎
淳昌郡邑内	松尾延四郎
○咸悅郡邑内	閔泳喜
○任實郡邑内	嚴翼成
○鎭安郡邑内	細井專太郎

○高敞郡邑内	馬渡善作

○ハ目下設置手續中ノモノナリ

◎鑛業

全羅北道鑛業砂鑛業許可地表

明治四十三年八月二日調

許可番號	鑛種	鑛區所在地	鑛區坪數	許可年月日	明治四十一年産額	住所	氏名
六八	金	金溝郡水流面	八七四、四三四坪	明治三十九年三月十四日	鑛石三〇、〇〇〇貫 價格一、九二〇圓	龍山鐵道官舍八八號ノ五森與一郎方	後藤虎雄
						京城柏生町栗澤賢苗方	高山民吉
六九	金	全郡東面	七三六、一七四	全日	全一五、〇〇〇貫 全二、二五〇圓	前出	後藤虎雄
						全	高山民吉
五九九	金	全郡全面	二〇〇、二〇〇	明治四十三年三月二十三日	無	全北全州府西門外	阿武虎六
五七一	全	全州郡乱田面	一〇九、六六七	全年三月一日	全	全	內宮正房
六一五	全	全郡雨林谷面	四四七、一一八	全年四月十二日	全	前出	阿武虎六
七三一	銀銅	珍山郡東一面	三九四、八〇〇	全年七月六日	全	京城明治町五丁目一四八番戸	上遠野栗
三一	砂金	金溝郡洛陽面	九九、七三五	明治二十八年十二月廿一日	六〇匁 三三〇圓	前出	後藤虎雄

一八七	砂金	金溝郡水流面	一五四、三七四	明治四十二年十月五日	無		前出	高山民吉
							龍山鐵道官舍八一號森與一郎方	後藤奈良槌
二〇六	仝	仝郡東道面 西道面	九四、四二六	仝年十二月十四日		三三〇圓八分	前出	仝人
二六八	仝	仝郡流水面	八〇、五九七	仝四十三年六月二十四日	無		全北全州府西三契三十五戸	守永新三
二〇二	仝	任實郡下新德面	八三町一六間	仝四十二年十二月一日	仝		全北全州府西門内伊藤組鑛業事務所内	伊藤兼五郎
一二九	仝	南原郡西奉面 萬德面	八一、五〇〇坪	仝四十一年六月十二日	仝		京城本町六丁目五四番戸	中塚隆稔
							仝南山町三丁目工業社内	木村幾藏
一三六	仝	仝郡周浦面 西奉面 峙山面	六五町一五間	仝四十一年八月一日	仝		前出	中塚隆稔
							仝	木村幾藏

◎ 漁業

全羅北道ニ於ケル最近一ヶ年間ノ漁獲高ニ付テハ未タ精査シタルモノナク從テ確實ニ其數ヲ知リ得サレトモ概算見積ヲ示セハ左表ノ如シ

本道ノ沖合ニ於ケル主ナル漁獲物ハ石首魚、太刀魚、鯛、鰆、鱝、鯖、鰛、鰕、其他雜魚及蟶、蛤等ニシテ其内大刀魚、鯛、鰕、蟶、蛤、鱝ハ主ニ日人漁業者ニヨリテ漁獲セラル然シテ主要漁場タル蝟島、隔音列島附近石首魚ノ駐木網、網船、鮟鱇網、漁業及鯛延繩漁業等ハ全羅南北道何レノ漁獲物ニ計上シ漁獲高ヲ定ムルモノ

ナルヤ聊カ疑問ニ属スルカ如キモ若シ之ヲ本道ニ属スルモノトシテ計上スルニ於テハ其漁獲高約三十萬圓内外ト目セラル

漁獲高概算見積表

明治四十三年八月調

漁獲物ノ種類	漁具別	内地日人漁船数	土人漁船数	一隻平均漁獲見積	漁獲高
石首魚	駐木網	—隻	一五隻	五〇〇円	七、五〇〇円
石首魚	網船(旋網)	—	一〇	六〇〇	六、〇〇〇
鰮、石首魚	鮟鱇網	四〇〇	六	五〇〇	二〇三、〇〇〇
鯛	延縄	五〇	五	四〇〇	二二、〇〇〇
大刀魚	漁箭	二	八〇個	二〇〇	一六、四〇〇
鰕	仝	二	八〇	一五〇	一二、三〇〇
鱝	延縄	三〇	四隻	五〇〇	一七、〇〇〇
鯆	仝	—	一五	二〇〇	三、〇〇〇
蟶	釣魚	—	五〇〇人	二	一、〇〇〇
蛤	手鎌	—	五〇〇人	二	一、〇〇〇
雑魚		—	一、〇〇〇	五	五、〇〇〇
計		—			二九四、二〇〇

◎森林

全羅北道森林概況

本道ニ於ケル山野ハ從來濫伐酷採ノ結果概子荒廢ニ歸シ樹林ノ見ルヘキモノ殆トナシ唯東北部及西南部地方ニ於テノミ僅少ノ樹林ヲ見ル其樹種ハ赤松多數ヲ占メ黑松、櫟、柏、榎、ムクノキ、ハンノキ、柳、竹其他ノ雜木存在ス而シテ本道ノ氣候及地質上ヨリ見ルニ樹木ノ生育ニハ好適ノ地多キモ濫伐ノ結果森林ノ發育ニ暇アラス今ヤ專ラ愛林植樹ヲ奬勵中ニ屬セリ

全羅北道森林面積表

所有別	森林地	稚樹發生地	無立木地	計
國有	九〇、八九二町	九、五二七町	七、三九七町	一〇七、八一六町
私有	二二〇、三三六	一七八、五六九	三六、七四三	四三五、六四八
合計	三一一、二二八	一八八、〇九六	四四、一四〇	五四三、四六四
國有私有百分率	國有 二九 私有 七一	國有 五 私有 九五	國有 一七 私有 八三	國有 二〇 私有 八〇
全面積	七八二、〇〇〇町			

明治四十三年九月二十三日　全州財務監督局

◎金融機關概說

本道金融機關中當局監督ノ下ニアルハ農工銀行地方金融組合及手形組合是ナリ

（一）農工銀行

農工銀行ハ舊韓國光武十年（明治三十九年）三月廿一日勅令第十三號農工銀行條例ニ依リ設立スルモノニシテ農工業ノ改良發達ヲ圖ラン爲メ洽ク斯業者ニ對シ事業資金ヲ融通スルヲ以テ其本業トスル外政府ノ認可ヲ經テ普通銀行一般ノ業務及ビ倉庫業務ヲ兼營スル株式會社ナリ而シテ其兼營業務ハ內地農工銀行ト稍其性質ヲ異ニセルモノニシテ之レ本土ノ經濟現狀ハ未タ各地方ニ於テ商業銀行ヲ特設スルノ域ニ進マサルヲ以テ政府ガ本土農工銀行ヲシテ其本業ノ傍特ニ商業者ノ金融ヲモ併セ行ハシムルノ所以ナリ其組織及營業方法等ニ至テハ內地各府縣ニ於ケル農工農行及普通銀行ノ其ト大同小異ナルヲ以テ玆ニ之ヲ省畧セリ本道ニ於ケル農工銀行ハ本店ヲ全州ニ置キ支店ヲ古阜及南原ニ設ク本支店營業ノ概況ハ後表之ヲ揭ケリ

（二）地方金融組合

地方金融組合ハ舊韓國光武十一年（明治四十年　五月三十日勅令第三十三號地方金融組合規則ニ依リ設立スル社團法人ニシテ專ラ中產以下小農小作者ノ金融ヲ圖リ農業ノ發達ヲ助長スル外亦塩業者小商人及小工業者ニ對シ金融ノ途ヲ開キ以テ此等ノ者ヨリ成ル組合員各自ノ經濟的社會的地位ノ改善ヲ目的トスルモノナリ而シテ本組合ノ業務タル內地ニ於ケル產業組合法ノ規定セル信用組合販賣組合購買組合及生產組合ノ掌ル各業務ヲ殆ンド網羅セルモノニシテ唯異レルハ本組合ニ倉庫業務ノ設アルモ貯金事務ノ規定ナキコトナリ蓋シ民間金利ノ高率ナルト（後表參照）農民金融ノ枯渇スルトハ未タ貯金事務ノ實施ヲ見ルニ至ラザル所以ニシテ又本組合ガ特ニ

倉庫業務ヲ兼重要業務ニ加ヘタルハ由來當國細民ノ多クハ例年夏節ニ及ハバ食料全ク缺乏シ生活ノ維持ニ窮乏セル結果秋收未タ穰ナラサルニ先チ青田ヲ担保トシテ他ヨリ生活資產ノ借入ヲナシ辛ク糊口ヲ凌クノ現況ナレバ秋收一度到ルヤ恰モ旱天ノ雲霓ヲ望ムカ如ク價格ノ崩落ヲ顧ルノ暇ナク直ニ其生產物ヲ投賣セサルベカラサルノ止ムナキモノ多シ是レ農民經濟ノ調和ヲ以テ任ゼル組合カ倉庫業務ヲ必要トセル所以ニシテ即チ組合ハ如斯穀物ノ崩落ニ際シテハ組合員產出ニ係ル生產物ヲ担保トシテ低利資金ノ融通ヲ圖リ徐ニ市價ノ恢復ヲ俟テ再ビ販賣ノ途ヲ講シ以テ投賣ヨリ生スル損害ヲ防遏スルト共ニ他面穀價ノ平準ヲ保タシメントスルニ外ナラス今本組合業務ヲ擧クレバ左ノ如シ

一、組合員ニ對シ農業上必要ナル資金ヲ貸付スルコト
但シ組合貸付額ハ一組合員ニ對シ五十圓ヲ最高限度トセリ蓋シ小額ノ資金ヲ多衆ニ散布セントスル趣旨ニ外ナラス

二、組合生產ニ係ル穀物ヲ倉庫ニ保管スルコト

三、組合員ノ爲メ生產物ノ委托販賣及需用品ノ共同購入ヲナスコト

四、組合員ニ對シ種苗肥料農具其他農業材料ノ分配貸與ヲナスコト

而シテ業務以外內地產業組合ト異ナレル主ナル点ハ地方金融組合資金ハ組合員各自ノ出資ニ俟ツナク政府カ各組合ニ下付セル一萬圓ヲ以テ其ノ基金トセル外組合員數ニ最底限度ナキコト業務區域ハ一郡乃至數郡ニ亘ルコト等ニシテ其他大同小異ナリ本道金融組合數ハ旣設十一ケ所設立準備中ノモノ二ケ所ニシテ各組合業務概況ハ後表ニ示セリ

(二) 手形組合

手形組合ハ舊韓國光武九年（明治三十八年）九月三十日度支部令第十六號手形組合條例ニ依リ設立スルモノニ

シテ商取引ノ確實ヲ圖ル爲メ從來當商民間ニ流通セル於音ノ撲滅ヲ圖リ代ルニ手形ノ普及ヲ促シ以テ商民金融ノ利便ヲ圖ルニアリ其業務左ノ如シ

一、組合員發行ニ係ル手形債務ノ保証ヲナスコト

二、組合員又ハ組合員以外ノモノ、依賴ニヨリ組合員ニ對シ其手形債務ノ取立ヲナスコト

三、組合員ニ對シ手形ノ撿査ヲナスコト

四、手形ニ關シ爭議アルトキハ當事者ノ依賴ニ依リ妥協又ハ審決ヲナスコト

五、手形ノ交換ヲ取扱フコト

終ニ當地方ニ流通セル於音ニ就テ少シク述フル所アラントス

古來本土商民間ニ流通セル於音（又ハ音票ト稱ス）ハ不完全ナル約束手形樣ノ如キモノニシテ發行ノ性質ニヨリ之ヲ二種ニ區分スルコトヲ得一ハ全ク融通ノ爲メニ振出スカ又ハ數年前紙幣ノ流通セザル時代ニアリテ現金ノ授受ニ際シ硬貨（當地方ニ於テハ專ラ葉錢流通セリ）ノ計算及携帶ニ不便ナル結果自然本票ヲ紙幣ノ代用トシテ發行セルモノニシテ他ハ商取引ノ結果延取引ノ場合債務者ノ債權者ニ發行セルモノ是ナリ由來當地ハ葉錢ノ流通區域ニシテ數年前ニアリテハ物品ノ賣買一トシテ之ニ依ラサルナク如斯葉錢流通盛ナル時代ニアリテハ前票ノ發行授受又頗ル盛ナリシモ貨幣整理ノ實施以來葉錢ノ引上ト共ニ紙幣其他新補助貨ノ散布ニ伴ヒ本票流通亦昔日ノ如クナラス現時著シク其數ヲ減セシカ如キモ後票ニ至リテハ其性質上今尚商民間ニ流通セルモノ不尠左ニ當地方ニ流通セル於音ノ形式ヲ掲ケン

某　名　條
貨　貳　百　圓　出次
庚戌八月二十五日　某名㊞

前段於音ノ形式ニシテ一覽拂トス

某名條
貨貳百圓 今二十九日出次
庚戌八月二十五日 某名㊞

後段於音ニシテ期日拂トス

備考

(一)前票譯文左ノ如シ

一金貳百圓 支拂可致候
庚戌八月二十五日 某㊞
某 殿

(二)後票譯文左ノ如シ

一金貳百圓 本月二十九日支拂可致候
庚戌八月二十五日 某㊞
某 殿

(三)「貨」ハ「一金」ノ意ニシテ數年前葉錢ノ流通盛ナリシ時代ニアリテハ「錢文」ト稱シ圓ハ「両」ト書セリ
手形ノ形狀ハ一定セスト雖モ長サ約五寸內外ニシテ手形面ニ記載スヘキ要件左ノ如シ

一、一定ノ金額
二、受取人ノ姓（地方ニアリテハ無記名式ノモノアリ）
三、振出人氏名
四、振出月日
五、支拂月日

六、振出人記名捺印

於音一覽拂ナルトキハ其取持人ハ何時タリトモ支拂ノ請求權ヲ有シ若シ期日拂ナルトキハ指定サレタル期日ニ於テス（勿論期日後ト雖モ時効ナキ爲メ何時タリトモ支拂ノ請求ヲナスコトヲ得）又期限ハ普通五日以上二ケ月以内ニシテ振出人ハ支拂ノ請求アリタルトキハ帳簿ニ照合シテ即時現金ノ支拂ヲナスモノトス又於音所持人カ第三者ニ對シ之ヲ讓渡サントスル場合ニハ裏書スルコトナク單ニ授受ヲ以テ權利ヲ移轉スルニ止リ讓渡人ハ讓受人ニ對シ毫モ償還ノ責ヲ有セス此場合ニ於テハ第三者ハ振出人ニ對シ一應之カ呈示ヲナスコトアルモ引受ハ單ニ口頭ヲ以テ權利ヲ繼承スルモノニシテ授受ノ手續極メテ簡單ナリ如斯發行ノ授受手續簡單ナルト且ツ於音ニ對シ法ノ制裁ナキトハ遂ニ濫發ノ弊ヲ增長シタルノミナラス元此種於音ニアリテハ發行ニ際シ何等準備金若クハ之ニ代ルヘキ担保物ノ用意ナケレハ振出人カ一時ニ手形ノ取付ニ遭フヤ往々破產者ヲ見ルコト稀ナラスサレバ之カ一般經濟界ニ及ス影響ヤ洵ニ尠シトセズ舊韓國光武十年（明治三十九年）手形條例ノ發布及手形組合ノ設立ヲ見タル所以此ニ存ス而シテ近時ニ於テハ貨幣制度ノ確立商民經濟思想ノ發達ト共ニ漸次其流通ヲ減スルノ傾向ヲ呈セリ

附

純然タル金融機關ト云フニアラサルモ完全ナル發達ヲナス時ハ少クトモ一種ノ經濟機關タルモノナルヲ以テ之ヲ畧説ス

國有地小作人組合

國有地小作人組合ハ國有地集團地ニ於ケル國有地小作人ヲ以テ組織シ政府監督ノ下ニ農事改良發達ヲ企圖シ且勤儉貯蓄ノ美風ヲ養成スルヲ以テ目的トセルモノニシテ其業務左ノ如シ

一、組合員ニ對シ農事改良上必要ナル事項ヲ指示シ及其必要ニ應シ資金ノ融通ヲ圖ルコト

二、組合員ノ爲メ生産物ノ委托販賣ヲナスコト

三、組合員ニ對シ種苗肥料農具等ノ分配貸與ヲナスコト

四、組合員又ハ其家族カ疾病死亡又ハ水火災他ノ災害ニ罹リ生活上困難ナルモノアルトキハ之ヲ救助スルコト

五、貯蓄ヲ奬勵スルコト

要スルニ本組合ハ國有地小作人相互ノ共濟及貯蓄心ノ涵養並ニ農事ノ直接指導改良ヲ以テ其主要業務トセルモノニシテ資金貸付ノ如キハ一ノ附隨業務タルニ過キス而シテ貯蓄ハ組合員ノ義務トシテ組合定款ヲ以テ其一率ヲ定メ毎年秋收後小作料ノ十分ノ一以内ト規定セリ組合ノ機關其他ニ關シテハ地方金融組合ト大同小異ニ付省畧ス

本道ニ於ケル既設ノモノ全州郡乱田面國有地小作人組合ニシテ明治四十二年十一月十四日ノ設立ニ係リ現下組合員數百二十三名ヲ有ス本年度施設事項左ノ如シ

一、毎月一回全州ニ於テ農談會ヲ開キ且農事ニ關スル講話ヲナシ農業智識ノ注入ヲ圖ルコト

二、組合所在地ニ於テ幻燈講話會ヲ開キ且農事ノ映畫ニヨリ鳥虫類ノ農作物ニ及ホス利害ヲ示スコト

三、品種ノ改良統一ヲ圖ル爲監督水田ニ於テ採取シタル籾ヲ在來種ト交換シ良種ノ散布ヲ圖ルコト

四、秋期稻扱傳習會ヲ開キ勞力及時間ノ經濟ヲ指示シ併テ土砂ノ混淆ヲ防キ品質ノ改善ヲ圖ルコト

五、組合員ヲシテ其生業ニ熱心ナラシメ且事業及農具改良ヲ圖ルタメ毎年秋收後品評會ヲ開クコト

六、秋季五日以內ニ於テ管內主ナル內地人農場ニ到リ耕作農具倉庫業組織並水利組合事業等ヲ實視セシメ進取的意氣ヲ養成セシムルコト

七、組合員ヲシテ毎月五足以上ノ草鞋ヲ作ヲシメ之ヲ委托販賣ニ付シ其賣上金ヲ貯金ニ編入スルコト

他ハ古阜郡聲浦面國有地小作人組合ニシテ本年八月十一日設立認可ヲ經目下設立準備中ニ屬ス

全羅北道貨幣流通狀況

古來本道ハ舊白銅貨流通地域タル忠清南道ニ接セル珍山郡一圓及礪山郡龍安郡錦山郡並ニ臨陂郡各一部ヲ除ク外專ラ葉錢ノ流通域ニシテ光武九年（明治三十八年）貨幣整理着手以前ニアリテハ銀貨其名ニ於テ本位貨ト稱セリト雖モ事實ニ於テハ葉錢若クハ舊白銅貨全ク本位貨タルノ地位ヲ占メ物價ノ標準ハ總テ之ニ依リ元來葉錢ハ貨幣トシテ實價ヲ具備セルト雖モ其流通額夥多ニ過キ且一般取引上計算受授ニ又運搬携帶ニ不便アルノミナラス其價格ハ常ニ內外銅相場ノ騰落ト需用ノ關係トニ依リ一昂一低定リナク延テ物價ノ變動ヲ惹起シ殆ンド貨幣タルノ要件ヲ欠ケリ又舊白銅貨ハ素ト銀貨ノ補助トシテ發行サレタルモ適々表價ト實價トノ著シキ懸隔ハ只管其差益々眩惑シタル時ノ政府當路者ヲシテ其性質ノ如何ヲ辨セズ無制限ニ之ヲ發行セシメ延テ民間僞造貨ノ濫發行使誘致スルニ至リ茲ニ貨幣ノ信用ハ蕩然トシテ地ヲ拂ヒ幣制ノ紊乱其極ニ達シ之カ爲メ當時ノ經濟界ハ全ク其中心ヲ失ヘルニ似タリ明治三十七年十月目賀田男爵入テ舊韓國政府ニ顧問ノ職ヲ奉スルヤ先ツ當國幣制ノ確立ヲ期シ光武九年（明治三十八年）一月貨幣條例ヲ改定シ金貨本位トナシ仝年六月一日ヨリ之カ實施ヲ促シ一面前記兩舊貨ノ交換還收ニ着手シ他面之ニ代ルヘキ新補助貨ノ普及ニ努メ越テ隆熙二年（明治四十一年）二月度支部令第四號及隆熙三年（明治四十二年）五月二十日勅令第五十八號ヲ以テ仝年二月末日ヲ限リ舊白銅貨ノ使用ヲ絶体ニ禁止セルト共ニ葉錢ハ隆熙二年（明治四十一年）六月二十六日勅令第四十一號ヲ以テ仝年七月一日ヨリ其通用價格ヲ公定シ一枚二厘トナシ且ツ一圓ヲ限リ法貨トシテ其流通ヲ公認セリ爾來舊白銅貨ハ全ク其跡ヲ絶チ葉錢亦近年著シク納稅資金ニ吸收セラレタル結果大ニ其流通額減少シ久シク相場ニ變動ヲ見タル其價格ハ現時本道各郡ヲ通シ全ク公定率ニ歸一セリ然ルニ本年ニ入リ品質劣等ナル支那葉錢ノ當地ニ混入ヲ見ルヤ由來貨幣ノ知識ヲ缺如セル本土農民間ニ漸次流通增加（本年六月末調査支那葉錢流通見込額六千二百九十六圓）ノ

形勢ヲ呈シタルモ幸當局者ノ警戒宜シキヲ得タル爲メ暫時ニシテ全ク之ヲ市場ヨリ驅逐スルヲ得タリ爾テ新貨ノ流　狀況ヲ觀ルニ葉錢ノ還收減額ニ伴ヒ各種銀行劵（就中一圓劵ノ流通最モ多シ）ヲ初メテ五十錢以下大小新補助貨各地何レモ圓滿ニ流通セルモ獨リ葉錢建相場ニ至リテハ尚依然トシテ舊套ヲ脫セサルカ如シ今光武九年（明治三十八年）七月舊貨引上着手以來本年八月末日迄ニ於ケル群山支金庫取扱ニ係ル舊白銅貨及葉錢引上高並ニ本道葉錢流通見込額ヲ擧クレハ左ノ如シ

一金拾八萬九千百七圓參拾四錢也

　但葉錢引上高（群山支金庫取扱）

一金六萬六百五十二圓七錢也

　但葉錢現在流通見込額（財務署調查）

一金五拾參萬五千參拾壹圓拾七錢五厘也

　但舊白銅貨（一個貳錢五厘）引上高（群山支金庫取扱）

以上

金融機關現況

其一　農工銀行

名稱	所在地	設立年月日	株主數	株數	公稱資本金	拂込資本金	諸積立金	政府貸下金	債劵發行高
全州農工銀行	全州	明治三十九年六月二十八日	七九	五、〇〇〇	一〇〇、〇〇〇円	八四、四四〇円	一九、九八〇円	三〇、七六〇円	九五、〇〇〇円
仝　南原支店	南原	明治四十年二月三十一日	〇	〇	〇	〇	〇	〇	〇

仝　古阜支店	古阜	明治四十三年四月七日	○	○	○	○	○	○	○

備考（一）株數五、〇〇〇株ノ内政府持株三、四四四全額拂込、民間株數一、五五六半額拂込
（二）農工債劵額面金額拾圓第一回發行五萬圓年利八分第二回發行五萬圓年利七分

仝上八月末貸付預金及遊金一覽表

件名／銀行名	貸付金 種別	貸付金 金額	預金 種別	預金 金額	遊金 現在高
全州農工銀行	貸附金	二九六、四三四、〇〇〇	定期預金	三六、七三〇、〇〇〇	一六八、三五七、五九四
	當座貸越	五、九五五、四五〇	當座預金	一七五、二四八、四八〇	
	割引手形	六五、九五〇、〇〇〇	小額預金	三二、四〇六、一六〇	
			別段預金	一五、六六一、七九〇	
	計	三六八、三三九、四五〇	計	二六〇、〇四六、四三〇	一六八、三五七、五九四
仝　南原支店	定期貸附金	三〇、八一四、〇〇〇	當坐預金	三、九六一、八七〇	
	割引手形	一八、四九六、四七〇	小額預金	四、二二四、九三〇	
	計	四九、三一〇、四七〇	計	八、一八六、八〇〇	二〇、八五六、九二〇
仝　古阜支店	貸附金	六、九八〇、〇〇〇	定期預金	一、〇〇〇、〇〇〇	
	割引手形	三、二一〇、〇〇〇	當坐預金	七、六一九、七五〇	
			小額預金	三、二五五、八九〇	
			別段預金	一三九、一一〇	

計	一〇、一九〇、〇〇〇	計	一一、〇七一、七七〇	一四、〇八七、三三〇

資金需要最盛期及最少期ニ於ケル貸出金預金並遊金表

種目／年別		諸貸出額	諸預金額	遊金額
自明治卅九年七月五日開業 至仝十二月末日		九二、七一〇、〇〇〇	三九、一一七、八一〇	五八、六七七、三八〇
明治四十年	最少期	九六、五九七、〇〇〇	五四、四二一、一二〇	一〇九、〇一三、六三〇
	最盛期	一六四、四九四、二二〇	四二、五〇二、二四〇	四八、七二三、三八〇
明治四十一年	最少期	一七三、二四三、五四〇	五四、四一三、一四〇	五二、一七五、八七三
	最盛期	二三二、八三七、三五〇	八六、九九八、四八〇	六六、五九〇、九二六
明治四十二年	最少期	二〇〇、八六五、三三〇	九〇、三二八、六九〇	九三、〇六五、九〇四
	最盛期	二九九、四一七、五四〇	一〇〇、一九四、一九〇	一〇七、九九〇、八二六

備考　資金需要最盛期ハ十二月最少期ハ四月トス

貸出金及預金年別表

種類／年別	貸付金	割引手形	當坐貸越	定期預金	當坐預金	其他預金
明治三十九年	一五四、六二三、〇〇〇	二六、五三六、〇〇〇	…	…	一六八、八三八、三七〇	七、七三三、〇〇〇
明治四十年	二五四、五五六、四〇〇	三五六、七四八、〇〇〇	一一、八九一、二三〇	一五、三〇〇、〇〇〇	二六八、七六五、二三〇	五二、〇七六、四七〇

明治四十一年	三三七、四二六、〇〇〇	四五四、六四〇、〇〇〇	七五、四八二、七一〇	六五、五四〇、〇〇〇	三一四、三五八、二六〇	九五、七二〇、三三〇
明治四十二年	三七四、〇二九、〇〇〇	五四四、九四五、〇〇〇	一六七、五一七、六五〇	一一三、三三八、〇〇〇	三九八、一九八、五四〇	一八一、三七〇、四三〇

銀行各種金利年別表

種目／年別	貸付 高	貸付 低	割引 高	割引 低	貸越 高	貸越 低	定期豫金 高	定期豫金 低	當座預金	小額預金
明治三十九年	八錢五厘	六錢	七錢	四錢	七錢五厘	四錢	年八分	年七分	一錢五厘	二錢五厘
仝四十年	七錢五厘	五錢	六錢五厘	三錢五厘	六錢五厘	三錢五厘	七分五厘	六分五厘	仝	二錢
仝四十一年	七錢	四錢	六錢	三錢	仝	仝	七分	六分	一錢二厘	一錢七厘
仝四十二年	仝	仝	六錢	三錢	六錢	仝	六分五厘	五分五厘	仝	一錢六厘
仝四十三年	五錢二厘	仝	三錢七厘	二錢七厘	五錢二厘	仝	六分	五分	一錢	一錢五厘

備考

民間金利ハ最高月一割二分ヨリ最低二步ニシテ普通三四步内外トス

本店爲替受拂表

送金手形之部

種目／年別	仕向 仕向地	仕向 金額	被仕向 被仕向地	被仕向 金額
明治三十九年	京城	一一、五一〇、九五	京城	五四、五二六、七八

計
明治四十年

計
明治四十一年

京城	公州	仁川	群山	光州	大邱		京城	仁川	公州	江景	群山	光州	釜山	元山
五五、六六一、八五	二、九〇〇、〇〇〇	二、〇〇〇、〇〇〇	四、三二五、〇〇〇	一五〇、〇〇〇	一、四二〇、〇〇〇	七六、四五六、八五	三二、〇四二、六〇	三三、九六一、六五	六〇〇、〇〇〇	四三〇、〇〇〇	一〇、〇〇〇、〇〇〇	二、九五八、二二	七三一、〇〇〇	一二八、六四

京城	開城	平壤	仁川	光州		京城	仁川	公州	江景	群山	光州	釜山	木浦	開城	平壤	海州
一六〇、四五七、八三	一四、九〇〇、〇〇〇	一、二九〇、〇〇〇	二三、八八五、〇〇〇	四、九五八、三七	二〇五、四九一、二〇	一三二、九三三、二六	三七、六七五、〇〇	九一一、九〇	五、八六三、八八	二、六六〇、〇〇	三、八九三、三七	六八、九〇	一、〇〇〇、〇〇	一二、六〇〇、〇〇	八、〇六九、〇〇	一五八、九八

明治四十二年

計	七九、八五二、一一
京城	三四、〇二七、三五
仁川	二七、〇〇九、七七
公州	一三〇、〇〇
江景	二六〇、〇〇
群山	三二〇、一三八、九九
光州	四七八、三一
木浦	一三二、八四
南原	一四、〇七八、〇〇
大邱	一八〇、〇〇
晋州	二〇〇、〇〇
釜山	四二六、三五
計	三九七、〇六一、六一

	二〇五、八三四、二九
京城	一三二、七八八、一〇〇
仁川	三九、五四七、〇〇〇
公州	八〇五、六六七
江景	四、一〇〇、〇〇〇
群山	二三、〇二二、一〇〇
光州	五〇〇、〇〇〇
木浦	七五〇、〇〇〇
南原	一二、二四九、〇〇〇
大邱	八二〇、〇〇〇
晋州	三五五、〇〇〇
釜山	一、〇〇〇、〇〇〇
海州	二、三〇〇、〇〇〇
開城	二三、〇七〇、〇〇〇
平壤	一三、九二〇、二八
榮山浦	一、〇〇〇、〇〇〇
筏橋浦	一四〇、〇〇〇
金泉	一、四八〇、〇〇〇
尙州	二、二五
	二五六、八四九、三〇

明治四十年	明治四十一年	明治四十二年	仝
代金取立手形之部			
京城	群山	仝	京城
一〇〇、〇〇〇	二二、二一〇、〇〇〇	八五、二五五、三六	六五三、四〇

其二 地方金融組合

名稱	所在地	設立年月日	業務區域	組合員數	資本金	積立金
全州地方金融組合	全州府	明治四十一年二月二十九日	全州、益山、高山	七四九	1、0000	一、九八五、六二〇
南原仝	南原邑	仝五月十一日	南原、雲峰	六八〇	10、000	八七四、八一〇
咸悦仝	咸悦邑	仝四十二年五月二十七日	咸悦、龍安、礪山	三一〇	10、000	三一二、一六〇
古阜仝	古阜邑	仝六月二十五日	古阜、井邑、扶安	三六二	10、000	一五、六四七
金堤仝	金堤邑	仝七月二十一日	金堤、萬頃	二二三	10、000	〇
高敞仝	高敞邑	仝七月二十二日	高敞、茂長、興德	二八〇	10、000	三一五、八五〇
群山仝	群山邑	仝八月三日	臨陂、沃溝	三三五	10、000	〇

鎮安仝	鎮安邑	仝八月四日	鎮安、長水	一九六	10,000	105,610
錦山仝	錦山邑	仝八月十三日	錦山、珍山	三九	10,000	0
任實仝	任實邑	明治四十三年八月二十五日	任實		10,000	0
淳昌仝	淳昌邑	仝九月一日	淳昌	三〇	10,000	0
泰仁仝	泰仁邑	設立準備中	泰仁、金溝			
茂朱仝	茂朱邑	仝	茂朱、龍安			

地方金融組合八月末貸付金及遊金一覽表

組合名	貸付金現在高	遊金現在高	利率		
				高	低
全州地方金融組合	一〇、二九〇、七七八	三、五二四、二八一	日歩	五〇厘	四〇厘
南原仝	九、七一七、四三〇	一、六一六、一〇二	仝	四〇	三〇
群山仝	七、八九三、〇〇〇	一、九七六、七九六	仝	五〇	四〇
古阜仝	六、二七三、〇〇〇	五、五〇五、七八九	仝	六〇	三〇
高敞仝	九、九五〇、〇〇〇	四、二六六、八八五	仝	六〇	四〇
鎮安仝	六、八八一、〇〇〇	五、六六九、〇六五	仝	五〇	三〇
金堤仝	六、二三四、〇〇〇	六、三一九、一六六	仝	五〇	三五

咸悦 仝	八、六七九、〇〇〇	三、五二六、一四七	仝 六〇	三〇
錦山 仝	五、九七九、〇〇〇	六、九三六、二七一	仝 五〇	三〇
計	七一、八九七、二〇八	三九、三四〇、五〇二		

其三 手形組合

名称	所在地	設立年月日	組合員数	資本金	積立金
全州手形組合	全州	明治三十九年十一月二十六日	五五	三〇、〇〇〇円	五、一〇〇円

八月末手形保証額及遊金額一覧表

組合名 / 種別	手形保証額	遊金額	手形保証料
全州手形組合	五四、八二〇、〇〇	三六、一二六、二三五	日歩一銭

◎全州種苗場成績

明治四十三年調査

種苗場ノ位置及用地ノ面積

種苗場ハ全州府東面六契里ニ在リ全州原標ヲ距ル東方十二町余地勢西南面ニ展開セル傾斜地ニシテ大体ノ土性ハ石礫ヲ混シタル粘質壌土ナリ用地ノ総面積ハ三町四反五畝十七歩ニシテ其内譯ハ左ノ如シ

水田　六反五畝〇壹步
畑　壹町七反四畝廿三步
道路畦畔溝渠敷地其地　四反九畝廿九步
墓地　十七步
建物敷地其他　五反五畝七步
合計　參町四反五畝十七步

作物ノ種類並ニ作付配當反別

（明治四十三年度）

種目	耕作反別	百分比例	主作物ノ名稱
水田	六反五畝壹步	二七、一	採種用、早神力種、高千積種
桑畑	九反五畝廿八步	四〇、〇	魯桑、實生養成、市平、赤木、魯桑
普通作畑	五反七畝廿步	二四、一	陸稻、大豆、甘藷、馬鈴薯、草棉、大小裸麥
蔬菜畑	七畝十五步	三、一	根菜、葉菜、蓏果類數種
雜作細	壹反參畝廿步	五、七	除虫菊、杞柳、薄荷、苧麻楮、蛇麻草
計	貳町參反九畝廿四步		

水稻栽培成績（四十二年度全州種苗場）

	種類名	出穂月日	成熟月日	反當籾收量	反當玄米收量	石代評價	價格
內地種	石白	八月二六	一〇、一六	六石四七六	三石七四四	九円三五〇	三五円〇〇六
	丹波出雲	九、一三	一〇、二九	六、〇八九	三、五五四	九、三〇〇	三三、〇五二
	穀良都	九、一	一〇、二五	五、九三七	三、四七八	九、四〇〇	三三、六九三
	高千穂	八、三一	一〇、二五	五、六八五	三、四三七	九、六〇〇	三三、九九五
	愛國	八、二五	一〇、一五	五、六二四	三、三三八	九、三〇〇	三一、〇四三
	農鋤光	九、一	一〇、一七	五、九〇八	三、三二七	九、五〇〇	三一、六〇七
	早神力	九、二	一〇、二〇	五、八二一	三、一五〇	九、七〇〇	三〇、五五五
	和田錦	八、二七	一〇、一九	五、四二〇	三、一二〇	九、〇〇〇	二七、一〇八
	關取	九、三	一〇、二九	五、〇二八	三、〇〇五	九、二〇〇	二七、五四六
	出雲	八、一九	一〇、三	四、九七六	二、六八六	九、五〇〇	二五、五一七
	日之出	八、一五	一〇、二	四、七四一	二、六五六	九、二〇〇	二四、四三五
	高宮	八、一八	一〇、九	四、一〇七	二、四〇八	九、一〇〇	二一、九一三
	竹成	九、一五	一一、五	三、七七九	二、〇四三	九、一〇〇	一八、五九一
	以上內地種十三種平均	…	…	五、三五三	三、〇六四	九、三二七	二八、六二〇
朝鮮種	倭租	九、九	一〇、三一	四、八〇二	二、七三五	九、二五〇	二五、二九八
	多々租	八、一九	一〇、六	四、五四四	二、五〇六	八、八〇〇	二三、〇五三

以上朝鮮種二種平均	四、六七三	二、六二一	九、〇二五	三、六七六

備考　前表評價格ハ群山商業會議所ニ依囑シ明治四十三年三月四日群山港貿易商木村商店ニ於テ同店員安部榮太郎及大阪市横山商店員宮崎美之吉立會ノ上査定シタルモノニシテ豫メ其種類名ヲ通セズ單ニ番號ノミヲ記シタル現品ニ依リ品評セシム

前表ノ成績ニ依レハ其反當收獲量ハ内地種十三種平均籾五石三斗五升三合此ノ玄米參石〇六升四合ニシテ朝鮮種二種ノ平均ハ籾四石六斗七升參合此ノ玄米貳石六斗貳升壹合ナリ即チ内地種ハ朝鮮種ニ比シ籾ニ於テ壹割四分六厘玄米ニ於テ壹割六分九厘ノ增收ニシテ且ツ其品質ハ概シテ優良ナリ内地種中平均收量以上ノモノハ石白丹波出雲、穀良都、高千穂、愛國、農場ノ光、早神力ノ七種ニシテ石白ノ參石七斗四升四合ヲ最上トシ丹波出雲ノ參石五斗五升之レニ次グ然レトモ以上ハ僅カニ本場一ケ年ノ成績ニ過サルカ故ニ果シテ石白種及丹波出雲種等カ本道ノ氣候ニ適生シ栽培上平年利益アルベキヤハ未ダ疑問ニシテ殊ニ後者ハ動モスレハ熟期遲ル丶ノ嫌アリ早神力種ハ既ニ多年勸業模範場ニ於テ栽培セラレ成績常ニ優良ナルノミナラズ本道内各地試作ノ成績モ亦タ善良ニシテ品質モ亦優等ナリ高千穂種ハ本道内二三大農場ノ栽培成績ニ徴スレハ能ク本道ノ風土ニ適生シ當場試作ノ成績モ前表ニ示ス如ク收量品質共ニ優等ナルガ故ニ兩種ハ共ニ普及ノ價値アリト認メ當分此ノ兩種ヲ普及セシムルノ方針ヲ以テ當場ハ種子ノ育成配付ニ任セリ

水稻耕種ノ梗概

一、撰　種　五月五日比重一、一三ヲ標準ト爲シタル苦塩汁ヲ用イテ選別セリ

一、浸　種　日數七日間桶浸トナシ隔日ニ換水シ且ツ籾種ノ上下ヲ攪拌ス

一、苗代肥料　苗代一坪ニ付キ施用シタル肥料ノ種類分量ハ左ノ如シ

荏油粕　百貳十匁
過燐酸石灰　貳十匁

一、播種期　五月十四日（水利ノ故障ニ依リ中途苗代位置ヲ變更シタル爲メ豫定ニ對シ三日間遲ル）

一、播種量　苗代壹坪ニ付キ種籾五合

一、本田ノ整地　六月十五日ヨリ畦塗ヲ行ヒ先前作物ニ關係ナキモノヨリ綠肥及原肥ヲ施シ鋤返ヲ行ヒタル後更ラニ油粕過燐酸石灰ノ全量ヲ撒布シ六月廿二日ヨリ灌水シテ順次縱横ニ掻キ均シ挿秧ノ準備ヲナス

一、本田ノ肥料　本田壹反歩ニ付施用シタル肥料ノ種類分量ハ左ノ如シ

肥料	反當施用量	肥料價格 單價一貫匁ニ付	肥料價格 金額	備考
綠肥	一五〇貫〇〇〇匁	、〇一二	一円、八〇〇	青刈大豆若ハ雜草ヲ利用シ全量ヲ原肥トシテ整地前犂込タリ
堆肥	一〇〇、〇〇〇	、〇一〇	一、〇〇〇	全量ヲ原肥トシテ整地前犂込タリ
荏油粕	七、五〇〇	、一七〇	一、二七九	全量ヲ原肥トシテ整地際施用ス
過燐酸石灰	三、〇〇〇	、二二〇	〇、六六〇	仝
計			四、七三五	

一、挿秧期　六月廿四日乃至仝廿六日

金州種苗場成績

一、一株ノ苗數　八本
一、一歩ノ株數　四十九株
一、除　草　五回

第一回	七月九日乃至七月十日	縱橫ニ分チホムヲ使用シテ爪打ヲナス
第二回	七月十五日乃至七月十六日	
第三回	七月廿三日乃至七月廿五日	豐年車ヲ使用シテ縱橫ニ爲ス
第四回	八月三日乃至八月五日	素手ニテ除草ヲ行フ
第五回	八月十二日乃至八月十五日	素手ニテ止除草ヲ爲ス

一、害虫其ノ他諸害ノ防除

（一）七月下旬乃至八月上旬ニ於テ第一化期螟虫被害莖拔採ヲ行ヒ又九月上旬浮塵子ノ發生ヲ認メ水利アル地區ニ注意驅除ヲ行ヒタリ

（二）七月下旬ヨリ八月下旬ニ至ル間數回ニ稗草拔ヲ行フ

（三）出穗後雀ノ襲來ニ付一般收穫ニ至ル約五十日間特ニ人夫ヲ付シテ驅逐ノ事ニ從ハシメタルモ尚多少ノ損害ヲ免レサリシ

大小粿麥栽培成績

（四十二年金州種苗場）

種類名	出穗月日	成熟月日	壹反當子實收量
フルツ	五月一五日	六月二三日	二石五二二
オレゴン	五、一六、	六、二五、	二、四三二

小麦	江島	五、一三、	六、二一、	二、三八三
	和歌山	五、七、	六、一八、	一、七九七
	マーチンスアンバー	五、二六、	六、二八、	一、六六二
	以上内地種五種平均	…	…	二、一五九
	朝鮮種	五、一一、	六、一九、	一、八八三
	内地種ト鮮朝種トノ差			、二七六
大麦	ゴールデンメロン	五、九、	六、一四、	二、七〇一
	六角シエバリエー	四、二九、	六、六、	二、四四一
	坊主	四、二八、	六、二、	二、三三二
	倍取	四、二九、	六、三、	二、一四五
	交野	四、二八、	六、三、	一、九七一
	以上内地種五種平均	…	…	二、三一八
	朝鮮種	五、二、	六、三、	二、一五五
	内地種ト鮮朝種トノ差			、一六三
裸麦	コビンカクギ	五、二、	六、一〇、	二、六七六
	白晒	五、一、	六、七、	二、六二四
	大阪	五、三、	六、一二、	二、五四八
	釜麦	五、一、	六、九、	二、四四四
	橋倉	五、一、	六、一二、	二、二三六

以上内地種五種平均	…	…	二、五〇六
朝鮮種	四、三三〇、	六、八、	二、一七二
内地種ト朝鮮種トノ差			、三三四

耕種梗概

一、撰種　大麥ハ比重一、一三小麥及裸麥ハ比重一、一二ヲ標準トシテ塩水撰ヲ爲ス

一、播種量(壹反歩)　大麥ハコールデンメロンノ如キ大粒種ハ五升五合其他ハ五升小麥ハ四升裸麥ハ四升五合ヲ標準トス

一、播種法　畦巾二尺ノ條播ス

一、播種期　小麥ハ十月十二日、大麥、裸麥ハ十月二十二日

一、肥料　壹反歩ニ對スル肥料ノ用量及價格ハ左ノ如シ

		用量	單價	價金額	備考
小麥	堆肥	二〇〇、〇〇〇貫	、〇一〇	二、〇〇〇円	原肥ニ施用ス
	荏油粕	五、〇〇〇	、一七〇	、八五〇	仝
	人糞尿	一二〇、〇〇〇	、〇〇六	、七二〇	全量ヲ二分シ播種ノ際及追肥一回施用ス
	計	…	…	三、五七〇	
大麥 裸麥	堆肥	二〇〇、〇〇〇	、〇一〇	二、〇〇〇	原肥
	荏油粕	七、五〇〇	、一七〇	一、二七五	仝

一八 糞尿	一八〇、〇〇〇	、〇〇六	一、〇八〇
計	…	…	四、三五五

甘藷ノ栽培成蹟

（四十二年度）

苗挿植期	收穫期	反當收穫量	備考
六月二日	十一月五日	五四二、八〇〇貫	上藷 四四、二% 中ク 三二、四 下ク 二三、四
六月三日	上同	四三一、七〇〇	上ク 四〇、四 中ク 三八、〇 下ク 二一、六
六月十一日	十一月六日	三六五、三〇〇	上ク 三六、四 中ク 三九、七 下ク 二三、九
七月二日	上同	二六四、二〇〇	
計		（平均）四〇一、〇〇〇	

備考

一、種類ハ元氣種ヲ栽培ス

一、肥料ハ一段當リ糞灰二百貫匁ヲ原肥トセリ

一、植付法ハ畦巾一尺株間一尺二寸トス

前表ハ僅カニ一個年ノ成蹟ニ止マルト雖モ元來甘藷ハ性質強健ニシテ旱害少ク栽培容易ニシテ能ク當地方ノ風土ニ適シ相當ノ栽培法ヲ加フレバ一段歩四百貫目內外ノ收穫ヲ舉グルコトヲ得ヘシ

馬鈴薯ノ栽培成績　（四十二年度）

種薯栽植期	收穫期	反當收穫量	備考
五月十三日	八月二十四日	三二六、貫七七五	栽植節遲レル爲メ成績不充分ヲ免レズ

備考
一、種類ハ長崎赤ヲ栽培ス
一、肥料ハ一反當リ、堆肥一百五十貫、糞灰一百五十貫、過燐酸石灰三貫ヲ用フ
一、植付法ハ畦巾二尺、株間一尺二寸トス

前來ハ僅カニ一個年ノ成績ニ止マルト雖モ能ク當國ノ風土ニ適生ス本年度ニ於テハ創業ノ際土地前作ノ關係上栽植ノ期節遲レタル爲メ其成績不充分ヲ免カレザリシモ栽植ノ結果ハ前表ノ如ク壹反歩ノ收穫量ハ三百二十六貫七百七十五匁ニ達セリ

棉ノ栽培成績　（四十二年度）

棉ハ本道各地ニ栽培セラレ其産額尠カラズト雖トモ陸地棉栽培ハ日尚淺クシテ作人耕作ニ熟セス從來ノ成績モ亦タ善良ナラズシテ此種ニ對スル信用ノ厚カラザルヲ遺憾トス然レトモ作人若シ栽培法ニ熟スルヲ得バ栽培ノ餘地甚ダ多カルヘシ當場種類比較試驗ノ成績ハ左ノ如シ

供試種類	反當實棉收量	繰出歩合	備考

陸地棉三種平均	二七七、九斤	三五、〇八
在來種	二六五、六	二六、八七
日本青木種	二七七、三	三六、八七
支那通州種	二六四、二	三九、〇六

前表ハ當場一個年ノ成績ニ過ギザレドモ陸地綿ハ在來種ニ比シ收量多キノミナラズ繰出步合ニ至リテハ遙カニ優等ナルヲ見ル

亞麻栽培成績（四十二年度）

試驗區別	播種期	收穫期	反當收穫量 乾莖	反當收穫量 子實
纖維用	五月十日	七月十八日	一〇七、四〇〇	
採種用	同上	七月二十九日		、四九〇石

備考

一、種類ハ白耳義種ヲ栽培ス

一、肥料ハ各區共一反當リ荏油粕十五貫過燐酸石灰三貫匁ツヽヲ用フ

前表ハ僅ニ一個年ノ成績ニ止マリ殊ニ本年度ハ播種時期遲レテ作付セラレタリ生育ノ狀況ニ依リ之ヲ見レバ當地方ニ適スルモノト認メラル

綠肥用作物ノ栽培成績

(一)青刈大豆ノ栽培

稻作肥料トシテ青刈大豆ヲ用ユルコトハ内地ニ於テ一般ニ奬勵セラレ内地府縣試驗場ニ於テハ各其成績ヲ發表シ居レルモ朝鮮ニ於テハ從來稻作ニ肥料ヲ用ユルコト甚ダ少ナク會々生草大豆等ヲ用ユルモノアルモ其用法タルヤ不合理的ナレハ之レカ施用ノ奬勵ト用法ノ改良トハ稻作改良ノ上ニ於テ急要ノコトニ屬ス今大豆ヲ肥料トシテ用ユルモノヲ見ルニ一反歩ニ對シテ二三斗ヨリ四五斗ヲ施用スルカ如シ之等ハ大豆其儘ニテ施スヨリハ之レヲ青刈大豆トシテ用ユルトキハ如何ナル利益アルヤヲ知ラシムルコトハ薄資ノ細農ニ施肥ノ奬勵ヲ爲スニ於テ最モ必要ノコトナルヲ認ム本場ハ之レヲ以テ昨年ヨリ青刈大豆ノ栽培ヲ行ヒ別表(綠肥用青刈大豆栽培利益)ノ如キ成績ヲ得タリ

此ノ表ニ依ルトキハ昨今兩年ノ平均成績ハ一反歩ヨリ三百二十貫ノ青刈莖葉收量アルカ故ニ之レヲ約二反歩ノ水田ニ施スコトヲ得又其種子量ニ於テハ大豆一斗ヲ播種スレハ可ナルカ故ニ從來ノ用量タル四五斗(一反歩ニ對シ)大豆ヲ用ユルモノニ比スルトキハ凡ソ十分ノ一ノ大豆ヲ用ユレハ可ナル割合ナリ

(二)紫雲英ノ栽培

朝鮮ニ於ケル土壤ハ紫雲英ノ栽培ニ不適當ノ狀態ニアリ之レ土壤中ニ根瘤菌ヲ有セサルカ爲メナリ然レトモ連年栽培スルトキハ漸次多少ノ根瘤菌ノ發生ヲ見ル可シト雖モ播種ノ當年ハ殆ント其發生ヲ見ザルガ故ニ紫雲英ノ發育ハ極メテ不良ナリ之レヲ以テ本場ハ本年(一)素土(在來ノ土壤)ニ下種シタルモノト(二)種土(紫雲英ヲ作リタル土壤ニシテ根瘤菌ヲ含メルモノ)ヲ加ヘタル土地ニ下種シタルモノトノ二區ニ付テ比較栽培ヲ試タルニ左表ノ如キ成績ヲ得タリ

試驗區別	播種	刈取期	一反歩收量	草丈

素土區	九月一日	五月十七日	一七三貫	一尺二七
種土加用區	仝上	仝上	七七〇	二、七五

此ノ成績ニ依レバ從來生育不良ナル土地ニハ根瘤菌ヲ含有セル種土ヲ施用シテ後播種スルヲ良トス種土加用ノ分量ハ一坪ノ土地ニ對シ一舛ノ割合ニテ行ヒタリ

綠肥用青刈大豆栽培ノ利益

（一反歩計算）

種別＼年次		明治四十三年度	明治四十二年度	二年平均	日本中國九州方面
播種期		四月十一日ヨリ十三日	四月十六日及十七日		三月末ヨリ四月上旬
播種量		壹斗	壹斗	壹斗	壹斗
肥料		ナシ	ナシ	ナシ	ナシ
畦ノ製作法		輻五六尺ノ長畦	同上	同上	二毛作麥ノ間作
播種法		畦巾一尺三寸トシ條播	同上	同上	連播又ハ點播
發芽		四月廿五日ヨリ廿七日	五月一日		四月中旬
收穫期		六月廿日	同上	同上	六月中旬
收穫量		四百卅五貫	貳百十一貫	參百貳十三貫	貳百五十貫内外
右三要素ノ分量	窒素	貳、五二三貫	一、二二四貫	一、八七三貫	一、四五〇貫
	燐酸	三四八	一六九	二五八	二〇〇
	加里	三、一七六	一、五四〇	三五八	一、八三五

	(益)	(損)	(益)	(益)
右三要素價格 窒素	七、五六九	三、六七二	五、六一九	五、八〇〇
燐酸	四二五	二〇六	三一五	一八二
加里	九五三	四六二	七〇七	九一三
價格合計	八、九四七	四、三四〇	六、六四一	六、八九五
右栽培費	四、四五〇	四、四五〇	四、四五〇	二、五五〇
收支差引	四、四九七	一一〇	二、一九一	四、三四五

備考

一、百貫匁中三要素ノ分量ハ窒素五八匁、燐酸八匁、加里七三匁ヲ標準トス

一、三要素ノ各壹貫匁代金ハ窒素參圓、燐酸壹圓廿二錢、加里參十錢ヲ標準トス

一、明治四十二年、四十三年栽費ハ種子代六拾錢、牛耕一頭壹圓、整理播種五人壹圓八拾錢、合計金四圓四拾五錢ニシテ、日本中國九州方面ノ栽培費ハ種子代八拾錢、整地、播種、除草刈取壹圓七拾五錢、合計貳圓五拾五錢

種苗配布ノ成蹟

種類名	四十二年度 數量	四十二年度 配布人員	四十三年度 數量	四十三年度 配布人員
桑苗	四〇、〇〇〇本	一九七人	五〇、四八〇本	壹貳九人
魯桑實生苗	……	……	四七、六二八本	七五

魯桑種子	貳合	貳入	貳貳合	四
春蚕種	八七牧	貳貳	壹五五枚	四貳
夏蚕種	壹六牧	四	……	……
秋蚕種	……	……	六八枚	貳八
水稻種籾	貳石參斗	壹〇七	壹參五石	參貳七
陸稻種籾	……	……	五〇合	壹
荳菽類	壹參七合	八七	七五合	貳
根菜類	六貳合	壹七五	六壹袋	貳參
葉菜類	貳貳	壹四九	參五五袋	貳壹壹
蓏瓜類	六合	壹壹四	壹五〇袋	五四
除虫菊種子	四合	四五	七袋	五
仝上苗	……	……	貳九五株	四
牧草類	貳合	參	……	……
雜穀類	壹	壹四	貳〇合	壹
烟草	參	貳	……	……
紫雲英	參〇	五	參參合	壹壹
甘藷	……	……	四貳貫	貳壹
馬鈴薯	……	……	貳貳貫	參
落花生	……	……	六〇〇合	貳四

果樹苗	……	……	五八本	主トシテ小學校ニ配付	六
草花類	……	……	(三十種)一二四袋		八

韓国併合史研究資料 ⑱
⑴社会状態及階級制度 ／ ⑵平壌経済一班
⑶朝鮮部落の一形態 副業の盛なる道也味里 ／ ⑷（全州） 産業之栞

2018年4月　復刻版第1刷発行　　定価（本体価 10,000円 +税）

原本編著者　⑴山道襄一
⑵向井　忠
⑶佐々木忠右衛門
⑷不　明
発行者　北村正光
発行所　株式会社 龍溪書舎
〒179-0085　東京都練馬区早宮 2-2-17
TEL 03-5920-5222・FAX 03-5920-5227

ISBN978-4-8447-0469-0
落丁、乱丁本はお取替えいたします。

印刷：大鳳印刷
製本：高橋製本所